U0665987

走向大概念教学的
"Lian 课堂"建构
——基于新课标的课堂转型研究

丁淑燕 编著

新 华 出 版 社

图书在版编目（CIP）数据

走向大概念教学的"Lian课堂"建构：基于新课标
的课堂转型研究 / 丁淑燕编著 . -- 北京 : 新华出版社 ，
2024. 10. -- ISBN 978-7-5166-7591-5

Ⅰ . G632. 421

中国国家版本馆 CIP 数据核字第 2024WA8992 号

走向大概念教学的"Lian课堂"建构：基于新课标的课堂转型研究

编著：丁淑燕

出版发行：新华出版社有限责任公司

　　　　　　（北京市石景山区京原路 8 号　邮编：100040）

印刷：三河市龙大印装有限公司

成品尺寸：170mm×240mm　1/16　　**印张：**16.5　　**字数：**260 千字

版次：2025 年 1 月第 1 版　　　　　　　**印次：**2025 年 1 月第 1 次印刷

书号：ISBN 978-7-5166-7591-5　　　　　**定价：**82.00 元

版权所有·侵权必究

如有印刷、装订问题，本公司负责调换。

微店

视频号小店

京东旗舰店

微信公众号

喜马拉雅

小红书

淘宝旗舰店

企业微信

目录
CONTENTS

序言

　　教育部于 2022 年颁布的《义务教育课程方案（2022 版）》从有理想、有本领、有担当三个方面，明确了义务教育阶段时代新人培养的具体要求，强化了课程的育人导向，基于学科本质凝练了课程应着力培养的核心素养，明确了学生在完成本学科学习后应达成的正确价值观、必备品格和关键能力。

　　学科核心素养的培育离不开课程文化知识的浇灌，更离不开课堂学习引导和教师的精心呵护。课堂是知识传递、智慧碰撞、情感交流的重要场所，是师生共同发现问题、探讨问题、解决问题的场域。随着时代的变迁和教育理念的不断更新，课堂的形态、功能和目的也在不断地发生变化。新课标的全面实施，使课堂教学面临深刻的转型，这一转型不仅关乎教学方法的革新，更关乎教育观念的深层变革和课堂教学模式的重构。

　　如何基于核心素养发展要求，引导学生明确人生发展方向，在落实"为党育人　为国育才"的教育目标中重构课堂模式，是一线学校在义务教育双新课程推进过程中必须认真思考和探索的问题。

　　大概念教学，是近年来教育领域兴起的一种重要教学理念。它强调在教学过程中，不只要关注知识点的学习，还要更加注重对学生思维能力的培养，通过引导学生理解学科的核心概念，帮助他们形成结构化的知识网络，并应用于具体情境之中，从而提升解决问题的能力，让学科知识具有生活价值，搭建学科概念和真实问题解决之间的桥梁。这种教学方式的转变，不仅有助于激发学生的学习兴趣和动力，更有助于培养他们的创新思维和终身学习的能力。

　　《走向大概念教学的"Lian 课堂"建构——基于新课标的课堂转型研究》一书，是上海市闵行区君莲学校区级重点课题"走向大概念教学的'Lian 课堂'建构与优化"研究成果的提炼、升华与延伸。这是一线学校对新课标下课堂转型的深入探讨，更是对未来教育发展趋势的前瞻性思考，即重新审视和思考课堂教学的本质和价值，在课堂转型中重构课堂教学的模型。

　　上海市闵行区君莲学校基于校本的实践研究，依托"大概念教学""跨学科学习""项目学习""深度学习"等相关教育教学理论，构建了"Lian 课堂"教学范式，明晰了"Lian 课堂"的"连、联、敛、炼"的目标与任务，梳理了"Lian 课堂"的"L、I、A、N"的教学要素。"Lian 课堂"的构建，让课堂实现师生之间、生生之间以及课堂内外的多维度互动，助力教师成为学生学习过程中的引导者和伙伴，学生也不再是被动接受知识的容器，而是成为主动探究、积极建构知识的主体，让学科核心素养的培育有了可能。

　　本书的写作，始终坚持理论与实践相结合的原则。作者不仅深入剖析了新课标下课堂转型的必要性和紧迫性，还从校本实际出发，通过大量的案例分析和实证研究，详细阐述了如何在具体的教学实践中落实大概念教学和"Lian 课堂"，并就如何在新课标的框架下有效地实施大概念教学和建构"Lian 课堂"提出了具体的策略和建议。这种理论与实践相结合的写作方式，不仅增强了本书的可读性、实践的可操作性，也使得本书的研究成果更具有现实意义和指导价值。

2024 年 6 月 18 日

第一章　概述

第一节　研究的背景、缘起与意义

一、研究的背景

"走向大概念教学的'Lian 课堂'建构与优化"这一课题研究，从 2022 年 10 月启动，结合学校的各项工作，聚焦课题的核心问题，深入进行理论学习，扎实推进实践研究，取得了一步步的成效。提出这项研究不是空穴来风，也不是心血来潮，它是在特定的背景下构想与设计的。

（一）学校背景：君莲文化的建设需求

闵行区君莲学校是一所公办九年制学校，开办于 2011 年 9 月 1 日，位于沪光路 120 号。学校的发展仿若初莲绽放：占地 45 亩的沃土宛如碧绿莲叶，芸芸师资恰似中通茎蔓，莘莘学子亦若待哺花苞，共同孕育出教育成长的莲蓬。

学校在发展初期就提出以"君莲"为标识，从精神、物质各个层面打造学校文化的设想。

翩翩莲叶，托举梦想。学校宛如莲叶，宽厚殷实。在君莲学校的"莲叶"上，托举着 300 米塑胶田径场、室内体育馆、足球场、篮球场、网球场、标准实验室、电子教学设施、现代化校园网络等教育功能齐全的设施；托举着落实国家中长期教育改革和发展规划纲要、上海市中长期教育改革和发展规划纲要的职责；托举着遵循"平等尊重，和谐发展，追求卓越"的办学理念和"细致、精致、雅致"的管理目标；托举着培养明理、健体、善思的学生，让每一个学生健康快乐成长的坚定信念。君莲人的办学梦想就是让学校成为管理细致，特色明显，学生喜欢、家长放心、社会满意的新优质学校。

芊芊莲花，枝蔓中通。学校师生犹如花瓣缤纷，叶茎弥坚。随着学校每年都有新的师生加盟，学校规模不断壮大。学校坚持以人为本、引领发展的人文精神，通过"青蓝结对""专家引领""同伴互助""自主研修"的模式给教师搭建多渠道发展的平台，通过"读书节""艺体节""戏剧节""环保时装秀""世界水日"等一系列有特点的每月主题活动，给学生创造多元发展的环境。枝蔓交错，有力地支撑着教育之花的盛开，提升着"教师有思想，学生有品位，德尚且志远"的内涵。

匐匐莲实，果丰甘醇。师生齐心努力，精心育莲，取得了一系列成果。在闵行区重点课题"九年一贯制学校'尊重教育'校本课程的构建与实践研究"的引领下，"新基础教育""健康与幸福课程"如火如荼地展开。学校课本剧特色崭露锋芒：先后获得上海市第八届红色经典小故事讲演一等奖、"森林王国失踪之谜"上海市课本剧一等奖、市级"我是环保小达人"课本剧表演比赛一等奖、上海市话剧艺术中心话剧基地学校称号等殊荣。学校还取得上海市青年教师教学评优活动闵行区一等奖、闵行区"莘城杯"中小学学生现场书法大赛一等奖、闵行区学生红旗颂影评征文比赛一等奖等优异成绩。

殷殷莲韵，志远香溢。君莲学校以"志存高远、自强不息"为校训，不断追求文化育人的目标。在校园文化积淀的过程中，积极构筑环境优美、整洁雅致的校园文化；健全全民参与、高效管理的治理文化；发展思维活跃、团结敬业的教师文化；培育能力突出、自律文明的学生文化；打造健康高尚、特色品牌的活动文化。让"莲之品、德之馨"散发出迷人的韵味，熏陶出君莲学校教育特色的品牌，在学校内涵发展道路上立起一座独具匠心的里程碑。

随着学校的发展，君莲人在教育反思中得到启发：文化发展不能离开根基，就像农民离不开土地、工人离不开技术那样，师生要牢牢扎根于课堂。课堂是师生在学校的主要空间，是师生交流互动的场所，是知识增长品德培育的主要园地，也是一所学校发展的基石。基石不牢，学校动摇。因此，学校文化建设要落地，必须将文化渗入课堂，在课堂厚植文化。而在这个方面，学校还存在薄弱之处。为此，君莲人要有大思路、要挥大手笔、要下大功夫。

"君子风范、厚德载物，莲花品格、中通外直"十六字铭言不仅要飘扬在校门口，更要弥漫在课堂氛围里，烙印在全体君莲师生心坎中。它激励着教师勤学习、肯钻研、乐奉献，更激励着莘莘学子成为有理想、有追求、有担当的时代新人。

（二）课改背景：核心素养的培育需求

《义务教育课程方案和课程标准（2022年版）》（简称《新课标》）已于2022年9月正式施行。《新课标》的一个显著特征是"素养导向"，"聚焦核心素养，面向未来"是义务教育课程建设的五个基本原则之一，素养导向贯穿于课程编制、课程实施的全过程。

核心素养是课程育人价值的集中体现，是学生通过课程学习逐步形成的适应个人终生发展和社会发展需要的正确价值观、必备品格和关键能力。新课标十分强调培养学科核心素养，用一句话来概括就是：真实情境下解决问题的能力，能做事、能解决问题、能完成任务，就是学科核心素养。义务教育课程方案修订组组长崔允漷教授认为，我们的传统是重视"双基"，即基础知识与基本技能，后来又提出"三维目标"——知识与技能、过程与方法、情感态度价值观。从"双基"到"三维目标"，再到核心素养，是从教书走向育人这一过程的不同阶段。这三个阶段是一个在传承中提升的过程，并不是后者不断否定与取代前者的过程。而这个过程主要发生在课堂教学里。

（三）教学背景：课堂范式的转型需求

2009年，华东师范大学钟启泉教授撰文提出："课堂转型是一种文化变革，一场静悄悄的革命。"[1]2017年9月8日，教育部原部长陈宝生在《人民日报》上发表了《努力办好人民满意的教育》一文，吹响了"课堂革命"的号角。"课堂革命"是"让教育发展成果更多、更公平地惠及全体人民"的具体化。文中提出

---

① 钟启泉.课堂转型：静悄悄的革命［J］.上海教育科研，2009（03）：57.

五个"始终坚持"。其中，第三个是"始终坚持以学习者为中心，为不同层次、不同类型的受教育者提供个性化、多样化、高质量的教育服务，促进学习者主动学习、释放潜能、全面发展"。这是"课堂革命"的总原则。

课程改革的目标是推进课堂的转型，以适应当代社会的需求和发展。在课程改革中，须关注以下几个方面的内容。

首先，是课程内容的更新和优化。随着社会的发展和知识的更新，传统的课程内容已经无法满足学生的需求。课程改革应该注重引入新的知识和技能，培养学生的创新思维和解决问题能力。同时，还要注重培养学生的综合素质，如人文素养、社会责任感和团队合作能力等。

其次，是教学方法和评价方式的改革。传统的教学方法以教师为中心，强调知识的灌输和记忆，而课程改革应该注重学生的主动参与和自主学习。教师应该成为学生学习的引导者和促进者，采用启发式教学、探究式学习等方法，培养学生的学习兴趣和学习能力。评价方式也应该从传统的、单一的考试评价转变为多元化的评价方式，包括项目评价、实践评价等，更加全面地了解学生的学习情况和能力发展。

再次，是课程的个性化和差异化。学生的个体差异是不可避免的，课程改革应该关注学生的个性化需求。通过灵活的课程设置和教学组织，满足学生的不同需求和兴趣爱好。例如，可以设置选修课程、开展兴趣小组活动等，给予学生更多的选择和发展空间。

最后，是教师的专业发展和支持。课程改革需要教师的积极参与和支持。教师需要具备先进的教学理念和教育技能，不断提升自己的专业素养。课程改革还需要相关的政策支持和教育资源的保障，为教师提供相应的培训和发展机会。

总之，课程改革是推进课堂转型的重要途径。通过更新课程内容、改变教学方法和评价方式、个性化和差异化设置课程，以及支持教师的专业发展，可以实现课堂的转型，培养具有综合素质和创新能力的学生。

（四）理论背景：大概念教学的实践需要

"大概念"一词最早是从国外引进而来，近几年出现在我国的纲领性文件中。自从 2018 年提出学科大概念之后，我国教育部又在《义务教育课程方案（2022

年版）》中提出："优化课程内容结构。以习近平新时代中国特色社会主义思想为统领，基于核心素养发展要求，遴选重要观念、主题内容和基础知识，设计课程内容，增强内容与育人目标的联系……加强学科间相互关联。"虽未直接提及大概念，但其核心理念与2018年发布的《普通高中课程标准》一脉相承。大概念引导教学是一种教学理念，强调在教学中以大概念为基础，引导学生深入思考和探究，促进学生理解和掌握学科知识的核心思想和思路。大概念引导教学的几个重要倡导点分别是以下几点。

1. 重视学科核心素养的培养

学科核心素养包括知识理解、技能掌握、态度养成和实际应用等多个方面，是学生通过学科学习应该掌握的基本素养和能力。在大概念引导教学中，应该注重培养学生的学科核心素养。

2. 重视学生思维品质的培养

要培养学生的专家思维，即像专家一样去思考。为此，大概念引导教学要充分发挥学生的主体性与能动性，引导他们自主学习和主动参与，通过探究性、项目化、综合化、跨学科等方式，让学生真正成为课堂的主人，改善思维方式，提升思维水平。

3. 重视创造性解决真实问题

大概念引导教学，要倡导实践能力和创新精神的培养，通过设计探究实验、组织实践活动等方式，引导学生深入思考和实践，发现新知识、新方法和新思路。同时，教师应该鼓励学生创造性地解决问题，促进学生的个性发展和创造力培养。

4. 重视课堂教学评价和反思

大概念引导教学要求教师加强教学评价和反思，通过及时发现和解决教学中存在的问题，不断完善和提高教学质量。同时，教师应该鼓励学生积极参与评价和反思，通过反思自己的学习过程和方法，提高学习效果和学科素养。

综上所述，大概念引导教学是一种注重学生主体性、实践性和创新性的教学理念，旨在培养学生的学科核心素养和综合素质。因此，它对课堂教学质量与效果的提升是至关重要的。

二、研究的缘起

问题是课题的起源。本课题的提出就是为了解决学校目前存在的与课堂教学相关的诸多问题。

（一）基于对教师教学行为问题的分析

1.课堂教学目标的迷失

教育，就其本质而言，是为了理解人类这一生命运动形式的意义和价值，从而促进个体在知识、情感和体能等各方面的全面发展。然而，我国课堂教学目前往往忽视人的全面性，将这个复杂的任务简化处理，把三维的教学目标缩减为单一的认知目标。例如，在数学课上，老师只着重于计算的方法、解题的思路，而忽略了概念理解、问题解决思路，以及自我学习能力的培养。这样一来，数学课就变成了一门纯粹的计算知识灌输课程，忽略了对人的全面发展的理解和认知。又如，在体育课上，老师只着重于教授运动技巧和体能训练，而忽略了运动对人的身体健康、心理发展和社交技能的重要性。这样一来，体育课就变成了一门纯粹的体能训练课程，缺乏对人的全面培养和发展。因此，我们需要从多角度、多视角重新审视教育，尤其是在课堂教学中，不仅要充分关注认知目标，还要重视情感、思想、道德等多方面的目标。只有这样，才能真正实现教育的使命——培养全面发展的人。

2.课堂元认知监控行为的忽略

教师的元认知监控行为是指"积极、自觉地对自己的教学认知活动进行监视、控制和调节的过程"。[①] 它使教师在教学过程中能够自觉分析教学情境，提出与教学相关的问题，及时调整教学策略；及时评价、反馈教学活动中的有关信息及结果；维持良好的注意、情绪、动机状态，从而提高教学活动的效果和效率。教师的元认知监控是教学反思的促进力量，伴随着整个教学过程。现在有些教师缺乏元认知监控行为，只关注自己的教学内容和教学进度，而不关心学生的学习情况和反馈；教师缺乏对自身教学方法和策略的反思和改进，无法根据学生的实际情

---

① 左丽娟，吕彦，邹晓玲. 认知心理学视角下的对外汉语词汇教学研究［M］. 成都：四川大学出版社，2016：116.

况调整自己的教学策略，从而对教学效果产生负面影响。这就是教学效果越来越差，学生对教师越来越不满意的原因。

3. 课堂教学缺乏互动，讲授单一

在一般的课堂教学过程中，教师往往没有注重学生的学习感受，课堂教学缺乏互动性，使得师生之间的关系较为疏远，学生在课堂教学中感到课堂氛围沉闷。通常学生对教师都有一种敬畏的心理，下意识地与教师保持一定的距离，学生在整个课堂教学的过程中，阐述自己观点的机会少之又少，对自己掌握、理解不透彻的知识没有很好的解决方法。中小学生处于身心发育的过程，需要激活其神经活动，释放出自己的内在潜能。如果学生对于学习不能保持积极性与主动性，缺乏热情与活力，其认知效果是十分低下的。

不少教师在课堂教学中采用固定的教学方式，其主要原因是不能摆脱"以教材为中心"的理念束缚。这也从侧面反映出教师的教学手段缺乏创新。由于受到传统教学观念的影响，在教学创新上不敢越出教学大纲半步，生怕对学生造成不良影响，这种故步自封的现象终究会让自己的教学方式被时代所淘汰。

（二）基于对核心素养培养不力的分析

当前，随着信息化社会的不断发展，社会生活便利程度提高的同时，也对高质量人才的培养不断提出新的要求。面对"未来社会要培养什么样的人"的思考，国内外专家学者都提到了素养，由此，"核心素养"一词受到了广泛关注。但目前，学校在培养学生核心素养方面仍然存在不少问题。

1. 一味刷题代替思维

从学校的现状看，目前仍存在刷题取代思维的现象，有的教师还是信奉所谓的"熟能生巧"，认为练习多多益善。殊不知，缺乏思维的机械操练只会适得其反，容易造成思维惰性与思维定式，甚至产生不良的疲劳感与焦虑感，从而产生"熟能生笨""熟能生厌"的负面效果。

2. 知识碎片而不系统

由于过于应试化的倾向，考的学，不考的不学，掌握知识只是围绕着考题转，因此，造成知识不连贯的碎片化倾向。碎片化对学生的核心素养培养是极为不利的，一是不系统的知识容易"断链"，不利于整体理解与记忆，学了很快就会遗

忘；二是不系统的知识很难转化为能力，从而实现迁移与运用；三是不系统的知识对于深度学习与后续精进提升是不利的，会导致由于基础不扎实而影响自己的学业发展。

3. 学科割裂不能融合

具有核心素养的学生需要融合多个学科，乃至学科之外的教育，才能发展出面对真实世界的整体能力。具有核心素养的学生摒弃"惰性知识"，即换个新的情境，他们仍然可以调用已有的生活和学习经验。核心素养的精髓在于真实性，即能将学校所学迁移到现实世界中去，这就要求从教专家结论转向教专家思维，变"宽而浅"的学习为"少而深"的学习。而课堂教学往往是囿于本学科内容，学生的知识不辐射、不联系，缺乏发散思维、关联思维与综合思维，对于各科知识的掌握是割裂的，是不能融合与贯通的。

4. 偏重模仿疏于创造

能够创造性地解决问题是具有优良核心素养的重要反映。目前，不少学生往往是依样画葫芦、墨守成规，精于模仿性地套用公式解题、照搬"模板"答题，疏于灵活运用知识与智慧应对变式，对于新情境与复杂问题一筹莫展，更谈不上用创新与创造的思路与方法去解决各种现实问题了。

（三）基于对大概念设计薄弱的分析

对于学校来说，大概念引领教学尚属新观念、新事物、新武器，教师尚处在"基本空白、能力薄弱、需要尝试"的阶段。主要问题表现在以下几个方面。

1. 对大概念的内涵与意义认识不清

大概念是一个学科的宏观指导思想与精髓所在，也是学科核心素养的上位观念。我们说，课堂教学要以提升学生核心素养为关键，而大概念设计教学就是以大概念为核心目标作为抓手，指向培养学生解决真实问题的素养。大概念引领教学，是为了帮助学生更好地理解和应用学科中的核心概念和原理，以提高他们的批判性思维、创新能力和问题解决能力。不少教师尚未理解大概念的内涵与意义，认为它是空玄的东西，"以前不搞大概念，不也照样上课吗"，觉得大概念教学设计可有可无、费事费时。这种认识需要加以纠正。其实，教学中的碎片化、肤浅化、过度操练等倾向都是因缺乏大概念引领而造成的。而大概念引领教学可以高站位、高起点地认识与统筹教学内容，从而达到事半功倍的效果。

2. 对大概念教学的设计缺乏具体方法

不会且不敢提炼大概念。这是因教师对学科思想认识不深刻、对学科内容分析不到位而引起的。这涉及教师的知识底蕴与专业功底，而非一日之功。但我们可以通过教育理论与专业知识的学习加以弥补，同时，通过共同讨论来形成集体智慧。大概念的提炼并非高不可攀，也没有统一标准，相同的教学单元的大概念的提炼也可以是不同的。随着教学实践与教研过程的开展，教师大概念的提炼水平就会越来越高。

不熟悉整体性设计。有的教师仍然存在"重课时，轻单元"的设计倾向，因此，在教学中体现不出大概念的引领与贯穿。整体性设计与传统教学不同，大概念教学更追求认知的结构化，帮助学生建立更为全面和深入的知识结构，使他们能够更好地理解和掌握对学科的整体认识，进而提高他们的跨学科和系统性思维能力。

没有充分关注知识背后的思维与能力。有的教师强调知识点与考点的落实，而对知识的内在价值缺乏分析与提炼，因而无法在知识传授的同时有效地培养学生的思维与能力。要认识到：大概念教学在双基落实的同时，要注意激发学生的学习兴趣和动机，帮助他们掌握学科的核心能力，如分析、综合、创新、解决问题的能力等。将对反映专家结论的"惰性知识"的识记与理解，转化为对反映专家思维的"活化知识"的运用与掌握。

在设计中没有凸显以学生为中心。有的教师在设计中重心偏离，对教育的目标与环节过细，设计中的表述没有体现学生的角度和立场。这是需要改进的。大概念教学是一种以学生为中心、以大概念为驱动的教学方式，因此，从学生的认知需求与特点出发，设计教学目标、教学思路、教学策略、教学活动与教学评价是必须遵循的原则。

三、研究的意义

（一）有利于课堂本质的揭示

课堂本应体现学习的本质，成为"学堂"而不是"教堂"，而现实中的课堂却把灌输知识作为主要任务，课堂的内涵被模糊与淹没了。课题的提出就是为了还原课堂的功能，回归学习的本质，认清教学的规律。

课堂是知识的大门，它要吸引学生走进去，自主汲取科学文化的营养，而不是令人窒息、令人痛苦的训练场。课题的开展可以揭示学生学习的内在动机与机制，努力寻找让学生爱学、乐学、会学的钥匙。课题的开展有利于探索课堂教学的结构、程序、策略与方法，从而使课堂摆脱经验的束缚，走上科学的轨道。

课堂是思想的源泉。知识的积累固然重要，但从某种意义上讲，它远不如思想升华重要。现在我们强调教学中的大概念，就是反映学科本质及其特殊性的思想。学生学的具体知识可能以后会遗忘，可是这些知识所蕴含的思想却终生难忘。这些难忘的东西就是大概念，就是宝贵的思想。课题的研究有助于探寻点亮学生思想火花的课堂奥秘。

课堂是通向世界的幽径。常有一种狭见认为，"大概念就是学科中比较重要、关键、核心的概念，因此，大概念教学就是用大概念把学科内的知识打通"。其实不然，大概念打通的不仅是学科内的知识，还有学校教育和现实世界的路径。课题的开展有助于我们了解课堂如何拓宽学生的视野，如何去拥抱社会与自然环境，乃至于整个世界。

（二）有利于学生核心素养的培育

大概念引领下的课堂教学，由于其特别重视学科核心素养的培养，因而充分凸显了它的育人价值。学科核心素养包括知识理解、技能掌握、态度养成和实际应用等多个方面。学科育人是整个立德树人工程中不可或缺的重要"支柱"。支柱不坚挺，大厦就倾斜。通过课题研究与课堂优化，可以让学生通过学科学习，掌握最基本的素养和能力，为学好其他课程打下基础，为学生形成正确的世界观、人生观、价值观，形成良好个性和健全人格打下基础。

（三）有利于教师专业发展进程的加快

大概念教学对教师的专业素养提出了新要求。在知识日益更新的信息时代，师生在某些新知识的获得上，往往处在同一起跑线，甚至有时教师的未知，已经成为学生的已知；教师没有察觉的问题，学生可能已经发现。教学相长已经成为当今教育中很普遍的现象。大概念引导教学注重学生的实践和创新，通过设计探究实验、组织实践活动等方式，引导学生深入思考和实践，发现新知识、新方法和新思路。而这也对教师提出很大的挑战，尊重学生的个性差异和创造性成果，才能促进学生的个性发展和创造力培养。

大概念教学加强教学评价和反思。大概念引导教学要求教师加强教学评价和反思，通过及时发现和解决教学中存在的问题和不足，不断完善和提高教学质量。同时，教师应该鼓励学生积极参与评价和反思，通过反思自己的学习过程和方法，提高学习效果和学科素养。

综上所述，课题的开展尤为必要，它有利于教师形成一种注重学生主体性、坚持改革实践性、实现教育创新性的先进理念，在不断探索问题、不断反思总结、不断完善自我的过程中获得新的专业成果与工作成绩。

第二节　课堂教学中的现实困境及其原因解析

一、传统课堂教学存在的现实困境

当前，随着信息化社会的不断发展，社会生活便利程度提高的同时，也对高质量人才的培养不断提出新的要求。面对"未来社会要培养什么样的人，如何培养"的思考，我们当下的课堂教学却底气不足，很难做出满意回答。

（一）线性知识难成整体观念

知识是一个复杂的系统，它的最终用途是用来认识和改造世界，而世界是复杂的，人们不可能仅凭某一学科解决问题，只是限于教学的需要才产生了学科，学科是对知识的人为划分。以学科方式进行知识学习，不可避免地破坏了知识的整体性。在我国的基础教育中，分科教学深入人心，以我校目前的课程结构为例，课程种类较为丰富，但仍以分科课程为主，各科老师则过于依赖教材，缺乏对课程内容的宏观掌握，忽视了知识之间的内在联系，导致其对教学内容传授的先后顺序及模块组合缺少灵活的调整。课堂教学注重向学生传授陈述性、零碎的知识，学生对所学内容没有整体观念，常常忽略"为什么"和"怎么做"的知识，不会对其进行提取和使用是学生学习的常态。课堂上，老师好像是装满知识的水桶，不停地灌向学生的容器。一节课结束，看似装满的容器，其实欠缺对课程内容的系统组建。

（二）浅层学习难以本质理解

纵观本校各学科的课堂教学，一些学科教学中活动导向的教学形式化问题突出，在教学经验尚浅的年轻教师身上略微明显。为了活跃课堂氛围，教师往往会设计一些学习活动，课堂教学看似"热闹"，学生也积极参与，然而，深入分析后就会发现，很多教学活动是围绕"事实"或"现象"展开，学生"只动手，不动脑"。活动结束后，学生会有比较强的体验感和参与感，但这只是一种瞬时感觉。过段时间，学生可能只是记得自己做过什么，却忘记为什么要这么做。当然，学生也会有一些收获，但这些收获是伴随着有趣的体验而偶然发生的，这种知识的获得具有较强的不确定性。同时，教师会为了完成自己的教学设计步骤，带着学生走马观花式地完成课堂流程，学生被教师推着往前走，缺乏自主建构，难以深入了解重要概念，更无法形成高阶思维。

（三）情境固化难促知识迁移

不同的情境设置能够促进学生思维循序渐进地发展。深度学习建立在学生对知识深度理解的基础上。教学中，教师若依据情境发展层层设问，有助于学生的认知由浅入深、从具体到抽象、由现象到本质，学生能将所学的知识同化于自己原有的认知结构，实现知识迁移。而在大多数教师的眼中，中小学是打基础的关键时期，因此，教学重点更多放在了知识理解上。为了促进学生对知识的理解，提高学习效率，教师在教学过程中通常采用模型习题。这一现象在数学等理科学科中尤为常见，教师所选用的情境基本上都是单一的，缺乏创新意识。例如，数学学科的鸡兔同笼问题，看似与生活相关，却又没有实际的必然联系，学生只会固化地处理单一问题，学到的知识也很难实现迁移运用。指向核心素养的教学应该使学生能够利用所学知识创造性地解决问题，也就是形成迁移能力。因此，在教学中，教师应根据实际情况创设问题情境，使学习真实地发生，促进学生将所学知识迁移至不同情境。

二、课堂教学现实困境的原因解析

（一）缺乏大概念支撑的整体知识观

传统的课堂教学往往是直接关注单个的、零碎的知识点，是具体的、以微观为出发点的。而大概念教学则是宏观的，它定位于整个课堂，以课堂教学为轴线，串联起系统的知识点，从而揭示出其间的复杂联系，有利于学生在解决问题的过程中实现素养的提升。此外，由于传统的课堂教学关注的是零碎的知识点，是一些碎片化的原理、公式等内容，容易忽略各重点内容之间的层次或交叉关系。这导致学生难以快速消化理解，也容易轻视课堂的重点内容。大概念教学，以轴线串联出整体的知识点，直指教学的核心知识点和主要任务，可以作为众多知识体系建立的纽带，也有利于整理碎片化的知识点，从而形成系统的知识体系。

（二）欠缺教学设计的系统论思维

具体课时的教学常以课程重点为重心，容易局限于细致、具体的教学，直奔知识点，寻求快速向学生灌输重点知识，缺乏循序渐进、由浅入深，导致学生难以形成完整的知识结构。大概念教学着力的单元教学，相比于单一课时的教学，虽然占用了更多的课时，但同时也承担了更加复杂且深刻的教学任务，探究出更有深度的系统性问题解决方法，有助于学生对相应问题的持续、递进式理解。此外，单元教学可以更方便地将课堂知识及时迁移到具体的实践中，把整个单元的知识联系成一个整体。通过大概念的统率，围绕单元整体目标，结合学生认知和生活实际，创设实际情境，让学生在学习和实践中形成系统性的单元学习思维。

（三）忽略学生知情意行协同发展

学生的培养不仅仅是学科知识的学习，更多的是思维能力、学习能力、创新能力、文化素养，以及情感价值观的培养。这些能力的培养，需要摒弃传统的死记硬背、机械训练，从大概念教学的角度出发，以知识迁移为载体，更加注重知识的应用，在应用中掌握知识、能力，在应用中学会知识的拓展和创新。同时，教师也应该认识到，学生的培养绝不是单一学科或部分学科的培养，而是要充分发挥各个学科的育人价值，进而使学生得到全面的协同发展。

第三节　文献综述

一、关于大概念的综述

（一）国外研究现状

1.对大概念发展和内涵的研究

首先，我们可以从大概念发展的渊源来看。最早，大概念出现在广告语中，随着科技的发展，西方科学教育界认识到创新人才培养的重要性，大概念（Big Ideas）由此提出，并以之为理念进行科学教育。有学者将其称为"大观念"，也有学者用核心概念（Core Concepts / Core Ideas）、关键概念（Key Concept）等来表示。教育领域中大概念的萌芽最早可追溯至心理学领域的专家，如奥苏贝尔、布鲁纳和布鲁姆等人对概念教学的相关阐述。奥苏贝尔认为，学科由从下往上的概念层级组成，上层的要领概念就接近于大概念的意义，是指对事物的整体性认知，具有持久性，不容易被遗忘。[①] 布鲁纳在著作《教育过程》中提出，以学科结构来整合学科知识，能丰富学生的理解，对该学科的学习起到助力作用。这里的学科基本结构与大概念的内涵意义大致相同。[②] 布鲁姆提出的与大概念相近的概念是"基本概念"，他认为，每个学科都有一些基本概念，能够对所学习的内容进行归纳和总结。由以上学者的观点中均能找到与大概念表达基本一致的观点，由此认为此时是大概念研究的开端。

之后，大概念理论开始被人们整体性地认知，并进行了具体的解释和叙述。威金斯和麦克泰（Wiggins，G & Mc Tighe，J）是较早对大概念进行详细阐述的两位学者，他们对什么是大概念进行了解释[③]：大概念是指对课程学习具有核心意义的思想、主题、辩论、悖论、问题、理论或原则，能够有意义地连接起多种知识，

---

① 张春兴.教育心理学：三化取向的理论与实践［M］.浙江：浙江教育出版社，1998：220.

② 张春兴.教育心理学：三化取向的理论与实践［M］.浙江：浙江教育出版社，1998：216.

③ （美）格兰特·威金斯（Grant Wiggins），（美）杰伊·麦克泰（Jay Mc Tighe）著；闫寒冰，宋雪莲，赖平译.追求理解的教学设计［M］.上海：华东师范大学出版社，2017.

是在不同背景下应用这些知识的关键。他们出版的《重理解的课程设计》一书指出，大概念在完成"为理解而教"的教学目标时具有整合性的作用。此后，埃里克森、兰宁、克拉克等学者都有过系统论述。例如，埃里克森的观点是：大概念的意思是学科中的核心概念，是以事实基础为载体，进而抽象出来的深刻的、可转移的概念。克拉克以布鲁纳等人的研究为基础，将观念定义为理解和联系小观念的大概念，并认为观念就是大概念，它们为建构人们的理解提供了认知框架。怀特利觉得大概念是理解的基石，使人能够与其他零散的知识点相连接。

2. 对基于大概念课程的研究

在课程设计方面，以大概念为载体，许多学者进行了教学实践研究。例如，来自韩国天主教大学的 BANG DAMI 研究团队创立了有关小学综合科学的课程架构，并确立了四个科学大概念，即多样性、结构性、交互性及动态性。[①] 澳大利亚 CHRISTINA CHALMERS 研究团队同样也是以大概念为载体，结合其对STEM（科学、技术、工程和数学教育）综合课程单元设计的认识和研究，进行了综合课程的单元设计，最终的结果是形成了系统网络模式下的综合课程设计模式。该模式中的每一个系统都相互配合，共同指向大概念。[②] 除此之外，美国专家 WIGGINS 等人提出了"逆向教学设计"，这个教学模式主要是针对大概念的整合性教学设计的，该教学模式由三个部分构成，即明确预期结果、确定合适的评估证据、建构学习经验与教学活动。这种教学模式注重对知识的认知与理解，培养学科核心素养。在美国学者 Erikson 看来，教师需要以大概念为中心，以核心概念为指引，设计驱动性问题，一步步将大概念落实到教学活动中去，让学生在潜移默化中掌握知识的本质，构建知识框架。美国俄亥俄州州立大学学者 Sydney Walker 提出了"线性链模式"，以大概念为载体，设计了课程实施步骤，即选择大概念、合理论证、遴选关键概念、建立课程（单元）目标以及建立课程（单元）

① Bang D，Park E，Yoon H，et al. The Design of Integrated Science Curriculum Framework Based on Big Ideas［J］.Journal of the Korean Association for Science Education，2013，33（5）：1041–1054.

② Chalmers C，Nason R. Systems Thinking Approach to Robotics Curriculum in Schools. In M.S.Khine（Ed.），Robotics in STEM Education：Redesigning the Learning Experience.［M］.Cham，Switzerland：Springer 2017：33–57.

连接。[①]

（二）国内研究现状

1. 对大概念内涵与特征的研究

"大概念"一词最早从国外引进而来，近几年，出现在我们国家的纲领性文件中。自从 2018 年提出学科大概念后，我国教育部又在《义务教育课程方案（2022 年版）》中提出："优化课程内容结构。以习近平新时代中国特色社会主义思想为统领，基于核心素养发展要求，遴选重要观念、主题内容和基础知识，设计课程内容，增强内容与育人目标的联系……加强学科间相互关联。"虽未直接提及大概念，但其核心理念与 2018 年发布的《普通高中课程标准》一脉相承。从内涵来看，国内学者站在前人研究的基础上做出了新的解释。刘徽认为，大概念是折射专家思维方式的一个概念、论题或是观念等，大概念可以是一个词、一个短语、一个句子或一个问题，他认为，大概念需要满足的条件之一是它具有生命价值。[②] 李刚、吕立杰认为，大概念是学科中的知识网络，将这些知识按照一定的联系"滚雪球"似的结合起来，学生对大概念的获得也就意味着学生清楚了知识之间的联系。[③] 赵康认为，大概念就是对知识意义的洞察，它的普适性较强。盛慧晓从大观念的角度研究，认为"其是一种通过多种方式表达的，习得缓慢、逐渐深化的、抽象的、居于学科核心的联结"。[④] 王喜斌教授曾认为，学科大概念需要折射学科的核心知识，以及重要内容，体现不同学科的特质。[⑤] 不同学科的知识需要以大概念为载体进行构建，让课程内容结构化。通过向学生渗透大概念，从而帮助学生将零碎的知识串起来，更好地理解知识的本质，完成知识的广泛应用及迁移和不断转化。[⑥] 学者李松林认为，大概念是学科的核心，也是学科价值

---

① 李刚，吕立杰. 国外围绕大概念进行课程设计模式探析及其启示［J］. 比较教育研究，2018，40（09）：35-43.

② 刘徽."大概念"视角下的单元整体教学构型——兼论素养导向的课堂变革［J］. 教育研究，2020，41（06）：64-77.

③ 吕立杰. 大概念课程设计的内涵与实施［J］. 教育研究，2020，41（10）：53-61.

④ 赵康. 大概念的引入与教育学变革［J］. 教育研究，2015，36（02）：33-40.

⑤ 王喜斌. 小学语文学科核心素养研究［D］. 银川：宁夏大学，2020.

⑥ 李刚，吕立杰. 大概念课程设计：指向学科核心素养落实的课程架构［J］. 教育发展研究，2018，38（Z2）：35-42.

的体现，这就需要教师在学生的学习方式等角度进行适当的引导。同时，亦可以大概念为载体，为教师设计教学活动提供思路，帮助学生落实学科核心素养的培养。对于大概念的特征，通过学者们对大概念特征的描述，可以将大概念的特征进行归纳。在功能上，大概念具有联结性和可迁移性；在性质上，大概念具有普适性与抽象性；在形式上，大概念具有广泛性。①

2. 对基于大概念教学实践的研究

大概念对于教学思想和跨学科教学的影响较多。吕立杰讨论了大概念课程设计的内涵与宏观实施要点，并从大单元载体、深度理解的目标、有"潜能"的学习材料、情境与经验的"对质"和有引导的自主建构五个点进行思考。再如，祝钱梳理了 2000—2020 年国内关于大概念教学的论文发表情况。此外，颜凤菊、张屹、戴文斌、宋歌等探讨了大概念在跨学科教学中的应用。

课程改革的目标关注转向学科核心素养后，单元成为课堂教学的基本单位。而大概念教学在统筹单元教学上有着先天优势。因此，已有不少研究聚焦于此。例如，李学书和胡军认为，以大概念为锚点进行一体化单元作业设计，已经成为学校和教师的重要工作。② 因此，大概念单元作业设计要求教师不断回溯作业设计的初衷，提升学习理论的认识；强化大概念理解和应用，采用整合式作业设计路径；围绕大概念的学习要求，研习作业设计技术。具体到语文学科，李梦梦以大概念为视角界定了语文学科大概念、语文学科核心素养、语文学科单元教学设计等内涵，在此基础上提出了基于大概念的高中语文单元教学设计路径，即确定单元大概念、明确学习结果、规划测评体系、设计学习活动。③ 魏来、徐鹏则探索了以语文学科大概念为基础的单元教学的路径。主要包括根据课程内容，确定学科大概念；明确基本问题，预期学习结果；创设主题情境，开展单元设计；制订评价方案，评估学业表现四个环节。

现有包括关于大概念教学的细节和案例研究，例如孙阳菊、任海霞、喻俊、

---

① 刘徽. "大概念"视角下的单元整体教学构型——兼论素养导向的课堂变革［J］. 教育研究，2020，41（06）：64–77.

② 李学书. 新课程实施中高中英语作业设计研究［D］. 上海：上海师范大学，2011.

③ 李梦梦. 基于大概念的高中语文单元教学设计研究［D］. 上海：华东师范大学，2022.

李梦梦等的研究具体讨论了大概念语文课堂教学内容，通过具体教学案例分析了大概念在微观教学方面的利弊。

二、关于课堂教学范式建构与优化的综述

（一）国外研究现状

教学范式就是在教学过程中通过实践和理论总结出来的核心知识体系，对于教学具有指导意义。教学设计范式的存在能为其他教学设计提供参考，有示范作用。20 世纪五六十年代，西方国家开始对中小学教学进行改革，在漫长的探索过程中，形成了以学生为中心的教学模式，并在具体的教学实践过程中产生了丰硕的研究成果。其中，比较具有代表性的有"互联网＋教学"范式，它是基于信息化时代所提出来的一种教学模式，采用互联网与教学相结合的方式；[①] 西方发达国家文科教学形式的"Seminar"，它主要应用于美国国家大学，教学范式旨在培养学生研究、思考的能力；[②] 还有"以学习者为中心"的教学模式，目的是建立自主、合作、学习型的课堂，提高学生的学习能力；[③] "超越知识中心主义"教学范式，倡导教学要以知识传递为中心。不同的教学模式，尽管内涵与外延有所不同，但都倡导课堂由僵化模式到灵活模式的转向。Andreeva N 等认为[④]，当前，教育正变得越来越知性、数字化和以人为本，向主动学习的过渡模糊了传统课堂教学的界限，并鼓励发展新的教学形式。因此，越来越多的教师正"从僵化的教学模式转向更灵活的教学模式"。"显而易见，以传统教学活动为主要模式的学校课程，已经将我们自己的学习潜力几乎耗尽。"

（二）国内研究现状

课堂教学是学校教育的中心环节，也是课程实施的重要环节。为了提高课堂

---

① 李爽，林君芬．"互联网＋教学"：教学范式的结构化变革［J］．中国电化教育，2018（10）:9.

② 马启民．"seminar"教学范式的结构，功能，特征及其对中国大学文科教学的启示［J］．比较教育研究，2003，24（2）:4.

③ 朱涌河．"以学习者为中心"教学范式认知研究［J］．外语电化教学，2015（6）:24-30.

④ Andreeva N, Azizova I, Mitina E, Ischenko A. Transformation of Classroom Teaching in Modern Russian Schools: State of the Art［J］. International Journal of Instruction. 2020; 13（2）: 343-364.

学习效率，专家及学者们都在不断探索和研究新的课堂教学模式、推进课堂教学改革，并提出了许多切实可行的教学方法和教学模式。自 20 世纪 80 年代中期起，中国掀起了一股前所未有的教育实验热潮。各种实验范围广泛，涉及面影响深远。在这些教学实验中，出现了许多影响广泛的教学方法。比较有代表性的有：重庆聚奎中学实施的"翻转课堂"教学模式，它是将学习过程重新建构的过程。教师在课前将教学内容录制成微视频，学生通过学习将问题进行反馈。教师针对反馈问题讲解，并让学生通过交流达到"内化吸收"。学习过程中学生可以反复观看录制的微课，直至掌握相关内容，把被动的"要我学"的课堂变成了积极的"我要学"甚至是"我爱学"的课堂，不仅学生的主观能动性得到了施展，还激发了他们的求知欲望。这与陈培群老师的课堂实践不谋而合。陈老师通过教学研究发现，将问题前置不会降低学生的学习欲望，虽然具有一定的挑战性，但也极大地调动了学生探索知识的积极性。能够在具体问题的牵引下，将课堂学习向纵深推进。

杜郎口中学的"三三六"教学模式以学生为主、自学为主、练习为主。学生在课堂上自主讨论学习，老师则用少量时间就共性问题进行点拨，使以"教"为中心转变成以"学"为中心。[①] 同样的，洋思中学为了改变教学现状、培养学生自主学习能力、教会学生如何有效学习，使用"先学后教，当堂训练"教学模式。此模式以学生为中心，在课堂学习中，学生结合学案进行学习，通过小组合作进行讨论、解决问题，如有解决不了的问题，教师再加以引导，让学生在此过程中自己解决，并力求学生在课堂完成学习任务，不留疑惑。[②] 与之有异曲同工之妙的还有卢仲衡先生的"自学辅导教学法"，强调学生在教师的指导下自学教材内容，自己练习、检查和改正错误。前者的两种教学模式都十分重视学生的预习活动，不同在于后者教学模式中的"先学"，不仅指学生课前的自主预习活动，也指在课堂上学生在教师引导下对有难度的内容展开的自主学习活动。

两种模式都设置了自主学习环节，而且自主学习活动在课堂时间的分配上占

---

① 贡如云.杜朗口模式的哲学反思［J］.教育学报，2010（6）：43-44.

② 东玉兰.对洋思中学"先学后教、当堂训练"教学模式的运用和思考［J］.科技信息.2010（13）：38.

有很高的比例。杜郎口中学的"三三六"教学模式中的自主学习并不是漫无目的的自由学习，而是通过交流预习情况，明确本节课的学习目标；洋思中学老师通常的做法是先将学习任务以先易后难的层级关系分解为一系列的学习目标，学生围绕学习目标逐层自学。无论是杜郎口中学的"三三六"教学模式、洋思中学的"先学后教，当堂训练"教学模式还是卢仲衡先生的"自学辅导教学法"，学生都是通过充分的自主学习来初步建构自己的知识体系，逐步培养自学能力。

顾泠沅的青浦教改经验在实践中形成了四条能够有效提高课堂教学质量与效率的措施：①让学生在迫切要求之下学习；②组织好课堂教学层次；③在采用讲授法的同时辅以"尝试指导"的方法；④及时提供教学效果的信息，随时调节教学（简称"效果回授"）。段力佩老师带领学校老师一起摸索出"读读、议议、练练、讲讲"且同时适用于多门学科的教学方法。此两种教学方法有共通之处：在课堂中，都是以学生的学习为中心，教师辅之以必要的启发，激发学生主动学习的活力，在生生互动中促进学生的认知建构，构建互动生成型课堂，促进学生能力的提升。这些教学法既有清晰的结构和操作框架，又有一定的理论基础。

上述对教学方法和模式的研究，尽管名称不同，却有相同的因素，如明确目标、自主预习、合作交流、课堂反馈等。这些模式大都体现了以学生的学习为中心，教师在课堂上变成一个智慧的引导者，帮助学生建构良好的知识结构。学生不仅学习积极性得到增强，学习的内容得以延展，学习的自主特征也比一般的教学条件下更加明显。

新课程改革以来，各个学科的教材编排更加重视对大概念的理解与掌握。但是，大概念在各学科单元教学中的作用并没有得到一线教师的充分重视。众多研究者把重点放在理论溯源、内涵、意义价值等层面，教学者普遍关注的有关"大概念"单元教学设计缺少实践层面的研究。如何在课堂教学中以一个明确的教学范式界定大概念并加以运用目前并不明晰。

第四节　研究内容与方法

一、主要研究内容

（一）大概念教学的理论研究

对大概念教学的理论研究是我们开展课题研究的基础，大概念教学是一个新思想、新的教学方式，涉及很多领域的知识点。所以，理论研究是非常必要的。

1. 大概念教学的内涵与特征

通过研究，要明晰大概念教学是什么，厘清大概念教学深层次的内涵和特征，比如大概念教学的基本结构、大概念教学的要素、大概念教学的主要环节、活动方式等。

2. 大概念教学的基本功能

要想让教师实施大概念教学，就需要教师在理解大概念教学内涵和特征的基础上，领悟到大概念教学和传统教学方式的不同，对教学质量的提高、对学生核心素养的提高，以及对教师自身发展有何帮助等。通过理论研究和实践探索之后，明白大概念教学的功能。

3. 大概念教学的主要策略

对大概念教学主要策略的研究是重中之重，相较于具体的方法，对策略的研究更具有高瞻远瞩性，如英语中的口语交际策略，其下位就对应了多种具体的方法。在总结实践经验的基础上，归纳出大概念教学的策略，也是我们课题研究的内容。

4. 大概念教学的影响因素

我们对大概念教学还处于探索阶段，所以在实施的过程中会碰到相应的问题，可能会受到多种因素的制约和影响，如师资力量不强、学生资源不均衡、成绩不稳定等，需要在实证研究中进一步认证。

（二）大概念教学与"Lian 课堂"的关系研究

1. 基于大概念教学，研析"Lian 课堂"基本要素

教师在理解大概念教学的基础上，分析本校和莲文化相关的课堂基本要素，

在课堂教学实施的过程中，得出具有本校特色的"Lian课堂"的基本要素，从而在教学过程中有所参照、有所依据。

2. 基于大概念教学，构建"Lian课堂"基本结构

分析了"Lian课堂"的基本要素后，在大概念教学的理论基础上还要构建课堂的基本结构，让一线教师知道在进行教学设计的时候，要在怎样的框架下进行有效的教学设计。

3. 基于大概念教学，生成"Lian课堂"主要环节

梳理了"Lian课堂"的基本结构后，除了基础的教学环节之外，还要生成独属于我们自己学校的"Lian课堂"主要环节。例如，语数英等基础学科的教学环节，还有校本课程的"Lian课堂"环节，为今后的课堂教学提供研究基础。

4. 基于大概念教学，探索"Lian课堂"活动方式

在清晰了"Lian课堂"的主要环节后，在活动过程中还要凸显大概念教学理念，因此，具有"Lian课堂"特色的活动方式显得非常重要。教师在设计具体的活动内容和活动方法的时候，应时刻想到大概念教学下的"Lian课堂"活动，不断探索"Lian课堂"活动方式，为活动设计提供一个指明灯，不让活动方式走偏。

5. 基于大概念教学，跟进"Lian课堂"反馈评价

实施大概念教学之后，即时的反馈评价是促进师生共同成长的良药。在进行"Lian课堂"的实际教学过程中，教师会根据大概念教学理论和学生的学情，制订相关学科的评价量表，不断改进评价工具，跟进"Lian课堂"反馈评价，为学生核心素养的发展提供保障。

（三）大概念教学"Lian课堂"的建构与优化

1. 从学科素养设计"Lian课堂"的目标和任务

在大概念教学和课程总目标的指引下，每个学科都有其对应的学科素养，不能一刀切式地共用一个"Lian课堂"目标。因此，在践行培养学生各个学科素养的引领下，要深入研究学科的性质、目标和任务等方面的特点，从而认识各门学科"Lian课堂"的主要目标和主要任务。

2. 从学科实际实施"Lian课堂"的活动和评价

课程标准为各个学科制定培养学生的核心素养。大概念教学的目的是培养学

生的"专家"思维，让学生不仅学知识，还会学方法。因此，具备学科特点的"Lian课堂"的活动和评价方式也是我们此次的研究内容，通过课堂诊断和课堂分析来了解学生的学习效果，总结出一套包括课堂设计、情境创设、活动组织、作业编制、技术运用和评价实施的经验，从而为学校的"Lian课堂"高质量教学奠定基础。

3. 从师生关系反思"Lian课堂"的意义和价值

在实施了一系列具有校本特色的"Lian课堂"之后，我们还会关注师生关系，通过课堂观察和评价量表来看师生关系是否达到了预期的效果，从师生关系的转变来思考"Lian课堂"的意义和价值。

二、研究方法

针对课堂中的目标、内容、过程和评价，我们采用文献研究法、调查研究法、课堂观测法、案例研究法、综合测评法进行学校课堂研究构建，使得大概念教学改进下的课堂活动设计更具系统性、关联性和一致性，从而提高教师课堂设计能力。

（一）文献研究法

文献研究贯穿课题研究全过程。持续开展对"大概念"和"课堂教学"的文献研究，从学校"Lian课堂"内部结构的构建和文献指引的分析，进一步明确课堂相对稳定的教学原型，及时为整个课题的深入研究明确需求、细化操作。

（二）调查研究法

调查研究包括两个阶段：第一阶段，是精准了解全校两个学段和相关学科的课堂教学现状和相关教师的课堂建构需求，开展调查研究。调查研究包括问卷调查和访谈等。问卷调查对象为学校全体教师和学生，课题组自主制定调查问卷。选取各学科中的老师代表进行访谈，访谈内容为日常教学中的问题和困难。第二阶段，为判断课题的研究情况及其效果，经过整个课题实践之后，调查问卷在第一次问卷基础上进行调整，对全体师生再进行问卷调查。从文科、理科和综合类学科中抽样进行访谈，访谈内容以实践研究之后的经验、问题、措施为主。通过对比实验，来验证大概念教学改进下的学校课堂的构建，促进了学生学习能力的提升，形成教学研修细则。

（三）课堂观察法

通过实施含有校园文化元素教学内容的"Lian 课堂"大概念教学，观察学生学习和教师教学的表现变化，形成"Lian 课堂"中含有内驱力、目标感、行动力的课堂活动范例，以此形成不同学科的案例和成果。

（四）案例研究法

对课题组搜集的各种案例、课例进行研究，对学校"Lian 课堂"的教学原型、各个学科变式进行对比、调整、归纳，探究各学科最适合的课堂建构，提炼运用经验，形成操作手册。

（五）综合评测法

针对"Lian 课堂"实践的途径、方法、内容、呈现，进行学校课堂教学质量提升的综合测评，利用显性的数据来做质量分析，根据学生学习活动中的学习力表现来综合分析课题研究的内容是否准确，制定并形成阶段目标的调整。

第五节　研究路径与成果

一、研究路径

在研究过程中，我们明确分工，细化各阶段任务。拟分为课题准备阶段、全员推进阶段、学科变式阶段和结题研究阶段。

（一）基于课标，梳理学科大概念教学内涵

我们从问题出发，让课堂从零散碎片到结构系统化，实现学科单一到跨学科关联、静态符号到生活应用迁移。各学科的教研组长带领备课组长，协同任课老师，基于课标和学科核心素养，梳理各个学科的大概念教学内涵。

（二）大概念教学视角下的"Lian 课堂"原型搭建

在厘清了学科大概念之后，我们组织老师搭建"Lian 课堂"原型，在这个框架基础上，再下放到各学科具体的教学目标、活动设计、作业设计和评价反馈等方面，让"Lian 课堂"有的放矢，培养学生指向"连续""联通""内敛""磨炼"的学习力。

（三）基于大概念教学，构建"Lian 课堂"教学范式

清楚了学科大概念内涵和搭建"Lian 课堂"原型之后，我们设计出"Lian 课堂"教学示范，在学校"Lian 课堂"的教学范式中将问题情境、知识内容、实践活动等融入课堂板块中，在基础课程校本化实施中强化"Lian"（连）续贯通，螺旋上升的思维方式和评价观念。各个学科在走向大概念的教学范式探索下，具体分析目标设计、过程设计、迁移设计、评价设计，从而形成"Lian 课堂"教学支持体系、运行路径和评估指标。

（四）立足实践，完成研究前后测对比研究

各个学科进行"Lian 课堂"的教学示范探索后，通过课堂观察法、案例研究法、调查研究法和综合测评法等来完成课题研究的前后测对比。在实践基础上，对比分析实行"Lian 课堂"教学之后，教学质量是否有提高、师生关系是否有改进。

（五）形成调研报告和经验总结

在探索的过程中，逐步形成学科的系列成果，对教师和学生进行问卷和访谈调查之后，最终形成调研报告和经验总结。

二、研究成果

（一）走向大概念教学的"Lian 课堂"教学改进课例

在进行了"Lian 课堂"学科变式之后，形成一系列的教学课例，在大概念教学的引领下，学校和教师个人进行实践反思，优化教学内容，改进教学方式。

（二）大概念教学改进下的"Lian 课堂"教师、学生成长案例

在实施大概念的"Lian 课堂"教学后，教师和学生能够从中收获到很多。从学生的作品中收集学生的成长足迹，从问卷调查和访谈中知悉学生的具体成长事迹和成长感悟。

（三）基本完成并逐步完善基于教与学数据分析的"Lian 课堂"教研平台建设

从教学改进课例和学生成长案例中探索蕴含学校特色办学理念的教学范式，基于共性形成不同学科变式。结合学校"君子风范，莲花品格"校风，形成大概念教学下的学校特色"Lian 课堂"教研支持模式，提高教师间的沟通效率，营造良好教研氛围，加强知识统整、关联和迁移，促进学生学习素养的提升。

（四）关于君莲学校大概念教学现状的基础调研报告

在实施"Lian 课堂"教学之前，我们对学校课堂教学现状进行了问卷调查，了解学校课堂教学的现状及需求，为后续研究提供实际依据和参考；在全校整体研究推进和具体学科研究变式过程中，我们进行案例搜集、材料梳理、行动研究和访谈记录，最终做好问卷后测研究分析、数据采集和撰写调研报告。

（五）走向大概念教学的"Lian 课堂"构建与优化结题报告

在完成课题结题报告基础上，形成具象"Lian 课堂"教学范式，确定教学范式的要素，广泛开展教学实践，并在区域进行集中展示。

（六）在以上基础上汇总、编著一本研究专著

在得出"Lian 课堂"数据采集、撰写报告和形成大概念教学改进下的课堂教学图谱、教研支持模式案例、学生成长案例、学校"Lian 课堂"案例集之后，我们将在这些实践结果的基础上汇总和编著一本研究专著，为今天的教学提供蓝本。

第二章　支持"Lian 课堂"建构的有关理论

第一节　大概念教学理论

一、大概念的概念研究

（一）大概念教学的定义

大概念教学就是以大概念为核心目标的教学，指向培养解决真实性问题的素养。核心素养的本质是人的思维、做事的能力和习惯，大概念教学就是以素养培养为目标重新定义教学，重塑学习样态。与原有教学相比，目标不仅仅局限于学科内知识的融会贯通，而是指向打通学校教育与现实世界，用学科的眼光来看世界，从而使学到的知识在新情境中更容易被激活，更容易迁移（能够使学生将从某一情境中的所学应用到新情境中的学习过程）应用于解决实际问题。[①]

（二）大概念教学的内涵

经过数十年的发展，大概念正通过理论和实践被逐渐应用到教育领域，它以不同的措辞形式出现在中国、美国、加拿大、澳大利亚、新加坡等国家或地方的课程标准里，学校层面的实践探索也在世界各国方兴未艾。自从 2018 年提出学科大概念后，我国教育部又在《义务教育课程方案（2022 年版）》中提出："优化

[①] 朱德江．重塑学习——读《大概念教学：素养导向的单元整体设计》[J]．人民教育，2023，（07）：75.

课程内容结构。以习近平新时代中国特色社会主义思想为统领，基于核心素养发展要求，遴选重要观念、主题内容和基础知识，设计课程内容，增强内容与育人目标的联系……加强学科间相互关联。"①

大概念对于教学思想和跨学科教学的影响较多。美国教学改革专家格兰特·威金斯（Grant Wiggins）和杰·麦克泰（Jay McTighe）积极倡导"理解为先教学设计模式"（Understanding by Design，简称 UbD）。他们认为，学生光有知识和技能还是不够的，教学中要教授学生对知识和技能进行意义建构，并特别强调与实际生活相联系的问题，促进学生知识和技能的迁移。②

二、大概念教学理论对"Lian课堂"的启示

（一）整合统摄性概念，打造解决真实性问题的课堂

"大概念"是一种统摄性的概念，是学生在遗忘大部分知识后仍能留下来的重要理解。大概念可以起到这样的作用：它是对事实性知识背后内涵的抽象与提炼，具有一种概括性的意义。③它是本研究开展的背景。"Lian课堂"是指在君莲文化引导下，指向解决大概念教学中关键问题的课堂，它体现君莲学校校本化教学特色，整合学科间知识内容，并实现知识向真实生活迁移的特色课堂教学范式。大概念教学中既有对知识的提炼与整理，也注重学生核心素养的提升，这对于"Lian课堂"的构建与深化有着非常重要的意义，能够为"Lian课堂"的构建提供坚实的理论基础和实践路径。通过对统摄性概念的梳理和提炼，能够提炼出"Lian课堂"的核心问题，并且基于核心问题转向解决真实性问题，由"概念"到"问题"，再到"解决路径"，这是"Lian课堂"提升学生核心素养和思维品质的方法路径。

（二）打破知识相互割裂的现象，实现"Lian课堂"的知识联通

"Lian课堂"是基于大概念教学理论形成的教育教学新样态，两者有相同的

---

① 刘石成，陈潞.课程内容结构化：呈现、意蕴及教学启示——以初中《道德与法治》为例［J］.福建基础教育研究，2023（04）：67.

② 盛群力，何晔.意义学习，理解为先——UbD模式对课堂教学改革提出的新建议［J］.课程教学研究，2013，（08）：22.

③ 唐虹.大概念：深入学科知识内核的利刃［J］.四川教育，2022，（18）：15.

特征：一是具有"聚合性"，即聚合知识、聚合思维观念；二是具有"抽象性"，大概念并不只是简单的学科逻辑的上下位排列，而是一些由学科知识提炼而出的，比较抽象、宏观的概念。对于学生而言，通过大概念可以有效地整合同一学科领域内不同学段的知识，实现知识的系统化以及认知结构的优化。对于教师而言，以大概念的形式组织"Lian 课堂"教学，有助于打破课时甚至是单元的局限，在教学的过程中，注重对知识关联性的把握，单元之间、课时之间、知识点之间、课堂问题之间有着怎样的联系，对于解决问题又有怎样的帮助，我们可以总结出哪些有效的学习路径，这些都是"Lian 课堂"需要关注与思考的。当学生对知识的理解不再是碎片化，而是整体且有逻辑关联的时候，就会为日后知识的迁移与运用打下坚实且灵动的基础。

（三）整合学科知识，实现"Lian"课堂的跨学科联动

大概念教学强调"整合性"，实现学科间的迁移。将繁杂的学科知识结构化或组织化，为实现课程整合与跨学科融合提供方向。在社会科学、自然科学领域下的不同学科间，一些方法或观念是共同的[①]，将这些方法以大概念的形式提出，可促进"Lian 课堂"教学的深度知识迁移。大概念教学中提及的"迁移性"，强调实现由学科对现实世界的迁移。大概念的这一内涵回答了"如何将学科知识与现实世界进行关联"这一问题，以大概念为核心的"Lian 课堂"教学设计突破了传统的知识、技能传授的藩篱，引导学生关注现实，关注解决问题的学习，使认知深度化。关注现实，关注问题解决，就必然涉及跨学科领域的知识迁移与联动。"Lian 课堂"就是依托深度的知识迁移，依托解决生活中的真实情境，进而深度理解知识并实现灵活的运用。它不仅可以构建起不同学科之间的知识勾连，也可以切实提升学生的核心素养。

---

① 赵子钦.高中历史大概念教学模型研究［D］.天津：天津师范大学，2022.

第二节　跨学科学习理论

一、跨学科主题学习的概念研究

（一）跨学科主题学习的设置背景

目前，各学科边界日益模糊，学科融合发展的态势十分明显，各学科的交叉点往往就是学科新的增长点。不同学科通过相互影响、融合发展能够解决复杂多变的应用型问题，从而创造出更加丰富多彩的超学科知识。以物理为例，"跨学科实践"是义务教育物理课程内容的重要组成部分，占总课时的 10%，与四个一级主题（物质、运动与相互作用、能量、实验探究）的内容密切相关。"跨学科实践"是基于两种或两种以上学科的核心概念和能力，以整合的方式在各学科之间建立联系，学生通过把不同学科中学到的知识、技能和态度整合到一起，并且在解决问题的过程中加深对项目主题的理解，最终实现心智的转换。

创造力和创业精神成为信息时代的最高核心素养之一，为促进人的创造力和创业精神的发展，"跨学科学习"成为世界中小学和大学教育改革的重要内容和发展趋势之一。[①] 我国当前基础教育课程改革的根本任务是构建信息时代的课程体系，走向"跨学科学习"将是本次课程改革的重点与亮点，重构课程体系是今日课程改革的关键。

（二）性质与定位

跨学科主题学习旨在培育学生跨学科素养，它以某一学科为载体，围绕主题与其他学科知识进行整合，生成跨学科主题学习单元，由学生开展以主题任务为核心、合作实践为主要形式的学习活动。其基本要义包括：①依托主题建构学习任务；②学习主体在教育教学过程中需要积极参与设计和实施；③以某一学科知识为依托，进行学科整合，不同整合程度会产生不同的跨学科主题学习类型；④以培养跨学科素养为目标；⑤以完整的问题解决过程或任务完成过程贯穿

---

① 张华.论理解本位跨学科学习［J］.基础教育课程，2018（22）：7.

始终。[①]

（三）基本特征

有学者通过分析新课标中蕴含跨学科学习特点的语句、段落，归纳出跨学科主题学习活动的六个特征，即真实性、实践性、多样性、探究性、跨学科性和综合性。如表 2-1 所示。

表 2-1　跨学科学习的六大特征

特征名称		基本内涵
一般特征	真实性	贴近不同学段学生的生活实际，设计真实、复杂的教学情境、问题与任务，强调学生对于真实问题的发现、分析和解决能力
	实践性	注重主题内容与现实的关系，促使学生在实践过程中综合运用多学科知识与方法解决社会问题，实现学习的有效迁移
	多样性	借助丰富多样的资源为学生搭建多维度的平台，并根据不同的学习目标和要求，提供多样化的学习方法与路径，探索多种解决问题的方案，使学生在解决问题的过程中得到多方面的发展
	探究性	主题内容、学习资源和跨学科问题情境要具有一定的开放性和延伸性，使学生在已有经验的基础上，经历体验、探索的过程，从而获得研究性的学习成果
本质特征	跨学科性	体现本学科与其他学科在知识内容、方法手段等方面的关联性，强调学生在综合运用多学科知识与方法解决跨学科问题的过程中不断获得跨学科素养
	综合性	体现学科内部知识及其与其他学科相关知识的整合、多种方法的综合利用，创设具有综合性的跨学科问题情境，将培育学生的正确价值观、必备品格和关键能力有机融合

其中，跨学科性和综合性是跨学科学习的本质特征。它强调学科间的关联与整合，要求在教学中不能仅重视学科自身的知识和技能，更要关注学科之间显性或隐性的联系，并在此基础上结构化地组织学习内容。真实性、实践性、多样性和探究性是跨学科学习的一般特征。它强调跨学科学习要结合真实生活，激发学生的实践与探究兴趣，使个人在参与群体活动的过程中，能够利用两个或两个以

---

① 伍红林，田莉莉.跨学科主题学习：溯源、内涵与实施建议［J］.全球教育展望，2023，52（03）：41.

上的学科领域知识、信息、理论等探究具有真实意义的、与学科知识应用相关的难题，并整合相应观点提出解决方案，以促进学生对知识的深度理解。[①]

二、跨学科学习的注意点

《义务教育课程方案（2022 版）》（以下简称《课程方案》）及各学科课程标准颁布后，跨学科学习就广受瞩目。《课程方案》明确规定，跨学科学习的课时不少于总课时的 10%，其重要性可见一斑。

跨学科主题学习须强调实践性、具身性。它体现知识的实践运用，即对真实问题的解释与解决，从中可以反映出学生对世界、对他人的关切。

跨学科主题学习要有一个统领性任务。这个任务具有高阶性、共享性、真实性和生产性的特征，其难点在于高阶性，而不是简单的知识搬家的任务。跨学科主题学习的设计要有以终为始的思路，追求的是"用以致学"，而不是"学以致用"。

为跨学科主题学习提供多样化的学习支持。包括学习材料、工具支持（搜索工具、处理工具和交流工具）、支架支持（概念支架、元认知支架、过程支架和策略支架）和学习共同体。跨学科学习所需的资源支撑可来源于学校、社会和家庭，同时还须建立学校 / 区域跨学科学习资源库，建立跨学科学习实践基地，建立资源配备、协调、整合与共享机制。

三、跨学科学习理论对"Lian 课堂"的启示

（一）活学活用，打造高效"Lian 课堂"

跨学科性和综合性是跨学科学习的本质特征，它强调学科间的关联与整合。"Lian 课堂"的目标在于实现课堂变革目标，即"减负提质"，在课堂上花费最少的精力，投入最少的时间，并尽可能获得最好的教学效果，它能使知识由多而杂到少而精、从单一封闭到跨学科整合、从僵化走向活用。真实性、实践性、多样性和探究性是跨学科学习的一般特征，跨学科学习理论强调跨学科学习要结合真

---

① 董艳，夏亮亮，王良辉.新课标背景下的跨学科学习:内涵、设置逻辑、实践原则与基础［J］.现代教育技术，2023，33（02）：25.

实生活，激发学生的实践与探究兴趣，使个人在参与群体活动的过程中，能够利用两个或两个以上的学科领域知识、信息、理论等探究具有真实意义的、与学科知识应用相关的难题，并整合相应观点提出解决方案。基于理论的框架，可以打造高效的"Lian 课堂"，学生运用多学科知识，基于科学的学习路径，实现实时地对知识技能的灵活运用。

（二）从低阶走向高阶，打造连续"Lian 课堂"

跨学科学习有助于"Lian 课堂"指向"连续"，达成学科间知识的融会贯通。跨学科的学习和思维能力的提升是逐步形成、逐渐提升的过程，具体而言，学生的探索活动是连续推进的，知识关联与认知逻辑也是连续深化的，这是一个从低阶认知走向高阶认知的完整的学习流程。"Lian 课堂"就是一种保持良性的连续学习的范式，它有利于促进课堂教学的连续性发展、学生思维的连续性提升、学习质量的连续性增效。

第三节　项目化学习理论

一、项目化学习的概念研究

（一）项目化学习的设置背景

1918 年，克伯屈提出了项目式学习的相关概念，指出针对学生展开项目式教学需要了解学生的学习兴趣和学习需求，并组织有目的的项目活动，让学生通过实践分解学习任务，注重项目活动的学习质量，从而提升教学的有效性。此后，项目式学习在国外受到高度重视并获得蓬勃发展，逐渐演变为一种在国际上广受青睐的教学方式。20 世纪 90 年代以来，随着理论与实践的不断发展，项目式学习在实践教学中的价值与意义逐渐受到更多学者与教育工作者的重视。2019 年 6 月 23 日，中共中央、国务院发布的《关于深化教育教学改革全面提高义务教育质量的意见》中就指出"探索基于学科的课程综合化教学，开展研究型、项目化、合作式学习"。2021 年 1 月 28 日教育部等五部门《关于大力加强中小学线上教育教学资源建设与应用的意见》也强调了"有效利用平台学习资源，合理选择其他线上资源……开展探究式学习和项目式学习"。

为促进项目化学习的开展，上海市教育委员会在 2020 年 9 月 21 日发布了《上海市义务教育项目化学习三年行动计划（2020—2022 年）》提出"逐步构建以创造性问题解决能力为导向的项目化学习理论框架，基本形成义务教育项目化学习行动指南和推进策略"。自此，项目式学习不仅在政策文件中被多次强调，而且被成规模地落实在教育实践之中。

（二）项目化学习的特征和实施

项目化学习具有目标多元性、情境真实性、内容综合性、学生主体性和评价全面性六方面特征。项目化学习是在教师指导和促进下，学生围绕项目进行的自主、合作的探究活动，它不是机械的、固化的流程，在内容上也比较开放和灵活。它为各个学校的探索留下了更多的创造空间。[①] 以下是项目化学习实施中的一般流程（见图 2–1）。

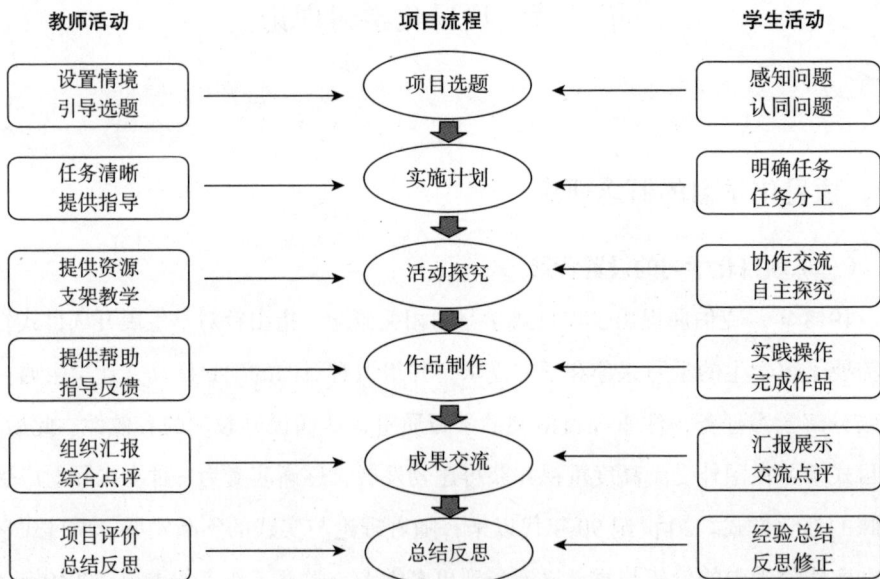

图 2–1　项目化学习的一般流程

---

① 黄洪霖，黄家骅.项目化学习的内涵、意义与实施［J］.福建基础教育研究，2021（08）:5–6.

二、项目化学习的教学研究

（一）项目化学习设计的一般原则

教师在设计跨学科项目化学习的时候应遵循跨学科立场和学科立场，并通过项目建立起学生自己的跨学科立场分析的能力，如博伊克斯—曼西拉（Boix-Mansilla）博士所描述的跨学科教学原则，教师要支持学习者通过对真实问题空间的整体感知，来建立自己的跨学科体系：①提出跨学科的真实问题；②选取可用于问题解决的指向各学科核心素养的知识和能力；③学习用不同学科的知识持续深入地解决问题；④形成整合性的项目成果和新理解。

（二）项目化学习设计中的知识能力分析

跨学科项目化学习的设计需要对所跨学科的核心素养及其所包含的知识和能力进行分析。在跨学科项目化学习的设计中，这一分析至少包含三层含义：首先，要明确真实问题包含哪些学科；其次，这些学科中与真实问题有关的知识与能力是哪些；最后，这些学科的知识与能力是如何统整地作用于跨学科的问题解决中的。跨学科项目化学习需要学习并综合运用不同学科的知识和能力持续深入地解决问题，形成问题解决的逻辑。学生在跨学科项目化学习中，需要有机会对上述的不同学科深入学习和探究，以此产生学科间的创造性关联，而这种关联是通过问题解决的逻辑形成的。问题解决的逻辑使得各学科的组合是灵活的，在某个阶段的问题可能重点只需要 A 学科，到下一个阶段的问题需要 B 学科，再下一个阶段需要 C 学科。当然，也有可能在第一个阶段就同时需要这三门学科。

（三）项目化学习设计中的整合方式

在长期的探索中，我们形成了组合、递进、冲突三种原型。① 三种原型都是以跨学科的真实问题为起始点，以形成体现跨学科理解的跨学科项目成果为终点，变化的是从始到终学科之间的不同整合方式。

原型一：组合型。组合型是将跨专业的题目分解成不同科目中的独立子题。这样的跨学科项目化学习由两个独立的学科子项目组成，分别理解各自学科领域

---

① 夏雪梅.跨学科项目化学习:内涵、设计逻辑与实践原型［J］.课程·教材·教法,2022,42（10）:82.

中的关键概念,探讨解决跨学科问题。而要完整地回答跨学科的问题,就必须把两个独立的成果再整合起来,变成一个跨学科的课题成果。

原型二:递进型。面对跨学科的真题,递进型不是按照学科项目化的学习来分解,而是把跨学科的问题解决的逻辑分解成子问题 1、子问题 2 等,在每一个子问题的解决中,都有可能综合运用到学科 1、学科 2 的知识,但会以某一学科为主,并且在这一阶段会侧重于这一学科的学习,另一学科起到辅助和支撑作用。通过这样的学科整合,就形成了一个学科交叉的结果。

原型三:冲突型。面对跨学科问题,冲突型跨学科项目化学习首先不是拆解问题成为子课题,而是整体直面这一问题,从不同学科 / 专家的角度对这一问题进行整体界定和分析,提出解决方案。这些解法可能有相通之处,互为补充,但也有冲突之处,需要学科间的融合,才能形成交叉的成果,才能有新的认识。

上述三种原型只是跨学科项目化学习最基本的方式,原型之间还可以进行灵活的整合、转化,形成更多的可能性。越复杂的项目化学习,其中所蕴含的原型可能越多样,组合的方式也更加复杂。而掌握了这些原型,能够让我们理解跨学科设计和实践的本质。

三、项目化学习理论对"Lian 课堂"的启示

(一)目标驱动:"Lian 课堂"知识转化为能力

项目化学习作为以项目为驱动的综合性学习方式,具有目标多元性、情境真实性、内容综合性、学生主体性和评价全面性等特点,有助于学生构建对客观世界的认识,有助于学生构筑良好的人际关系,有助于学生重建良好的自我经验。[①]

项目化学习目标清晰,成果导向明显,有利于激发学生学习的积极性,提升其学习的获得感。"Lian 课堂"与项目化学习情境真实性上具有一致性,师生基于"Lian 课堂"实现"学科"与"现实世界"的迁移,解决真实问题,既要达成知识的巩固,通过作业练习活动的多元和整合,还要实现"学习"与"生活"的打通,将知识迁移至生活情境中,不断操练,将学习技能转变为发展能力。项目

---

① 黄洪霖,黄家骅.项目化学习的内涵、意义与实施[J].福建基础教育研究,2021(08):4.

化学习的过程也是学生知识灵活迁移的过程。

（二）综合培养：“Lian 课堂”学习力的全面提升

“Lian 课堂”与项目化学习提升素养目标一致，旨在培养学生独立思考、专注进取的精神。在组合式项目化学习中，学生能够主动思维，整合已有知识，专注解决的问题；在递进式项目化学习中，学生能够逐步解决新的问题，发散创新思维，逐步拓展能力；在冲突式项目化学习中，在冲突中学会质疑、取舍，深入理解项目目标，设计可实施的项目路径，这对于学习力的提升大有助益，并且项目成果也极大地提升了学生的学习动力，使其学习力得到持续增长。

第四节　深度学习理论

一、深度学习的提出

所谓深度学习，一般认为是学习者以高阶思维的发展和实际问题的解决为目标，以整合的知识为内容，积极地、主动地、批判性地学习新的知识和思想，并将它们融入原有的认知结构中，且能将已有的知识迁移到新的情境中的一种学习[①]。

二、深度学习理念的演变和内涵

目前，深度学习已不再仅仅是为了理解基本技能而采用的学习方式，它更多的是为了获得高阶知能及其迁移而采用的学习策略。

（一）理念的转变

1. 从索求理解到追求迁移

面对日益变幻的新形势，如何迁移应用课堂所学让学生在未来的工作和生活

---

① 秦艳. 指向深度学习的语文“助学课堂”［J］.语文教学通讯，2017，（30）：21-24.

中获得成功,成为教育的新挑战[①]。由此,深度学习的目的由理解变迁为迁移(迁移而学),而原有的理解成为深度学习的基础。这一点,从黎加厚教授团队的深度学习定义中可以得到验证:深度学习即是在理解学习的基础上,学习者能够批判性地学习新的思想和事实,并将它们融入原有的认知结构中;能够在众多思想间进行联系,并将已有的知识迁移到新的情境中,作出决策和解决问题的学习[②]。美国国家研究委员会更是将深度学习的基调定为迁移,其产物即是可迁移的知识。这种知识既包括传统意义上的某领域的内容知识,也包括如何、为何、何时应用这些知识来回答问题和解决问题的知识。

2. 从注重过程到侧重结果

最初,深度学习只是马顿与赛尔乔标榜学生追求理解的学习策略,之后在深度学习中,深度参与表征学生积极追求深度学习的程度。在现代教学中,参与在深度学习中的地位变得愈发重要。我国学者崔允漷教授甚至直接用认知参与来界定深度学习:在复杂的环境下,表现出高度投入、高度认知参与并获得意义的学习[③]。

休利特基金会在 2010 年发起深度学习战略计划,深度学习才将注意力从过程转移到结果并提出六种需要迁移应用的深度学习能力[④],如表 2-2 所示。

表 2-2　深度能力、21 世纪能力与能力领域间的关系

能力领域	休利特基金会六大深度学习能力	21 世纪能力	智慧人才能力
认知领域	掌握核心学术内容	关键学科知识— 3Rs	精熟基础知识
	审辨思维与复杂问题解决(有效使用专业工具、技术;创造性地解决问题的能力)	审辨思维与问题解决计算与数字素养创新与创造	善于解决复杂问题、善于研判、善于创造

① 马婉冰 . 虚拟实验教学系统促进学生深度学习的关键因素研究 [D].武汉:华中师范大学,2018.

② 何玲,黎加厚.促进学生深度学习 [J].现代教学(计算机教与学),2005(5):29-30.

③ 崔允漷.指向深度学习的学历案 [J].人民教育,2017(20):43-48.

④ 彭红超.智慧课堂环境中的深度学习设计研究 [D].上海:华东师范大学,2019.

能力领域	休利特基金会六大 深度学习能力	21世纪能力	智慧人才能力
人际领域	协同作业	协作与领导力	善于协作，善用技术
	有效沟通（书面、口头）	交流与媒体素养	善于沟通
自我领域	学会学习	自主学习水平	善于学习
	发展与维持学术意念	职业、公民意识	心灵手巧、人格美好、务实创造

（二）深度学习理念全解

结合前人的理论研究，一部分学者对深度学习有了一个新的界定：深度学习是一种基于理解、追求迁移应用的有意义学习，它通过促使学生深度参与学习、适性地采用高级学习策略来促进高阶知能的发展，以实现这些知能在全新情境中的应用或新高阶知能的生成。从布鲁姆分类学的角度看，它侧重实施（新情境中的应用）、分析、评价、创造等知能。"基于理解为迁移而学"中的理解，多为深度理解。由于反思被证明是深度理解的重要手段，因此深度理解从多角度深度地反复思考入手。对于迁移，考虑到课堂教学无法培育解决未来未知问题的所有知能，有学者将已有知能组合/综合创新也作为一种迁移，这样迁移既包括知能在新情境的应用，也包括新高阶知能的生成与拓展。

从神经学角度看，教育领域中的深度学习之所以要求学生"深度参与学习、采用高级学习策略"，本质上就是要激活更多的隐藏参与"训练"[①]。参与训练的层数越多，感官得来的信息越能抽象成为更高级的意义，从而越接近事物的本质或原理。只有触及本质与原理时，迁移才有可能[②]。从这个角度讲，教育领域中的深度学习与技术领域中的深度学习是相通的。

---

① 祝智庭，彭红超.深度学习：智慧教育的核心支柱［J］.中国教育学刊，2017（5）：36-45.

② 杨桂青.教育从不单纯根据技术的需求来变革——访华东师范大学终身教授祝智庭［EB/OL］.［2019-04-03］.

三、深度学习理论对"Lian 课堂"的启示

（一）明确新世纪能力，使"Lian 课堂"目标更高

"Lian 课堂"的教学目标与深度学习的目标是一致的。深度学习是学生胜任21世纪工作和公民生活必须具备的能力，这些能力可以让学生灵活地掌握和理解学科知识以及应用这些知识去解决课堂和未来工作中的问题，主要包括掌握核心学科知识、批判性思维和复杂问题解决、团队协作、有效沟通、学会学习、学习意念六个维度的基本能力[①]。在此过程中，学生把握学科本质及思想，形成积极的内在学习动机、高级的社会性情感、正确的价值观，成为既具独立性、批判性、创造性又具合作精神的优秀学习者，成为未来社会的主人。为此，"Lian 课堂"的教学目标起点要高、定位要实、立意要新，充分发挥立德树人的教学目标，将课堂搭建成为培养创新人才的坚实平台。

（二）提供变革新视角，使"Lian 课堂"方向更明

"Lian 课堂"与深度学习在教育教学改革的方向上是一致的。深度学习理论丰富而深刻的内涵为中小学教育教学变革提供了新视角，而"Lian 课堂"则是具体践行深度学习理论与扎实开展教学改革的试验田。在践行深度学习的过程中，教师需遵循学科规律与学生身心特点，科学把握学习起点与学生需求，让学习发生在最近发展区内。引领学生保持专注，重视学生思维过程，明晰解决问题的基本思路，注意即时反馈，帮助学生获得思维路径与学习方法[②]。

（三）重视元认知发展，使"Lian 课堂"活力更显

"Lian 课堂"与深度学习在认知获得与元认知发展的同步推进上是一致的。"Lian 课堂"要采取多种灵活的学习方式，开展充满活力的交流与互动，让学生在掌握学科知识与技能的基础上，完善学习结构，增强自我调控能力，学会自觉反思，积累与发展多元智能，提升高阶思维品质，实现知识的重组、迁移与创新。

---

① 谈永康.深度学习［J］.小学教学研究，2021，（31）：5.

② 谈永康.深度学习［J］.小学教学研究，2021，（31）：5.

第五节　教学设计理论

一、教学设计的思想起源

教学设计理论发展到今天已经有 50 多年的历史。20 世纪 50 年代，系统方法在众多领域中得到成功的应用，并开始在西方教育界受到重视。60 年代末期，许多教育研究者致力于将系统方法应用于教学实际的研究，逐渐形成教学系统方法，并应用于各层次的教学系统设计之中，建立起教学系统设计的理论与方法体系[①]。70 年代末到 80 年代，教学系统设计的理论与方法在认知心理学发展成果的推动下，逐步发展成为一门独立的学科。

二、教学设计的理论演化

随着学习理论的发展，教学设计也经历了几个阶段的发展。

（一）第一代教学设计（ID1）理论

1. ID1 概述

早期教学设计在学习理论方面，主要吸取了新行为主义的理论与方法。新行为主义是美国 20 世纪 30 年代后出现的一种心理学理论流派，曾一度占据心理学研究的主流地位[②]。以斯金纳为代表的操作性条件反射学说成为早期教学设计的学习理论基础。斯金纳认为，心理学是描述行为（反应）与刺激关系的一门科学。此外，他还提出了强化理论，认为强化在学习活动中起着极为重要的作用[③]。斯金纳把人类的学习看成不断刺激、反应和强化的结果，是通过操作性条件反射对外界刺激做出反应并得到强化的过程[④]。根据这一理论，斯金纳提出了小步子教学、程序教学和机器教学的思想并付诸现实，对早期教学设计理论的发展有很大影响。

---

① 步春红. 中等职业学校混合学习的教学设计与应用研究［D］.济南：山东师范大学，2006.

② 董秀红. 新行为主义教育思想略论［J］.闽江职业大学学报，2000，（01）：15-17.

③ 吴式颖，任钟印. 外国教育思想通史第十卷［M］.长沙：湖南育出版社，2002，7-8.

④ 高文. 教学系统设计（ISD）研究的历史回顾——教学设计研究的昨天、今天与明天（之一）［J］.中国电化教育，2005，（01）：17-22.

2. ID1 的代表性模式

受行为主义学习理论影响的 ID1 的代表性模式主要有"肯普模式"和"迪克—凯里模式"。

（1）肯普模式

肯普模式由肯普（J.E.Kemp）在 1977 年提出，后来又经过多次修改才逐步完善（如图 2-2 所示）。

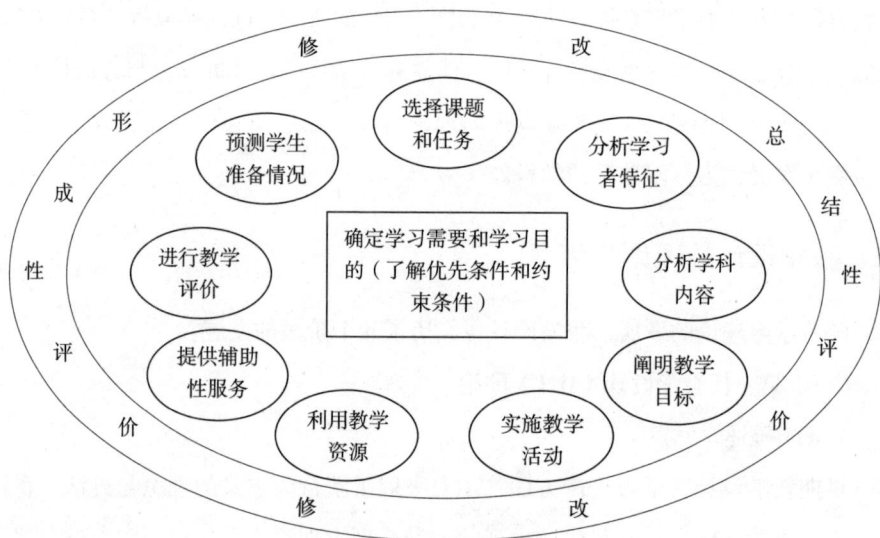

图 2-2　肯普模式

肯普模式由十个教学环节构成，除了"实施教学活动"环节是在教师主讲或起主导作用的前提下由师生共同完成外，其余九个环节都是由教师自己完成。整个教学过程主要靠教师向学生传递知识，其指导思想就是通过教师的教来促进和实现"刺激—反应"联结，因此这是一个典型的以"教"为中心的、以行为主义学习理论为基础的 ID 模式[①]。

（2）迪克—凯里模式

迪克—凯里模式是由沃尔特·迪克、卢·凯里和詹姆斯·凯里三人共同提出

---

① 高永德."耦动观"下高中数学课堂教学设计［D］.大连：辽宁师范大学，2006.

的 (如图 2-3 所示)。

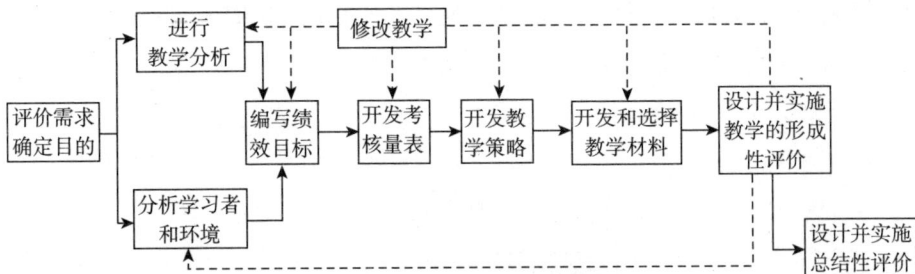

图 2-3　迪克—凯里模式

迪克—凯里模式共有十个教学环节，与肯普模式明显不同的是，迪克—凯里模式把教学过程中的各个环节通过单向线连接，使教学设计过程形成了一个闭环，表明教学过程的有序性和可控性[①]。这些教学环节几乎都是由教师来掌握教学的主动权，所以这是一个典型的以教为主的教学设计模式。这一模式受早期行为主义学习理论的影响，强调通过教师的教来促进和实现"刺激—反应"联结。

（二）第二代教学设计（ID2）理论

1. ID2 概述

第二次世界大战结束以后，科学技术的迅猛发展加快了知识的更新周期。到了 20 世纪 60 年代末以及整个 70 年代，认知主义学习理论逐渐代替行为主义，成为教学设计理论的指导思想。[②] 具有代表性的认知理论有加涅的"联结—认知"学习理论、布鲁纳（Jerome S.Bruner）的发现学习理论、奥苏贝尔（D.P.Ausubel）的有意义接受学习理论等。

2. ID2 的代表性模式

ID2 的代表性模式是"史密斯—雷根模式"。该模式是 1993 年 P.L.Smith 和 T.J.Ragan 两个人合著的《教学设计》一书中提出的。在第一代教学设计中有相当影

---

① 丁革民.五十年来教学设计的理论演进对我国教育技术学发展的启示［D］.福州：福建师范大学，2007.

② 步春红.中等职业学校混合学习的教学设计与应用研究［D］.济南：山东师范大学，2006.

响的迪克—凯里模式的基础上，吸取了加涅在"学习者特征分析"环节中注意对学习者内部心理过程进行认知分析的优点，并进一步考虑认知学习理论对教学内容组织的重要影响而发展起来的。[①] 与迪克—凯里模式相比，史密斯—雷根模式更加简洁。它由三个模块八个教学环节构成（如图 2-4 所示）。

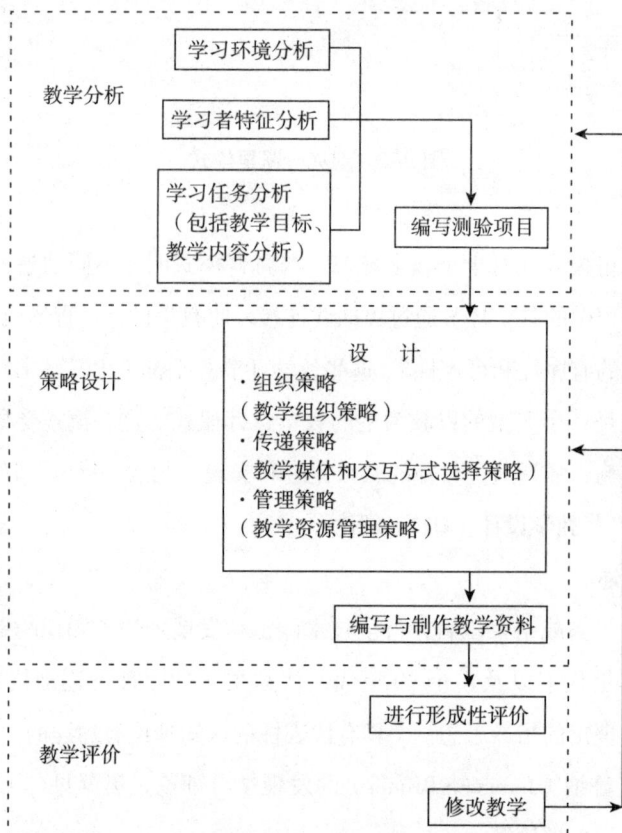

图 2-4　史密斯—雷根模式

（三）第三代教学设计（ID3）理论

1.ID3 概述

建构主义认为，情境、协作、会话和意义建构是学习环境中的四大要素，更加

---

① 钟志贤.论客观主义教学设计范型［Ｊ］.外国教育研究，2004（11）：7.

关注学习环境的构建。基于建构主义的教学设计（ID3）强调要发挥学习者在学习过程中的主动性和建构性，学习者与教学媒体、教学情境的结合是 ID3 的一个重要特征。由于建构主义强调以学为中心，因此，ID3 通常又称为以学为主的教学设计。

2. ID3 的代表性模式

吸收了史密斯—雷根模式中的模块划分的思想，同时充分考虑了以学为主的教学特点，国内学者提出了以学为中心的教学设计模式（如图 2-5 所示）。

（1）"教学分析"模块，由三个教学环节构成：教学目标分析（包括确定教学内容、教学顺序或学习主题）、学习者特征分析（包括确定学习者的知识基础、认知能力和认知结构变量）、确定教学起点。

（2）"设计"模块，由四个教学环节构成：学习情境创设、信息资源的设计与提供、自主学习设计、协作学习设计。这里需要指出的是，自主学习和协作学习是建构主义教学设计中的两种教学策略，是以学为中心的教学设计的核心内容。

（3）"教学评价"模块，由两个教学环节构成：进行形成性评价、修改教学。

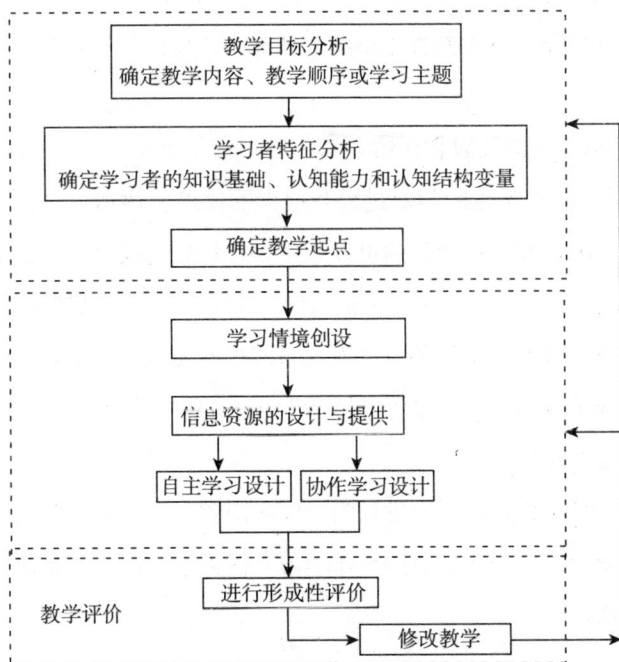

图 2-5　以学为中心的教学设计模式

三、教学设计理论对 "Lian 课堂" 的启示

（一）注重学习者的主动性和个性化学习

"Lian 课堂"注重以学习者为中心的教学，致力于满足学生的个性化学习需求。在"Lian 课堂"中，教师采用个性化教学的策略，为学生提供多样化的学习任务和活动。例如，教师可以根据学生的学习风格和兴趣设置不同的学习站点，提供不同的学习资源和材料。学生可以根据自己的学习进程和兴趣选择适合自己的学习路径。这样的个性化设计可以激发学生的学习动力和兴趣，增强他们的学习效果。

（二）强调合作学习的重要性

"Lian 课堂"致力于通过合作学习的方式培养学生的团队合作能力和解决问题的能力。在"Lian 课堂"中，教师鼓励学生之间的合作和协作。通过小组讨论、项目合作等活动，学生有机会与他人分享和交流想法，共同解决问题。这样的合作设计可以促进学生之间的相互理解和尊重，培养他们的团队意识和合作精神。在合作学习的过程中，学生需要协商和决策，分工合作，提出问题和解决问题。这样的活动可激发学生的批判性思维和创新能力，帮助他们发展解决问题和合作的能力。

（三）重视对学习的反思和评估

"Lian 课堂"注重学生的学习过程和成果的反思和评估，以帮助他们提高学习效果。在"Lian 课堂"中，教师可以采用多种形式的反思和评估工具，如学习日志、自评、同伴评价等。学生可以记录自己的学习体验、反思学习收获和困难，并进行自我评价。同时，学生还可以通过与同伴的交流和评价，获得更全面的反馈和建议。这样的反思和评估过程能够激发学生的自主学习和批判性思维，帮助他们发展自我管理和学习能力。

综上所述，教学设计理论的发展为"Lian 课堂"提供了重要的启示，使其能够更好地符合学习者的需求，鼓励合作学习，促进学习反思和评估，同时培养学生的创新和实践能力。

第六节　学习共同体理论

一、学习共同体的提出

"学习共同体"最早是美国大教育家杜威所构想的学校模式，美国教育学家博耶尔于1995年发表了题为《基础学校学习的共同体》的报告，提出并具体阐释了"学习共同体"这一概念。他认为"学习共同体"是所有人因共同的使命并朝共同的愿景一起学习的组织，共同体中的人共同分享学习的兴趣，共同寻找通向知识的旅程和理解世界运作的方式，朝着教育这一目标相互作用和共同参与。[①]20世纪90年代初，佐藤学教授将"学习共同体"的构想引入自己的教育改革实践中，并将创建"学习共同体"作为学校改革的共同愿景，从而使"学习共同体"的观念深入人心。

佐藤学教授提出的"学习共同体"是要使学校成为学生合作学习的场所，成为教师互相学习的场所，成为家长与市民参与学校教育并互相学习的场所。[②]这一目标主要通过课堂上学生之间的合作学习，教师之间形成开放课堂，师生共同参与和家长参与教学实践的方式实现。所谓"学习共同体"，就是学生在自愿的基础上，以灵活多样的方式组成学习小组，开展合作学习、互助互惠学习、项目学习等，让学生真正回到学习生活的中央。

二、学习共同体理论认识基础

（一）学习共同体的理论背景

随着欧洲资本主义和自然科学的发展，近代的教学理论也有了长足的发展。赫尔巴特的"教学四阶段论"（明了、联想、系统、方法）、凯洛夫的"三中心论"（以教师为中心、以教科书为中心、以课堂教学为中心）和教学过程的"五环节

---

① 屠锦红."学习共同体"：理论价值与实践困境［J］.当代教育科学，2013，（16）：7-9.

② 陈静静.跟随佐藤学做教育：学习共同体的愿景与行动［M］.上海：华东师范大学出版社，2015：101.

说"（准备、复习、教授新课、巩固练习、布置作业）都对中国的教育产生了巨大而深远的影响。它们能够长久存在固然是因为它们的操作性强，但是其本身还是有诸多弊端的，尤其是这些理论埋没了学生的个性和创造力。同时人们也很少注重学生参与学习的主体性以及学习过程中的社会交往和合作，甚至抹杀了学生的尊严，这样的教育方式不再适合人才的培养。因此，人们不断地寻求新的方法促使教育发展。

在教育领域中，杜威的学校概念可以说是探索"学习共同体"的雏形，他认为教育就是一种生活的经历，学校生活就是社会生活或者说是社会生活的一种形式。学校应该是一种社会性组织，而非一个只是让学生在其中学习知识技能的物理空间。而人与人之间的社会性交互活动应该贯穿于教育的全过程。"学习共同体"一经提出，便受到了极大的关注，随着相关的理论研究和实践的发展，其理论也得到了很大的发展和完善。[①]20 世纪 90 年代，佐藤学教授对课堂变革进行了深入的研究和实践，并躬行"学习共同体"的学校创建实践。对学校的教育改革提供了很大帮助，致使"学习共同体"在亚洲许多国家和地区得到推广。

（二）学习共同体的概念内涵

"学习共同体"中包含两个关键词，即"共同体"和"学习"。"共同体"最早是一个社会学的概念，是指基于协作的有机组织形式，强调人与人之间的密切关系、共同目标、归属感和认同感。在共同体中人与人平等，人们团结互助，互相信任，互相尊重，为了共同的目标而努力，这也是学习共同体的精神内涵。而"学习"既是共同体形成的途径，也是共同体的奋斗目标，即共同体中的人必须具有持续的学习意愿，每个人都能看到其他人的优势，并能通过各种方法向他人学习，同时，自身也处于开放状态，也成为他人学习的参照。[②]在学校改革的大背景下，"学习共同体"就意味着学生之间、教师之间、学校之间、家长之间的密切协作和互相学习，其目标共同指向为每位学生提供高质量的学习机会，提升学生核心素养。

"学习共同体"的核心是保障所有学生获得高质量学习机会的课堂。这样的

---

① 林静涵.课堂学习共同体的建构研究［D］.成都：四川师范大学，2012.

② 蓝国云.小学语文课堂教学中渗透"学习共同体"理念的实践研究［J］.作文成功之路（上），2018，（05）：60.

课堂需要善于倾听的教师，以及教师之间的互助、研究者与教师之间的通力合作、学校之间的互相开放、家长社区的共同参与才能实现。

（三）学习共同体的研究价值

"学习共同体"理论是一种强调师生共同参与、相互协作，将学习与实践相结合，让学生在共同体中实现相互学习交流和知识的建构与意义的理论。这种理论的研究价值在于，它可以促进师生之间的互动和合作，提高学生的学习兴趣和积极性，也可以促进教师的专业发展，提高教师的教学水平和教育质量。同时，"学习共同体"能够保障学生学习的权利，老师应尊重和信赖每一位学生，让每位学生积极参与课堂，让学生在合作交流中发挥自己的价值，实现多数学生的共赢。此外，"学习共同体"理论还可以促进学生之间的相互学习和交流，提高学生的综合素质和创新能力。

"学习共同体"能够使每位学生进行深度学习，让学习真实发生。当学生投入学习中，才能认识到自己的已知和未知事情，对自己已知的事情，可以帮助他人，对自己未知的事情可以寻求同伴或者老师的帮助。在这个过程中，每位同学在课堂上都能够全身心地参与进来，使自己或者同伴一起完成学习任务，从而实现共同进步。在"学习共同体"中，教师将学习的主动权还给学生，让更多的学生参与课堂，相互交流，从而使学生远离紧张，甚至对于学习困难学生也能够有很大的促进作用，使其不断向同伴学习，丰富自己的知识和提升自己的能力。这样，每名学生都能找到自己的位置，都能得到成长。[①]

"学习共同体"的核心价值就是让学生成为学习的主人，由被动学习者转变为主动探究者，引领学生由"做题"转变为"做人做事"，从而使学生的关键能力和核心素养获得提升。

三、学习共同体理论对"Lian 课堂"的启示

（一）学习共同体理论保障学生的学习权利得到充分尊重

"Lian 课堂"与"学习共同体"都是以学生为中心，尊重和信赖每一位学生，

---

① 陈静静.学习共同体：走向深度学习［M］.上海：华东师范大学出版社，2020.

正确认识差异性，倾听所有学生内心的声音。教师不仅要倾听孩子，也应该创造条件让孩子互相倾听，互相学习。在师生平等、尊重信任的情况下，师生之间、生生之间彼此相互理解、相互合作，在经验共享、双向互动交流的过程中学习，实现师生共同发展。

课堂的产生是让学生学习，只有每位学生成为学习的主人，让每位学生参与课堂，才能让学习真实地发生。"Lian 课堂"与"学习共同体"都是为了保障学生的学习权利的课堂教学，实现让所有学生拥有学习权利，尽可能提高所有学生的学习质量。

（二）学习共同体理论助推学生在探究学习中增长能力

"Lian 课堂"中的教与学是教师与学生共同实践的活动系统，在学习过程中尽可能地围绕单元的学习形式或者以项目式的方式开展。同时，问题要建立在真实情境中，让学生"从情境中发现疑难、从疑难中提出问题、做出解决问题的假设、推断假设成功的可能性、运用经验来验证假设并最终获得成果"。在此过程中可以锻炼学生的思维品质，培养解决实际问题的能力。

（三）学习共同体理论引导师生在合作学习中共同成长

合作学习的意义在于，通过合作使得每个学生能凭借集体智慧挑战其不能达到的水准。课堂教学和学习是师生合作共同完成的，希望看到课堂中所有成员在共同完成学习任务的过程中相互帮助、相互尊重，共享学习资源，在心智和主体性方面都能得到充分的发展。"Lian 课堂"更加注重培养合作精神和团队精神，促进每个师生共同发展。

总之，课堂对于每一个参与其中的成员都具有个体生命价值。课堂蕴含着丰富的生命活力，只有在课堂中学习共同体成员的生命活力得到有效发挥时，才能真正有助于师生的同步成长。[①]

---

① 林静涵 . 课堂学习共同体的建构研究［D］. 成都：四川师范大学，2012.

第三章 "Lian 课堂"研究历程的回顾

第一节 "Lian 课堂"的提出及其理由

建校以来，君莲学校坚持"课堂质量是生命线"的理念，致力于夯实教学效果，提升课堂效率。具备学校浓郁特色的"Lian 课堂"的前期探索和对本堂课进行总体性评价描述，大致走过尊重教育、课堂教学改进、"Lian 课堂"探索与优化等路程。

一、君莲学校概况

上海市闵行区君莲学校是一所 2011 年 9 月创办的九年一贯制公办学校，由闵行区教育局和颛桥镇双重领导。学校以"平等尊重，和谐发展，追求卓越"的办学理念为指导，努力培养"明德、崇文、善思、健体、向美、敏事"的君莲学子；以打造"尊重教育"为特色的课堂文化为重点，致力于构建实施凸显"君子文化"的课程体系；以"Lian 课堂"的构建和优化为手段，提升三类课程的课堂品位与教学质量。

学校先后获得全国优秀少先队大队、全国青少年校园足球特色学校、上海市安全文明校园、上海市红旗大队、上海市五四红旗团支部、上海市家庭教育示范学校等区级以上荣誉称号，荣获 2019 学年闵行区学校办学绩效评价综合发展一等奖、2020 学年闵行区学校办学绩效评价综合发展二等奖、2021 学年闵行区学校办学绩效评价综合发展优秀奖和在线教育项目发展优秀奖。学校现在是中华优秀传统文化艺术传承学校、中国上海国际艺术节艺术合作校、上海话剧艺术中心戏剧教育基地、上海师范大学教育学院教育管理专业硕士研究生实践基地、闵行区新优质学校集群发展领衔校、闵行区美育联盟戏剧教育盟主校等。

（一）基础设施

立校之初，学校校区位于沪光路120号，班级从起始年级开始配置，一年级2个班，六年级4个班，在编教师26人。2017年2月，因学校良好发展势头和阶段成绩得到上级部门的赞誉和认可，为适应学区内的教育需求，在区域地方政府鼎力支持下，学校新增老沪闵路校区（老沪闵路2700号），小学部各年级整体搬迁至新校区，形成一校两部、有序衔接的办学布局。

目前，学校占地面积51004平方米（小学部21000平方米，中学部30004平方米）；有两个田径场（小学部200米跑道，中学部300米跑道）、三个排球场、五个篮球场、两个室内体育馆（中学部1300多平方米，小学部近500平方米）；有两个图书馆、两个云录播室、一个远程教室、四个计算机房，还有物理、化学、自然、劳技、音乐、美术等专用教室。在特色发展中，根据校情，建有心理活动区、陶笛制作室、安全体验教室、STEM教室、课本剧教室、梅兰竹菊创新实验室等；两学部均有师生食堂、阶梯教室、多个会议室。有教室75间（小学部40间，中学部35间），各类教学设备配足配齐，完全能满足学校教育教学、学生个性化走班需求。

（二）师生群体

目前学校共有51个教学班，学生总人数1803人，属于规模较大学校。在编教师136人，其中正高1人、高级职称11人、中级职称76人、研究生学历49人、区学科中心组10人、种子基地主持人1人、德育基地主持人1人、闵行区骨干教师8人、骨干后备13人。学校教师学历层次高，青年教师占比高、上进心强，主动学习，关注学生核心素养能力培养，尊重学生主体地位，遵守"基于课程标准的教学与评价"要求，是学生的引导者、守护者、启发者。

学校充分挖掘资源，拓宽教师视野和经验辐射，采取"走出去、请进来"的方式，为教师专业发展创设多元通道。通过校际之间的合作交流，搭建省际、区际或区域内老师互相学习的平台，与江西省吉安市庐陵学校、江西上饶县茗洋学校联盟，与云南省绥江县五福小学等签订合作协议，加深了解、增强团结、促进和谐、推动学校发展。以"加强国际合作与交流，拓宽师生国际视野"为宗旨，多次组织学生前往韩国、澳大利亚访学。2019年10月，澳大利亚昆士兰州Yeronga公立中学校长Terry Heath先生和教务主任Manuj Gokul博士来校访问。

（三）特色建设

君莲学校以课本剧为拳头产品，带动陶笛学习、演奏、制作，同时推进传统文化的实践，形成了学校的三张"名片"，体现了君莲学校的办学特色。课本剧起步于语文教学，围绕读、写、演、评四个环节，落实以读促写、以写带读、以演促写、以演促评的教学原则，教学质量取得了长足的进步。依托学校艺术特色项目"陶笛"开展系列校本课程的开发与实施，为学校发展、教师专业发展、学生个性发展提供了新的舞台。多次举办"弘扬传统文化，展现民乐风采"的汇报演出等活动，成功承办了九届"君莲杯"闵行区中小学生传统文化大赛，让每一位闵行学子在传统文化浸润中收获不一样的成长，更进一步推进和深化了闵行区传统文化的教育普及、保护传承、创新发展和传播交流。除了上述三张"名片"，2019年君莲学校被评为全国足球特色校和全国少先队优秀集体，于是"足球"与"少先队工作"成为君莲学校第四张、第五张亮丽的"名片"。

利用九年一贯制学校的优势，在课程设计、学科教学、学习能力、活动设计等方面加强两学部的沟通与分享，打造促进小学生提前适应初中学习生活的特色课程。开设贯穿中小学段的特色课程，如课本剧、陶笛、书法等，以及分年级实施的学科类、兴趣类课程，其中无土栽培、"物联网+"、玩转乐高、智慧无人机、我的快乐"心"球、灌篮高手、速度与激情（自行车）等课程极大地激发了学生"玩中学""学中玩"的兴趣。以学校精神"君子风范，莲花品格"为引领，形成罗裙莲创、STEM课程、创见新竹园等具有君莲学校文化特色的探究型课程体系。创意、自主的探索学习新模式激发着学生规则意识和关键技能的养成。借助外部资源，开展"心计划""新闻课程""非遗课程"，不断增强学生的体验与获得感。

二、"Lian 课堂"的发展路程

（一）阶段一：从"尊重教育"开始做铺垫

学校所在区域属市级保障性住房区域，在校生多为市区动迁和经适房住户，且随迁子女超 70%，学生来自的地域以及家庭和经济条件等差异大，学业基础和整体素质两极分化严重。如何让他们尽快融入社区、得到公平尊重的教育是学校教育的重大课题。学校确定了"平等尊重、和谐发展、追求卓越"的办学理念，并研究开发"尊重教育"校本课程，形成相互尊重和平等的师生关系。2014 年，完成闵行区区级重点课题"'尊重教育'校本课程的构建与实践研究"[①]。该课题在推进过程中，学校在尊重理念的指导下，引导教师根据学科特点和教师个性专长，优化课堂组织方式、教学方式，促进学生多样化学习，在教学过程中凸显"学生主体"；将有效的讨论交流、质疑释疑作为课堂有效性的主要标志之一，创设情境，激发兴趣，培养学生问题意识，教会学生学会质疑、敢于质疑，培养并提升学生独立解决问题的能力；注意课堂开放性，交流互动，拓展学生的思维，提高思维品质。这一阶段，学校采取的以上做法为日后"Lian 课堂"的研究做了一定的铺垫。

1. 搭建个性化发展平台，让学生获得成功体验

学校组织教师在先进理念的指导下反思自己教学中如何增强学生的学习体验，促使课堂教学能够满足学生的个性发展。语文教学中，以课本剧编排、点评为载体，围绕读、写、演、评四个环节，引导学生积极主动地学习，教学质量取得长足进步，教学水平在同类学校处于领先地位。首届"英语节"在 2016 年 4 月正式启动，目前已经举办八届。数学学科则以小报评选、竞赛参与的方式积极调动学生学习兴趣。

围绕学校"莲宝的'书式'生活"阅读课程，各年级开展主题为"全员阅读，领悟方法，同享快乐"的读书节活动。以"乐活数学，算出精彩"为主题，分别在低年级段开展"口算小达人"、中高段开展"24 点速算王"的计算类活动。

[①] "'尊重教育'校本课程的构建与实践研究"（课题批准号：QZ12018）课题完成后，2019 年 4 月，又完成上海市科研项目"构建'尊重与关怀'德育体验活动系列的实践研究"（课题批准号：C15048）。

各教研组根据学科特点开展项目化学习。学生自由组合，根据自身特长和爱好选择1~2个主题。教师在班级内组织交流，学校遴选优秀作品进行校内展示。

表3-1 部分学科项目化学习主题

学科	项目化学习主题
语文	课本剧情境创编
数学	妙用七巧板
英语	身边的英语应用
物理	自制杠杆验证平衡条件
历史	你认为30年内会有第三次世界大战吗？（有，哪些国家挑起战争，为什么？没有，为什么？）
地理	画出2040年中国能源结构图，并附上判断依据

2. 围绕主题教学节，提升教师综合能力

为了更好地激发教师教学改进的热情，提升课堂教学技能，自2015学年成功举办第一届教学节以来，目前已经进行九届，充分展现君莲学校教师在课堂教学中的思考和成绩。

表3-2 君莲学校历届主题教学节一览表

届次	主题	活动
第一届	"规范的教学，互动的教学"	课堂教学评比课、骨干教师展示课、青年教师汇报课
第二届	"传递智慧，促进成长，展示能力"	骨干教师智慧传递、青年教师基本功比赛、见习教师汇报课评比、新基础研讨课
第三届	"基于课标评价，打造'尊重课堂'"	骨干教师微报告、青年教师课堂展示、见习教师教学设计比赛
第四届	"打造灵动本真课堂，展现尊重教育文化"	骨干教师课堂引领、青年教师课堂展示、教学案例评比
第五届	升教研品质，呈教学特色，增教学成效	课堂引领、案例评选、馨莲沙龙

续表

届次	主题	活动
第六届	整体把握，单课落实，作业设计，智慧教研	课堂展示、作业设计、专家讲座、馨莲沙龙
第七届	实施素养导向评价，助力基础课程校本化	课堂教学展示、优质网课评议、教学能力测试、案例撰写评比
第八届	聚焦尊重课堂，助力学生成长	课堂展示、板书设计评比、案例撰写、专家讲座、馨莲沙龙
第九届	搭建学习支架，打造高效"Lian课堂"	课堂展示、微课评选、课程纲要评选、专家讲座

从第一届的规范教学到第九届的"Lian 课堂"，教学节为全体教师提供了展现自我、彰显个性的平台。年轻教师得到了学习机会，在骨干教师的经验引领下快速成长。成熟教师主动思考，积极呈现，不断挑战自己。同时教学节中的各类评选活动，让大家都有了明确的追求目标，提高了教师自我挖潜、自我发展的内驱力。

（二）阶段二：以"教学改进"项目为抓手

学校先后进行两轮课堂教学改进，以教学改进项目为抓手，推动教师更新教学理念，掌握先进教学方法，不断优化课堂形态，增强师生互动，促进共同成长。这一阶段，学校采取的以下做法为"Lian 课堂"的研究打下了坚实基础。

1. 推动实施项目化学习

项目化学习作为一种完整、系统、有效的教与学创新模式，具有八个基本要素：素养目标、真实情境、框架问题、角色任务、合作探究、过程评价、学习技术、高阶思维。这些要素与跨学科学习的融合，有助于引导学生观察现实生活，提出各种真实性的问题，在梳理各类问题中，从单一学科或跨学科的视角发散性地提出解释、解决各种问题的途径。

2021 年 2 月，君莲学校启动项目化学习行动，帮助教师在课堂教学中合理使用这种学习方式，指导学生通过合作探究过程中的信息提取与处理、问题分析与质疑、结论阐释与创新，逐步培养基于问题的学习意识和分析技巧，提升整合思考和整体解决问题的能力。3月，全员学习夏雪梅编著《项目化学习设计：学习素养视角下的国际与本土实践》，邀请上海市教育科学研究院崔春华老师作题为"项目化学习：背景、内涵与关键要素设计"讲座。3—5月，中学部各教研组开始进行PBL的交流研讨、教学设计。部分教研组每位教师须撰写项目化学习设计，部分教研组推选代表撰写文本。5月，邀请PBL专家薄全锋老师来校指导。语文、数学、英语、综文、综理、体育教研组各推选一位种子教师须提前将教学设计上交给专家。薄老师针对老师们的共性问题进行专题讲座，并对上交的6篇设计进行逐一指导。6位教师根据薄老师的建议修改完善自己的原有方案。6月，英语组朱碧珺、数学组陈文静两位教师分别开设组内公开课，教研组进行交流。另外4位老师继续打磨，进行教学并向全校教师进行展示。之后，学校将项目化学习理念进一步推广，并融入基础、拓展、探究课程的日常教学中去，拓宽PBL实践的深度和广度，用PBL的教学、学习理念激发学生的学习主动性。

2. 开展双新背景下的学历案工作坊

围绕中央"双减"工作部署，学校做了细致的安排和实施，确定以作业研究和课堂改进作为"双减"工作实施中教学效果提升和保障的重要突破口。2021年8月，学校借助多方力量，成立学历案设计工作坊，融合教学方式的改变和作业的精心重整。通过学历案设计，教师加深对课程标准的理解和落实，以单元的视角进行教学设计，创建以学生学习经历为中心的教学规范，提升课堂教学的效果和作业设计的针对性，切实在教学中减负增效。

学历案给学生传递明确信号："你的课堂你做主"，学生依托学历案自主、合作地学习，学生的课堂参与热情得到了最好的调动。从课堂表现看，学生有充足机会表达自己的意见和想法，学习动力和兴趣有明显提高。学生开展的讨论和展示不是对教师预设的机械执行，而是充满着动态和活力，更好地激发深层思维的智慧碰撞。

3. 以评促教，基于量规推动课堂教学转型

为促进课堂教学改进，学校从以评促教的角度出发，通过评价指标的学习和应用，以重点指标为切入点，对教学过程进行观测和改进，在课堂教学中增强学生参与度，提升教学实效。

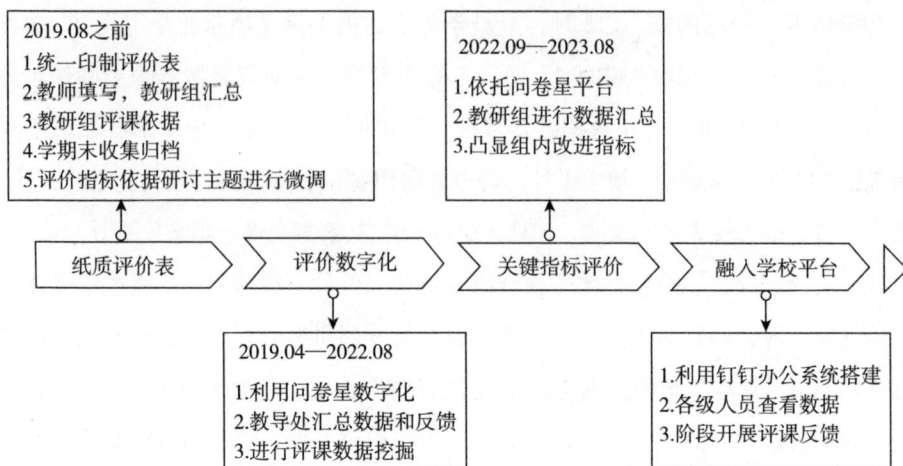

图 3-1　君莲学校课堂评价方式演变

（1）基于量规进行纸质评价

学校重点以课堂评价量规进行课堂教学效果的检测和改进。基于量规，运用调研工具，提升课程与教学水平。学校利用 2 周 1 次的教研组长例会，分内容分观察点，对各种量规量表以及观察点进行逐一解读研讨，特别是对课堂教学观察 5 个方面 39 个观察点进行逐条研读，做到组长心中有谱，操作有方向，落实有依据。

表 3-3　君莲学校课堂教学评价表（2016）

教师＿＿＿＿＿学科＿＿＿＿＿班级＿＿＿＿＿
课题＿＿＿＿＿＿＿＿＿＿＿日期＿＿＿＿＿

项目	一级指标	二级指标	指标达成度（分值）	得分
一、教学目标（15分）	教学目标与课程目标关系（5分）	（1）教学目标表达准确、清断、可测评。 （2）体现本学科年段要求的具体思考。 （3）有本学科总体要求下策划目标的意识。		
	学生状态解读（5分）	（4）对学生状态总体有了解，有不同层次的差异分析。 （5）对学生已有经验和困难分析准确，所提目标有针对性。 （6）对学生的调查分析估计准确，所提目标有发展性。		
	教材文本解读（5分）	（7）能把握教材的结构，确定重点和难点。 （8）能够将文本与社会生活，与学生的经验联系起来。 （9）对教材的育人价值有清晰把握。		

项目	一级指标	二级指标	指标达成度 （分值）	得分
二、 教学 内容 （10分）	整体结构（5分）	（1）体现在单元整体背景下的具体策划。		
		（2）内容结构具有逻辑合理性。		
	体现育人价值（5分）	（3）根据教学内容的需要，能够有意义地沟通书本与现实生活，与学生经验的联系，对学生有教育效应。		
		（4）内容设计能调动学生积极参与，能提高学生学习的内在兴趣和积极性，渗透有关培养学生学习意识，习惯和能力的内容。		
三、 教学 过程 （50分）	维持学生动机（10分）	（1）创设贴近生活、激发兴趣的情景。		
		（2）给予大多数学生成功的体验。		
	采用多元方式（15分）	（3）运用除讲授以外的多种教学方法。		
		（4）提供大多数学生参与学习活动的机会。		
		（5）组织和促进学生的互动与合作。		
		（6）选用合适的媒体资源。		
	善用发问技巧（10分）	（7）问题明显显示，表达清楚，指向明确。		
		（8）提出与学生认知水平相吻合的开放式问题。		
		（9）留出适当的待答时间。		
		（10）对学生的答问不是笼统的给出评语，而是有区别的理答。		
	教学环节设计及衔接（10分）	（11）教学环节紧凑，过程流畅。		
	作业的设计（5分）	（12）作业要求明确，作业量适当，体现层次性。		
四、 教师 素养 （20分）		（1）教师能及时恰当作出评价与回应。		
		（2）教学用语准确、简洁，条理清楚。		
		（3）板书设计合理，书写工整规范。		
		（4）教学演示操作熟练规范。		

项目	一级指标	二级指标	指标达成度（分值）	得分
特色加分（5分）	请简要描述			
		等第：		
对课总体定性描述				
备注：评价分优、良、合格、不合格四个等第 优：90~100 分　良：80~89 分　合格：60~79 分　不合格：60 分及以下				

评价人：_____

学校组织全体教师学习量规，完善备课过程。学习解读关于市课程与教学评价量规、《小学中高年段语数英学科基于课程标准的评价案例》《上海市小学语数英学科教学基本要求》，并通过研读课堂教学观察 5 个方面 39 个观察点，侧重第二部分"引导学生学习"的 10 个观察点和量表中第三领域"师生有效沟通"7 个观察点，进一步完善了备课过程及要求，高年级任课老师先行撰写了研读习得，为大家提供经验。

（2）纸质评价的数字化处理

2019 年 9 月开始，学习利用问卷星平台，将纸质评价表进行数字化处理，让每位听课教师能够即时完成课堂教学的评价及上报，并以某一个观测点进行简要叙述，提出改进意见。

学校充分挖掘评课数据，对各类课程、各层级教师进行教学诊断和建议，促进课堂教学效果的提升。教师可以自行从评课报告中发现不足、查找增长点，也能在各级指导教师的建议下进行针对性更强的教学行为改变。

一级指标	满分	本课得分	平均	本课实现度	平均实现度
课前准备	10	10.0	9.4	100.0%	94.2%
教师授课	60	45.5	52.0	75.8%	86.6%
学生学习	30	21.7	25.2	72.3%	84.1%
总分	100	77.2	86.6	77.2%	86.6%

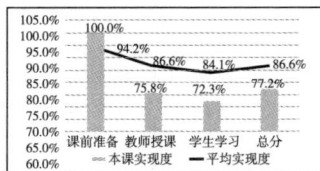

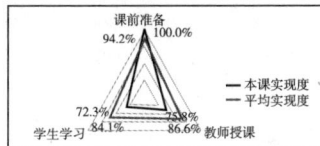

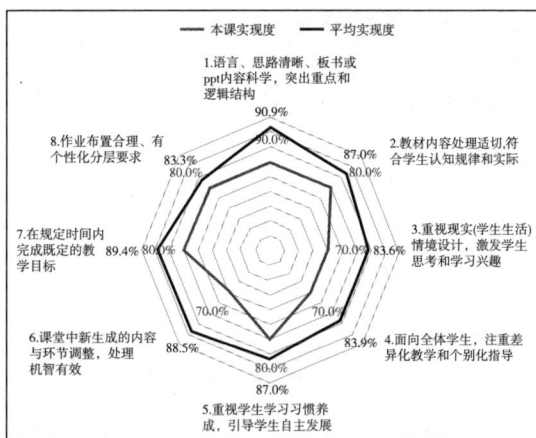

图3-2 教师评课报告中的数据截取

（3）在评价量规中凸显学科研讨要素

2022学年开始，为了更好地体现学科核心素养，呼应组内学期研讨主题，学校对评价量规进行了策略调整。以学校整体评价量规为基础，各教研组在组内研讨的基础上，选定或增设1~2条符合学科特色的观测点重点开展教学实践和评测。教研组内研讨课以评价表为指向，进行教学改进实践。以问卷星形式及时收集评价数据，围绕数据进行针对性研讨。

课程部汇总各教研组评课链接，组织教学指导团更广泛地开展教学指导和检查。阶段式收回各组评课数据，通过数据对比挖掘教学经验，提出教学建议或改进方向。

（4）在钉钉平台建立校本评课系统

2023学年，经学校党总支和校长办公会讨论后决定，确定将钉钉平台作为校内办公平台，校内常见的请假、请购、保修等办公功能融入该平台。为了提升教师使用的便利及数据分析的效率，2023年9月，利用钉钉平台建立起校本评课系统。

图 3-3　钉钉平台评课数据上报界面

利用融入办公软件的评课系统，教师随时能够进行评课信息的填报，相应教研组、教导处也能够即时对数据填报情况进行掌控，并且借助信息技术对课堂中重要的要素进行即时比对和分析。同时，也有助于评课数据的积累和管理，有利于后期基于数据的分析对教师教学行为进行精准指导。

（三）阶段三：将"Lian 课堂"作为突破口

1. 对课堂教学存在不足的思考

经过多轮教学改进实践，学校的课堂效率有了一定提升，但也存在以下问题：

（1）学生地位仍需彰显

课堂开放度不大，教师讲得多，学生想得少、说得少、练得少。大部分教师习惯于主导课堂，根据预设完成教案。学生多数处于被动地位，配合老师完成教学任务，获得感不够强。今后需要继续推动课堂教学生态的改进，探索一条将课堂自主权真正还给学生的有效途径。

（2）教学设计仍需研究

学生的主体地位如何体现？提问权、评价权如何还给学生？有价值的教学情境如何创设？教学资源如何有效生成与合理运用？学生的思维品质如何培养？诸如此类的问题还是不断困扰教师，并影响课堂教学的效率，关系到有效教学如何走向优质教学，需要学习、培训，更需要研究、实践，用以引领课堂教学、改进课堂教学。

（3）教师素养仍需提升

目前学校教师中，外省市和外区县转入的比较多，对教育教学理论、现代教育技术等学习不够。教师本人对自身专业发展的要求也存在着差异，部分教师缺乏文化自觉、自我更新的动机，继续提升的意识淡薄，部分青年教师工作数年后不再追求进步，自主改进少，研究意识弱。不思进取的现象，在中老年教师身上也有体现。教研组在建设过程中要注重引导对个人价值观的激发。

2. 对学校发展与课堂建构的大讨论

2021 年暑假，围绕学校发展特色和项目，全校师生开展了全员大讨论，对学校未来十年发展进行了全方位（内部）优势、劣势，（外部）机会、威胁分析，至此提出君莲课堂范式研究的明确计划，因为名称暂时未定，假设为"X 课堂"，表示君莲课堂充满可能，指向未来。

2022 年 1 月，围绕"校园生活留给学生什么印象""为了让君莲成为你理想中的样子，你觉得可以怎样做？"等方面收集君莲人的智慧和建议，学校共收集 139 条有效信息。大家通过问卷对学校未来发展进行了描绘和建议，并围绕学校拟构建的"X 课堂"建言献策。在"你理想中的君莲课堂"的方案征询中，君莲老师用关键词进行表达。遴选后的关键词（见图 3-4），彰显了君莲教师对课堂高效、有趣、尊重等词汇的深入理解，也反映出他们对课堂教学变革内在价值的高度认同。这些理解与认同成为学校教学改革的良好思想基础。

在为"X 课堂"命名的征集活动中，君莲教师们为体现学校特色对课堂范式的名称进行了思考和诠释，从统计信息中看，带"君""莲"的字词比较多，其中君子课堂的推荐次数最高。在提交的信息中，王再芳老师提出的"lian（莲）课堂"建议得到了更多的呼应。王老师将 lian 这一单词的 4 个字母依次引出 1 个新单词: livelily 充满活力的; imaginative 富有想象力的; amusing 有趣的; nimble 机敏的。不少老师认为,这一建议虽然对课堂内涵的解读还不尽理想,但为进一步讨论提供了一定的思路。

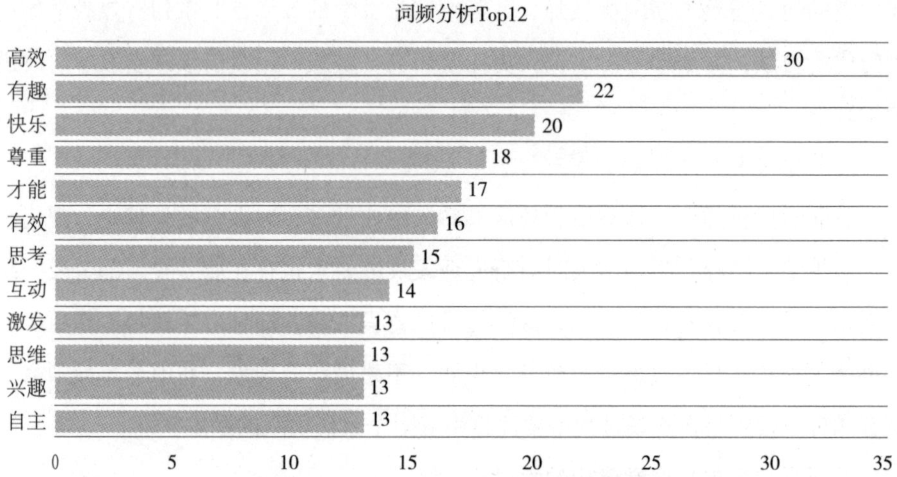

词频分析Top12

图 3-4　大讨论中的课堂关键词词频

图 3-5　"X 课堂"命名征集词云图

经过深入讨论,大家逐渐达成共识,认为"Lian 课堂"这一名词,能够体现君莲学校的"莲"文化及内涵,理由是:一能够找出与"莲"相同谐音的词语(如连、联、敛、炼等）解释课堂范式的目标与任务；二是能够用 Lian 的每个字母作为首字母提炼出 4 个单词，从而对课堂要素与环节进行准确的表述。就这样，经过研讨，最后将学校持续进行改进和完善的课堂范式称为"Lian 课堂"。

3. 龙头课题的立项与推进

2022 年暑期，在充分讨论和规划下，学校开始龙头课题的申请工作，经过多次的打磨和研讨，顺利申请和立项闵行区重点研究项目"走向大概念教学的'Lian 课堂'建构与优化"（课题编号：QZ2022233）。

此项课题研究的目的在于：结合学校学生特点，有针对性地制定"Lian 课堂"教学策略，扩大与深化课堂师生互动、生生互动，增强学生学习兴趣；运用具体的教学方法和手段，循序渐进地培养学生的思维能力、探究能力和实践能力；鼓励学生进行跨学科的专业知识探究，了解知识的形成过程，培养和提高学生的知识迁移能力，促进学生综合能力发展。

立项前后，学校围绕课题研究进行了相关专著的学习，重点围绕刘徽教授所著《大概念教学——素养导向的单元整体设计》一书，消化和理解课题的研究意义，进一步寻找课题的理论支撑和研究点。

2023 年 1 月 14 日，课题顺利开题，华东师范大学安桂清教授和上海市教委教研室韩艳梅博士参会并做高位指导，丁淑燕校长率课题组全体 28 位成员参加了论证会。3 月 31 日，在馨莲沙龙中，中学英语教研组作为代表，围绕对龙头课题的理解进行了题为"打造高效'Lian 课堂'促团队共成长"的主题发言。

2023 年暑假期间，在常规研修学习的基础上，围绕学校龙头课题展开一系列自学及研讨活动。同时，先后邀请华东师大夏志芳教授、浙江大学刘徽教授来校指导，深度探索如何依托课题导向推动课堂教学，引领大家从大概念的专家思维探索核心素养培养的课堂教学路径。

4. 开展教学实践与优化

以"Lian 课堂"的实践和探索为抓手，学校以教研组为单位，提前制订研讨计划，开展主题性教学研讨。在常规进行的组内教学研讨基础上，以集体智慧和力量推出各类区域公开课，备课组、教研组集体备课、磨课，在教学设计的不断修改和课堂的常态观摩中，探索增强学生体验、优化"Lian 课堂"实践的有效做法。相继推出的研讨课有：

2023 年 3 月 29 日数学学科开展主题为"搭建思辨平台，助推深度理解"的研讨活动，分别由朱怡老师执教《体积》，许雯雯老师执教《小数的大小比较》。

4 月 13 日，开展了主题为"故事启智促表达　乐学善思明方法"的小学语文研讨活动。二年级邱小琦和王美玲两位老师分别执教部编版语文二年级下册第五单元《寓言二则》第一、第二课时。二年级语文备课组长朱婷洁老师做了"'思辨性阅读与表达'学习任务群下的整体教学设计——以二年级第二学期第五单元为例"的交流。

4 月 10 日，开展了主题为"读成长故事，品人物精神"的小学语文研讨活动。四年级朱佳敏老师执教部编语文四年级下册第六单元《文言文二则》第一课时。

5 月 16 日，开展"巧设问题链，提升学生思维品质"的初中英语教学研讨，丁思婷、张玉两位老师分别授课。

5 月 25 日，开展了主题为"经典演绎启智润心，任务驱动培育素养——走向大概念教学的'Lian 课堂'探索"的教学研讨活动。朱佳敏进行四年级下册第六单元《小英雄雨来（节选）》一课的课堂展示。陶思迪老师进行主题为"以大任务驱动的单元整体设计——以部编版语文教材第八册第六单元为例"的交流。

2023 学年，组织各教研组开展广泛的"Lian 课堂"教学实践，在反思、整合的基础上，借助教学节活动，依托教学设计表（见表 3-4），开展"Lian 课堂"教学设计评选活动，促进教师对课题内涵的理解和教学实施能力的提升，为"Lian 课堂"普及实施提供样本和典型。

表 3-4　闵行区君莲学校"Lian 课堂"教学设计（部分）

二、教学分析			
单元主题	目前任教学科、年级	单元大概念	
单元概述	大致包括：单元内容的组成，出自哪里；单元教学需要的时长；参考课本与教材提示，结合学生实际，表述学生需达成的知识技能、学习品质和关键能力。		
课题名称	以单课时进行设计		

教学内容 分析	
学习者分析	
三、目标设定	
"Lian"构想	连（纵）　　联（横）　　敛（内）　　炼（外） 简要阐述：
学习目标 确定	
学习重点	
学习难点	
四、教学策略	
设计思路	基于大概念，以及"Lian 课堂"构建的设想，进行相应教学环节设计和组织
教学流程	建议以思维导图或鱼骨图等呈现；凸显教学设计中的结构化
五、教学过程	
结合学科特点，自主选择教师活动、学生活动、设计意图、评价方式等角度进行；形式不限，提倡用教学活动环节呈现。	

在实操式的课堂实践和示范的推动下，教师们加深了对"Lian 课堂"的理解，对如何形成连续的教学设计，创设联通生活的教学活动，培育君莲学生素养有了更多的观察和思考。

第二节 教师对"Lian 课堂"内涵的理解

在传统教学中，教学内容往往过于细碎零散，不利于学生把握知识脉络。大概念教学则注重筛选出知识体系中的核心概念进行讲授，把相关细节概念融入这些大概念中，帮助学生建构知识框架。

君莲学校的课程理念是"让每一个君莲学生健康快乐、和谐发展"。学校构建以"明德、崇文、善思、健体、向美、敏事"六个维度为培养指标的学校"君子课程"体系，在落实国家课程的目标的同时，关注校本课程的特色化实施。在教育教学过程中全方位渗透"君子素养"内涵。这种理念体现在具体的教学过程中就是"Lian 课堂"的落地实施。

基于此，"Lian 课堂"指的就是在大概念教育理念背景下，以师生共同学习为中心，具有君莲学校校本化教学特色，整合学科间知识内容，实现知识向真实生活迁移的特色课堂。

"Lian 课堂"要实现课堂变革目标，即"减负提质"，依托大概念的核心理念，在课堂上花费最少的精力，投入最少的时间，尽可能获得最好的教学效果，通过概念定义及其逻辑关系来使知识由多、杂到少、精，从单一封闭到学科间整合，从僵化走向活用。

从提出"Lian 课堂"起，"Lian 课堂"就被赋予了四个核心内涵，分别是 4个 Lian："连""联""敛""炼"。其基本思路是以"重教"达到"优学"。教师首先根据课程标准、教材、学情等"连"续的教学内容，提取大概念之后，学习目标清晰简洁地表征出在学习过程中各个知识点的"联"通性，实现不同课程中关于同一知识点间的横向联系。通过设计引导，让学生充分调动所学知识，在新知的学习过程中学会收集、聚焦、内"敛"核心知识。通过锻造与磨"炼"，实现"知识"与"现实世界"的迁移，下功夫以求其精，用所学学科知识来解决真实问题。在对上述"Lian 课堂"的内涵理解上，我们做了很多的理论学习和实践操作。下面分别从沙龙、访谈上教师的发言来展现他们对"Lian 课堂"的解读。

一、沙龙谈体会

教师对"Lian课堂"的理解是在一次次的理论学习中逐步深化的。下面是部分教师在一次"Lian课堂"理论学习沙龙上的发言摘要。

（一）"Lian课堂"倡导具有"连"续和"联"通特征的教学行为

A老师："Lian课堂"强调识别各种概念之间的逻辑关系，如概括与被概括、系列与递增、因果与条件等，帮助学生将分散的知识点系统归纳、组织。作为一名语文老师，我在日常教学中非常注重把课程标准、教材内容和学生的认知特征有机结合，针对性地组织概念教学。具体来说，我会先全面分析课程标准，找出其中的核心概念和概念体系。同时，也会研读教材，比较教材与标准的贴合度，看哪些概念需要额外补充。在教学中，我不会死板地照本宣科，而是围绕核心概念设计教学活动，培养学生的概念思维。另一方面，通过多年的教学实践，我也深知不同年龄段学生的认知特点。在教授一个新的概念时，我会考虑学生当前的认知水平，从一些基础性的概念入手，建立起学生原有知识体系中可能缺失的概念链条。在此基础上，我会逐步过渡到抽象的核心概念，并配以大量实例，帮助学生体会概念之间的内在联系。在教学过程中，我还会采用观察、提问、讨论等方式实时监测学生的概念掌握效果。如果某些概念之间的逻辑关系学生并没有建立起来，我会及时调整教学方法，增加针对性练习，直至学生能够自主运用概念解决问题。

C老师：我是化学老师，我平时非常注重从以下几个方面来实现概念内在逻辑联系的教学：首先会通过概念树的方式呈现化学概念的层级关系。比如，以"物质"为核心概念，向下延伸出"元素""化合物"等子概念，向上联系"化学反应"等上层概念。这可以帮助学生认识概念之间的包含和被包含关系。其次，我重点突出概念之间的因果关系和条件关系，这些是概念产生联想的重要逻辑纽带。例如，化学反应前后物质组成和性质变化之间的因果关系。我常通过做实验来展示这些因果和条件关系。还有，我组织学生绘制概念间的关联图和知识图谱，检验学生是否掌握概念之间的逻辑关系，及时补强学生认知中的漏洞。再次，我也注意设计概念迁移练习，考查学生是否能根据不同情境活用概念之间的内在联系，解决实际问题。最后，我还会辅以系统化练习，让学生主动归纳概括概念关系，进一步加深记忆。这些行为基本上在"Lian 课堂"内涵理念上开展，具有很好的实践效果。

L 老师：在落实国家课程的目标的同时，关注校本课程的特色化实施。在这两年多的"Lian 课堂"英语教学过程中，我认为"Lian 课堂"能更好地培养学生的系统思维能力。它通过构建概念体系的框架，帮助学生形成知识网络，有利于对知识点进行整合应用。同时也减少学生的记忆负担。相比笼统的记忆，掌握关键概念及其逻辑关系，可以帮助知识形成模式，达到事半功倍的学习效果。从"Lian 课堂"的内涵理解上，我的具体举措包括：首先，我会识别出英语学习的核心概念，如英语语法概念、英语词汇概念等，突出这些概念之间的层级和递进关系。例如名词概念与冠词概念之间的上下级关系。然后，我会关注概念之间的逻辑关系，如因果关系、归类关系等。例如主谓语范畴一致的因果关系，可以帮助学生理解句子的构造。其次，我会使用概念图的形式展示概念之间的关系，训练学生自己绘制概念图，检验其对逻辑关系的掌握程度。再次，我会设计概念迁移练习，考查学生是否能根据不同语境应用概念之间的内在联系。例如在不同的句子中识别主谓关系。最后，我会鼓励学生归纳总结概念间的共性，主动构建自己的概念体系，而不只是被动记忆。通过这些"Lian 课堂"的策略，帮助学生形成英语概念化的思维模式，真正把握住英语知识的内在逻辑体系。这对英语的长期学习非常重要。

（二）"Lian 课堂"是学生内"敛"知识、教师专业成长的生命场域

H 老师：君莲学校从来都认为培养学生不仅是为了让学生学会知识、提升能力，也是提升教师业务水平，推动大概念教育理念在中国九年义务教育的落地实施。从我本人教师角度来反思"Lian 课堂"过程，的确，它使对我们教师队伍也得到了很大的提高。作为教师，需要不断深入研究学科知识体系，才能准确识别核心概念和概念的关系，所以"Lian 课堂"使得教师得到了学术修养的升华。为了指导学生的概念思维，必须不断学习各种教学策略，开拓更多样的教学方法，从中老师们的教学能力也得到提升。在与学生的互动中，需要倾听他们对概念的理解，所以老师们的语言表达和沟通能力会进步很多。设计开放性试题、组织概

念讨论都是很富创造性的过程，老师们的教学设计能力和教学创新意识得到了强化。而且，我们还需要关注每个学生的个别需求，因材施教，控制好教学节奏，对学生学习过程进行适时引导，教学反思能力在"Lian课堂"的教学中得到加强，也学会了总结经验教训。可以说，"Lian课堂"教学促进了教师的专业成长，这是它的双重价值所在。

M老师：我从学生角度来反思"Lian课堂"的实施效果。从提出"Lian课堂"至今的多年过程中，我校学生基本形成较为系统和层次化的知识结构，知识点不再是碎片化的，他们掌握了知识之间的逻辑关系。概念化的思维方式不再是死记硬背，他们学会了运用概念解决问题。学生的知识迁移能力明显得到提高，可以根据不同情境灵活运用概念，不再拘泥书本例题。这在我们学校的各种实践活动中得到了非常明显的验证。而且，君莲学校的小学部反映，小学生的学习主动性和兴趣增强了，探究概念内涵也进一步激发了学习兴趣。从君莲学校的整体教学效果上看，学生系统思维和批判思维能力都得以提升，可以多角度分析问题。学生之间的交流和协作学习能力增强，团队合作意识更强。学生对知识学习从被动接受向主动探索转变，成了学习的主人。学生的问题解决和实践能力都得到加强，不再是纸上谈兵。可以说，"Lian课堂"教学使学生的学习方式发生了革命性的变化，真正实现了主动学习、探究学习。这也是我们君莲学校要继续坚持这种教学理念的根本原因。"Lian课堂"确实是形成君莲学校全体师生"莲"君子品格的生命场域。

（三）"Lian课堂"是磨"炼"策略、评估成效的改革场域

T老师："Lian课堂"不仅是提高教育质量、实现课堂转型的主要阵地，更是促进师生成长的改革场域。我在"Lian课堂"过程中采用了多种教学策略来促进学生的数据概念形成：使用概念图的形式来表示概念之间的关系，让学生自己练习概念图的绘制，强化概念之间的关联。例如，在教授正负数概念时，让学生通过数轴模型感受正负数相对于零的关系，理解正负数的意义。组织讨论，让学生围绕一个概念进行深入探讨，理解概念的内涵和外延。例如，在教授一元线性方程概念时，组织学生讨论方程的组成要素及其含义，让学生总结出方程概念的本质特征。使用概念迁移练习，考查学生是否能根据不同情境灵活运用所学概念。

设置情境教学，让概念学习融入具体问题场景，形象生动。例如，在教授三角形的性质时，让学生通过举例，归纳出不同三角形的共性，获得三角形概念的精髓。利用访谈、口头报告等活动，训练学生用自己的语言表达概念的含义。让学生归纳总结概念的共性，主动构建知识框架。在评估学生掌握概念方面，注重采用开放性试题，让学生自己定义概念，指出概念之间的关系等，检查概念形成效果。还可以组织学生之间相互评价概念图，互相补充概念关系。这些多样的"Lian 课堂"教学策略，促进了学生对概念的深刻理解和内化。

D 老师：改革场域要求教师具有勇于革新、敢于创新的实践精神，落实到"Lian 课堂"研究，则需要前卫的教育理念、系统的设计思想与复杂问题的解决能力，只有这样才能让"Lian 课堂"发挥更大的辐射作用与示范作用。"Lian 课堂"对以往注重知识点传授的教学习惯是一种突破，更加注重概念内涵和逻辑关系的教学，这就需要一个过程。有些老师刚开始设计概念图和概念迁移练习时，难免会觉得烦琐和费时，需要持续练习熟练才能应用自如。而有些学生由于长期习惯了被动学习，初时对主动学习、讨论、概念探究等形式不太适应。对于"Lian 课堂"的老师而言，评估学生概念掌握效果时，开放式试题出题和评阅都需要深入思考，开始会感觉有些吃力。而作为"Lian 课堂"之外的关注者，如父母等，他们和一些传统思维的老师一样，可能会质疑这种教学方式是否真的有效，需要耐心解释和沟通。总而言之，"Lian 课堂"教学对教师的专业素养要求更高，需要不断学习提升教师自己的业务水平。尽管有这些困难，但看到学生概念思维能力的明显提升，给了我很大的鼓舞。我们应该继续努力，以积极的态度应对这些挑战，使"Lian 课堂"实践更加成熟和高效。

二、访谈抒心声

教师对"Lian 课堂"的理解是在一次次的实践过程中逐步深化的。下面是某高校教育科研机构的 X 教授对君莲学校部分教师的访谈摘要。

（一）研究历程

X 教授："Lian 课堂"的研究与实践，你们是怎么一路走过来的？请谈谈你们的经历。

G 老师：早在 10 年前，我就对传统的知识灌输式教学感到了疑虑。学生拥有了许多零散冗杂的知识点，但总是无法形成知识体系，遇到新的问题无从下手。这引发了我对教学方法的反思。经过研究，我意识到"Lian 课堂"教学理念对激发学生的概念思维，建构知识框架的重要作用。所以我开始进行教学设计的改革和探索。初期离开稳定的传统模式，我也历经了自我怀疑和无序的试错。在连续实践和总结中，我逐步确立并融合了概念图、概念讨论、情境教学、概念迁移训练等策略。我看到学生的学习兴趣和能力在这个过程中获得了激发和提高。这让我坚信"Lian 课堂"教学的效果。推广这种教学理念的过程并不总是顺利的。传统观念的阻力使我曾感到力不从心。但是看到学生的成长进步又让我备受鼓舞。我意识到教育需要不断革新。现在我正在编撰"Lian 课堂"教学的指导材料，并在各类教育会议上分享这种理念，也有越来越多的教育者加入这一教学探索中来。我感到自己的教育实践在影响并改变着一个学校的教育理念。这是我最宝贵的经历。

C 老师：自君莲学校提出"Lian 课堂"教学理念以来，已过去了两年多。回顾这段时间的工作，我深感此举改变了我们校内的教与学。起初，教师们也面临转变教学理念的适应期。结合专业培训和示范课，教师们逐步掌握了概念教学的策略。现在他们已能自如运用概念导图、讨论等教学形式。我们也注意从管理上保障这一教学模式的顺利实施。如合理控制教师工作量，提供充分备课时间等。还建立了教学研究组，鼓励教师互相交流。两年来我们见证了学生学习方式和能力的转变。他们不再是被动听讲的接受者，而是主动的探究者。学生的自主学习能力得以提升。当然这种教学方式也考验着学校管理水平。我们将继续提供教师专业发展的支持，并优化管理制度以保障教学创新。我相信通过"Lian 课堂"教学，我们的学生必将扬帆起航。这是值得我们所有教育工作者共同努力的方向。

W 老师：我是语文老师。"Lian 课堂"是我们丁淑燕校长提出来的。起初我想，"Lian 课堂"应主要体现在学生那块，因为"Lian 课堂"需要学生掌握各种概念及其关系。但是呢，在我们刚开始尝试要进入"Lian 课堂"的时候，感觉到有很多困难需要逐渐克服。比如，识别语文学科的核心概念及其关系较为抽象，一开始设计概念体系框架时难免会有些盲点。语文学习强调文学欣赏和理解，组织概念讨论非常不容易把控层次和深度。有些学生的语言表达能力较弱，在概念讨论中不够积极主动。如果要在语文学习中强调个性发展，评估学生对概念的掌握程度也变得较为复杂。而且，语文教学资源较为广泛，准备概念教学也需要投入大量时间和精力。面对这些困难，我也是积极应对的：和语文专家讨论，认真设计语文概念体系框架；设置层递渐进的讨论题目，把控讨论方向和深度；多设计语言组织活动，提高学生表达能力。辅之以作文、文学创作等开放性任务，评估概念掌握效果。厘清教学资源的主次要点，高效准备概念教学。通过这些努力，我发现在"Lian 课堂"上学生的语文概念思维能力得以大幅提升，教学效果令人鼓舞。我会继续改进，使语文概念教学更加成熟。

X 老师：我教化学 10 多年了，早期一直采用传统的知识点教学法，注重理论灌输和题海训练。虽然学生应试成绩不错，但往往只是为考试而学习，难以建立化学概念体系。这引发了我的深思。三年前，我开始尝试采用大概念教学法。这对我的教学观念和方式都产生了革命性的影响。起初我也历经慌张和无序，努力学习各种概念教学策略，开始设计概念图、讨论题、概念训练等新教学环节，但进展并不顺利。特别是近两年来，君莲学校在丁校长的大力领导下开始推进"Lian 课堂"教学研究和实践，我逐渐也开始深入体会、实践，甚至主动输出"Lian 课堂"的相关理论和思考。有一次我组织学生讨论"物质"这个概念，发现讨论陷入细枝末节，模棱两可。我意识到要提出合适的讨论问题，必须先厘清概念间的逻辑关系。从此我开始认真审视化学概念体系的内在联系，绘制概念知识树。这成为我教学设计的基础。有时候我会在概念迁移训练中发现，学生对一个核心概念的理解还存在困惑。于是我便返回重新梳理这个概念的内涵和外延。这需要持续地回溯和补强。现在我可以熟练运用各种概念教学策略，学生的学习方式也随之发生了根本的变化。他们主动构建概念框架，学会了运用概念分析问题。这令我备受鼓舞。教学路上虽有坎坷，但探索的意义远远大过暂时的挫折。我将持续探索，使"Lian 课堂"教学融入化学学习的方方面面。

（二）攻坚克难

X 教授：在"Lian 课堂"实践过程中大家遇到过哪些困难？又是如何应对的？

W 老师：起初，我们在识别英语学习的核心概念时就颇费周折。英语知识点众多，我们课题组争论不休，很难确定究竟哪些是最关键的概念。后来，我们决定先识别语法和词汇两个大方面的概念，逐步完善。另一困难是设计概念传授的任务。我们发现不能简单通过讲解来教授概念，这会让学生难以形成深刻印象。所以我们集体备课，设计了丰富的语言游戏、情境对话等任务，把概念学习融入其中。在组织概念讨论时，部分学生不太主动发言也是难点。我们首先设置了较为简单的讨论题目，鼓励学生多使用英语词汇表达观点，并建立讨论评价机制以激励学生。评估学生对概念的掌握程度是我们共同探索的方向。我们正在尝试设计概念应用任务，考查学生是否能灵活运用概念，并给予过程性反馈。虽有种种困难，但看到学生用英语概念化思考和表达的能力提升，我们深感这种教学法的价值。我们仍在不断反思和完善教学策略，使之更符合英语学习规律。

F 老师：我教授的是初中物理，相对于其他课程而言，物理概念更加抽象，直接讲解学生不容易理解。我们会设计大量的物理实验活动，让学生通过具体的实践体会概念内涵。例如通过弹簧伸缩实验感受弹簧力与位移变化的关系。在"Lian 课堂"上，很多学生对物理概念讨论不够主动。我们先让学生思考提出问题，促进讨论的产生。讨论过程中老师适时给予反馈，鼓励多角度思考，引导学生主动参与。初中物理的概念之间关系复杂，学生概念迁移比较困难，尤其是刚接触物理的 8 年级学生。我们让学生多绘制物理概念知识图，指导其概括概念间的关联。设计情境化问题练习物理概念的迁移，例如力的平衡问题。对物理概念的学习评估是整个过程中难度比较大的。我们注重过程性评价，多采用开放式试题，考查学生对物理概念的综合运用能力。组织学生点评概念图，互评来检验学习效果。通过"Lian 课堂"的不断实践，我们君莲学校学生的物理概念思维能力显著提升，我们教师也在这个过程中获得了专业成长。未来我们还会继续努力，优化物理"Lian 课堂"的教学。

C 老师：同其他老师一样，在"Lian 课堂"实践过程中确定核心概念对我们来说也很困难。我是化学老师，化学知识点众多且相互关联，起初我也难以判断哪些是最核心的化学概念。后来我和其他化学老师一起反复推敲知识体系的框架关系，最终确定物质、元素、化合物、化学反应是最关键的几个化学概念。但是在"Lian 课堂"中，学生对概念之间的内在逻辑关系理解不深入。于是，我们又设计了大量概念迁移题，通过不同情境的联系，帮助学生理解概念之间的包含、组成、导出等逻辑关系。如元素和化合物的关系等。在"Lian 课堂"上，还需要克服的一个困难是，化学概念的讨论容易流于表面。我们经过讨论和实践，最后采用了先个人思考后小组讨论的形式，给学生充分表达的时间，并在讨论过程中给予及时引导，推进讨论深入展开。有相当多的学生主动学习意识较弱，于是我们又在"Lian 课堂"上设置化学实验等启发性学习任务，增强学生的参与感和学习动机。在"Lian 课堂"教学实践过程中，我发现学生的化学概念思维能力在以下几个方面获得了明显的提高：很多学生能够更加准确地把握化学概念的内涵和外延，不再是对概念含糊的表面理解。例如学生能清晰概述元素的概念，并能举出不同元素的例子。有些学生能够识别化学概念之间的逻辑关系，如概括与被概括、递进、对立等关系。这体现在学生能够运用这些关系，如将碳化铁归类为化合物等。还有些比较主动探讨化学概念内在联系的学生，能够自主地打开思路，解决实际问题。如通过分析化学反应的概念内涵，设计实验检验反应成分。绝大多数学生已经能够主动归纳各个概念的共性，建构自己的概念框架。他们的化学学习不再是被动记忆。看到学生能够采用概念的视角分析、解读化学现象和问题，呈现出明确的化学思维方式，我们都非常开心，这是传统教学方法几乎做不到的事情。在这个过程中，我的专业教学能力也得到了提升，比如教学内容的系统性、教学设计的科学性，教学方法的多样性、教学评估的客观性等方面。我感到自己在与学生一起成长，收获颇丰。

（三）主要收获

X 教授：在"Lian 课堂"实践过程中，大家的主要收获有哪些？

Y 老师：我作为语文教师在实践"Lian 课堂"教学过程中的收获很多，比如，我的语文学科知识更加系统化了。我通过设计文学概念的框架，重新审视了文学作品的风格流派、文学技巧等概念之间的关系。我的教学设计能力也得到了提高。例如设计了"红楼梦人物关系网络"的思维导图任务，让学生从概念的角度深入理解人物关系。我还开发了多种语文概念教学策略。比如组织文学作品人物形象特征讨论，让学生从概念层面深度解析。我的教学手段也更丰富了。我会让学生表演诗句，用身体感受意境美的概念。最重要的是，我培养了语文学习的研究性思维。在教学中，我会提出概念性问题，启发学生的探究思维，而不只是灌输知识。可以看出，"Lian 课堂"这种教学方式锻炼了我在语文学科教学内容与方法上的系统化思维，也使我的教学更富创新性了。

N 老师：我也是一名语文老师，刚才 Y 老师谈的收获更多是从老师角度，我想说说通过我的观察，学生们都有哪些收获。我发现经过"Lian 课堂"的教学实践，很多学生对语文概念有了整体把握。比如，学生能运用意境美、意境悲怆等概念来描述诗歌艺术特色。以《观沧海》为例，我的学生们曾在课上直接指出，这首词描绘了一种空旷开阔、浩瀚非常的景象意境，在最后又转入秋风苍凉、波涛汹涌的意境，形成强烈对比。意境由开阔平和转入低回沉郁，表现出无限惆怅的情怀。也有部分学生语文概念思维能力得到了提高。例如，学生能够运用比喻、对比、夸张等概念来分析文章语言风格。绝大多数的学生学习主动性增强了。他们乐于主动搜集相关资料，丰富对概念的理解，如搜集有关浪漫主义文学概念的信息。而且，学生语言组织表达能力、对文学作品的理解、学生之间的合作学习意识等，在"Lian 课堂"上均得到了非常好的提升。

D 老师：作为学校的领导，在带领教师集体实践"Lian 课堂"教学过程中，我们校方取得了很多成果，也发生了很多变化。君莲学校的教学理念实现更新，从以往的知识传授转变为重视学生概念建构。教师队伍的专业成长得到促进，教师们学会了运用各种"Lian 课堂"的教学策略。校内形成学习型的教研氛围，教师之间互相研讨"Lian 课堂"教学心得。学生的自主学习兴趣和能力明显提高，思维也更活跃。学校与家长的沟通增加，家长对大概念教学的理解加深，支持度上升。学校在区域内的教学质量影响力提升，部分学校前来参观交流。学校教学规划更注重系统性，各学科之间概念关联性加强。学校在"Lian 课堂"教学研究上积累了可复制、可推广的经验。激发了校内教育教学研究的热潮，研究成果显著增多。这段教学实践为君莲学校发展带来了新的气象，我们感到自豪和鼓舞，会在继续提升"Lian 课堂"教学质量上下功夫。

第三节 "Lian 课堂"范式的厘清与解构

一、"Lian 课堂"的价值认同

"Lian 课堂"是一种贯彻大概念理念的教育方法，强调在课堂上培养学生的综合性思维、跨学科的能力和获得广泛而鲜活的知识，而不仅仅是以往传统意义上的传授特定学科或领域的结论性知识。

"Lian 课堂"是一种跨学科的教育方法，它鼓励将不同学科的知识和概念联系在一起，使学生能够看到知识的综合性和相关性。这有助于打破学科壁垒，鼓励学生以更全面的方式思考问题。将跨学科教育融入君莲学校的九年义务教育中是一种有益的方式，有助于培养学生的综合性思维和跨学科能力。例如，我们可以整合初中的课程内容，在初中课程中设计一个个跨学科的学习项目，使学生能够同时学习不同学科的知识。例如，一个关于气候变化的项目可以融合地理、科学、数学和社会科学的内容。学生可以在项目中研究气候科学、收集和分析气象数据，了解气候对社会和环境的影响，同时进行数学建模和可持续解决方案的研究；也可以通过师资合作来实现跨学科教育，不同年级组、不同学科组的教师可以跨学科合作，共同设计和教授跨学科课程。这有助于打破学科壁垒，促进教师之间的合作，分享知识和教学策略。在"Lian 课堂"上还可以通过各种问题来驱动师生们的学习，引导学生通过提出问题和解决问题的方式来学习，让学生主动思考问题，寻找解决方案，并深入了解相关学科的知识。

"Lian 课堂"也是一种强调终身学习的教育方法，它强调如何学习，而不仅仅是知道特定的事实或技能。这使学生能够在君莲学校初中毕业后还能够继续自我教育和适应不断变化的知识和技术。我们可以在"Lian 课堂"上通过学习策略和自主学习来实现这个目的，例如，在初中教育中，引导学生学习如何制定学习计划、管理时间、独立学习和解决学术难题。这些技能对终身学习至关重要，因为它们能够帮助学生自信地面对新的学习挑战，也可以培养学生的信息素养，突出强调让学生学会如何有效地搜索、评估和利用信息。信息素养的养成过程就是辅助学生在未来的学习中独立获取知识的过程。除此之外，我们可以引导学生养成正确的学习动机，通过培养学生的学习兴趣和自我激励来帮他们拿到终身学习的钥匙。初中部的教育还可以适当鼓励学生选择他们感兴趣的课题，提供多元化的学习体验，以满足不同学生的需求。

对于老师而言，"Lian 课堂"也是关注问题解决和批判性思维培养的一种实践，它鼓励学生提出问题、探索解决方案，并运用审辩思维来评估信息和数据。学生被鼓励思考为什么某些事情发生，以及如何解决现实生活中的问题。这反过来也会促进教师反思自身的行为，从而实现师生间的良性反馈闭环。"Lian 课堂"会基于问题来驱动学习，教师可以在"Lian 课堂"上采用问题驱动学习方法，鼓励学生通过提出问题和解决问题的方式学习。教师可以引导学生选择感兴趣的问题，提供资源和支持，以帮助他们进行调查和分析；也可以在"Lian 课堂"上开展辩论和讨论，鼓励学生参与辩论和讨论，使他们学会表达自己的观点，倾听他人的观点，以及提出有力的论证。学生可以在"Lian 课堂"上学习如何考虑伦理和价值观问题，尤其是在复杂的问题解决过程中。这有助于培养学生的道德判断力和社会责任感。

当然，"Lian 课堂"也能够培养创造性思维，它有助于培养学生的创造性思维，使他们能够提出新的观点、方法和解决方案，而不仅仅是重复已知的信息。"Lian 课堂"会激发学生的好奇心，教师可以鼓励学生提出问题、挑战常规观念，以激发他们的好奇心。学校可以提供机会，让学生自主选择感兴趣的课题进行研究。"Lian 课堂"也会增加创造性课程设计，教师可以设计创造性的课程，鼓励学生思考不同的观点和方法。这可以包括艺术、音乐、文学、科技和工程等领域的课程，特别是君莲学校的特色情境剧和陶笛等，都可以增加到课程设计中。"Lian 课堂"也可以激发学生的创新意识，我们在"Lian 课堂"上为学生提供机会，让学生思考如何改进事物、解决问题或创造新的产品和服务，可以包括参与创新竞赛或挑战等。一堂课上让学生接触不同学科领域，了解不同的思维方式和方法，激发他们的创造性思维。

最重要的是，"Lian 课堂"虽然发生在校园的课堂上，但它却能够引入实际应用的知识，它强调将知识应用到实际生活中，学生将他们学到的东西与实际问题相联系，提升了他们学习的动机和学习效果。"Lian 课堂"可以开展项目式学习，引导学生在实际问题中应用他们所学的知识。例如，一个科学项目可以要求学生设计并进行实验，解决特定的科学问题，或者一个社会科学项目可以要求学生研究社会问题，提出政策建议。通过"Lian 课堂"上进行实际案例研究，让学生了解真实的问题和挑战，探索如何解决它们，培养学生的问题解决技能和综合思维。还可以在"Lian 课堂"之外，增加学生的社区实践活动，让学生应用他们所学的知识和技能来服务社区，培养社会责任感和公民意识，同时也提供实际应用的机会。利用君莲学校多年来的情境教育特长，引入各种模拟情境，让学生可以充分参与模拟情境，例如模拟联合国会议、模拟法庭或商业竞赛，让学生将学到的知识应用到特定情境中，培养解决问题和决策能力。还可以在"Lian 课堂"上结合陶笛艺术，让学生参与特定学科的创意和艺术活动，以展示他们的创造性和表现能力等。

在"Lian 课堂"上实现大概念教育需要教师扮演不同的角色，从传授知识的权威者转变为学习的引导者和合作伙伴。同时，学校管理者和政策制定者需要提供支持和资源，以确保大概念教育的有效实施。此外，教育工作者需要接受相关的专业发展培训，以更好地应用这一教育理念。

二、"Lian 课堂"的内涵界定

"Lian 课堂"旨在体现君莲学校校本化教学特色，关注学生已有的学习经历和学习成果，推动学生所学知识的纵向连接，整合学科间知识内容，建立学科横向联系，学会收集、聚焦核心知识，逐步内化成更扎实、更灵活的新认知，实现"学科"与"现实世界"的迁移，实现解决真实问题的能力。

"Lian 课堂"的基本内涵主要归纳为以下四个方面，它们既是"Lian 课堂"的总体目标，又是"Lian 课堂"的具体任务，从而决定了"Lian 课堂"的本质属性。

（一）"连"：纵向的知识连接

"Lian 课堂"关注学生已有的学习经历和学习成果，推动学生所学知识的纵向连接，有效解决知识碎片化的问题。在教学中，厘清相应的教学起点、教学顺序、教学逻辑及教学目标等，促进知识的结构化发展，促进学生形成稳步的螺旋式提升，从而推动学生核心素养的发展。

（二）"联"：横向的学科关联

教学中的各个知识模块和跨领域、学科间的知识存在着交叉和融合，"Lian课堂"通过关注不同课程相关知识点间的横向联系，达成学科内知识的整合和学科间知识的整合，形成横向的"联通"。

（三）"敛"：内化的深度学习

在"Lian课堂"的互动学习中，通过教师的设计引导，让学生充分调动所学知识，在新知的学习过程中学会梳理、聚焦核心知识，并在学习的过程中逐步内化成更扎实、更灵活的新知识。

（四）"炼"：外显的实践能力

通过"锻造与磨炼"，实现"学科知识学习"到"现实世界运用"的迁移，实现"学习"与"生活"的打通，下功夫以求其精，用以解决真实问题，逐步形成外显的实践能力，将学习技能转变为发展能力，真正达到学以致用的效果。

三、"Lian 课堂"的运行图式

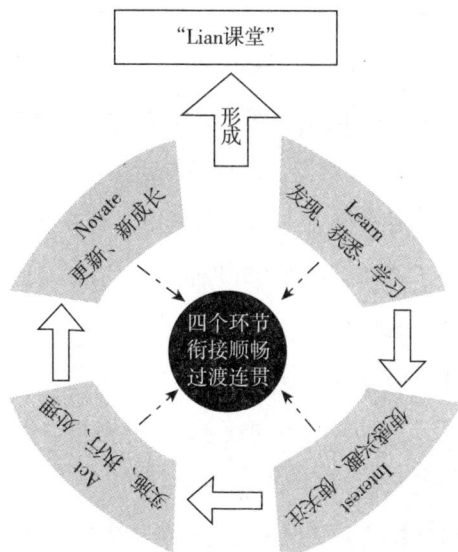

图 3-6 "Lian 课堂"运作模型示意

"Lian 课堂"遵从"L-I-A-N"等教学要素，从学生感觉角度发现获悉，再激发学生参与达到核心素养培养的要求。这些教学要素既是学习的主要步骤，也是教学的推进环节，都是为实现"Lian 课堂"的目标与任务服务的。

（一）L——Learn：习悉知识

这是学习的本质内核，是学习的重要步骤，它包括：课堂预习检测，温故而知新；创设氛围情境，导入新课环节；调动各种感官，感知外界信息；梳理新的知识，连接以往认知。总之，这一环节为后续课堂学习环节、为打开与激活思维做好充分准备，也是为提升学习力奠定基础。

（二）I——Interest：激活兴趣

这一环节中，教师要积极引导学生兴趣点，触动其关注点。学习的本质是学习者的自觉参与，而参与的动力来源于学习兴趣，因此兴趣状态如何是教学不可或缺的基本要素。激活兴趣是增强学生学习参与力的重要保证。学生只有在兴趣的驱动下高度关注，才能使学生的感觉信息经过大脑相关神经的处理转化成可以理解的知识概念，从而完成知觉转换，并进一步深化完成对外界输入大脑的信息进行加工转化的过程，达到"记忆编码"的结果。

（三）A——Act：行动经历

学习者的学习经历，包括对学习任务的自身行动、师生之间的互动、学生之间的联动，是课堂学习环节中的主要部分。课堂中的行动经历主要包括：对已有"信息原料"进行一系列加工；对概念的理解与运用；对问题的解释与探讨；具身活动的参与与技能操作；课堂练习与课堂总结等。行动经历是学生能够整体地、有效地认识问题，有利于将知识转化为处理能力、实践力的过程。

（四）N——Novate：相异新生

这里的"相异新生"意指在相异构想中实现学生的关键能力与必备品格的提升，即通过不同构想的认知冲突与不同观念的相互碰撞，促进学生的认知发展与身心成长。其中，评价与反思极为重要，通过评价与反思，可以将认知系统（知识、技能、方法等）得到积淀，并促进心态系统（情感、态度、价值观）的完善，提升学生思维的深度，培养学生的综合素养。

第四节 "Lian 课堂"教学资源的挖掘与准备

一、教学研讨制度的升级与保障

（一）建章立制做好校级层面指引

为加强教研活动的针对性、有效性，保证教研活动的经常化、制度化、实效化，使学校教研活动更好地服务教学，学校在原有《闵行区君莲学校教学研讨制度》基础上，根据学校发展需要和重点，进行了研讨制度升级，逐步形成"123N教研体系"。

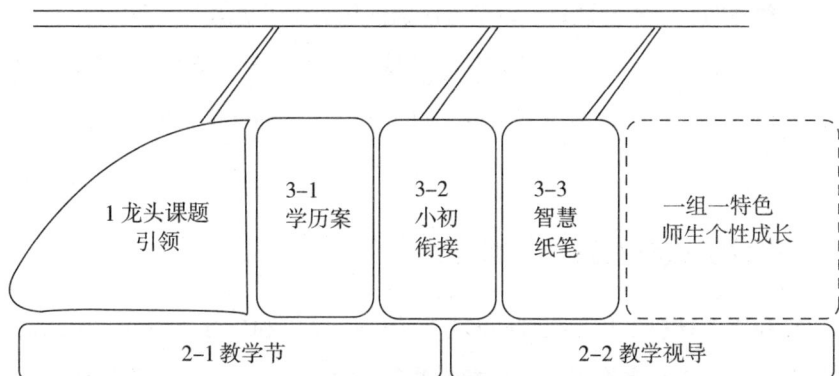

图 3-7 学校"123N 教研体系"构想

学校增设了校级研讨设计，为教师参与集体研讨提供了时间保障，聚焦研讨主题和小初衔接，广泛、深入分享做法和思考。同时对教研组内研讨、教学指导团职责进行了更细致的要求。同时将研讨情况与绩效、评优进行更好的链接，在制度上对课堂教学改进保驾护航。

（二）完善教学指导团夯实指导效能

2022 年 10 月，制定学校教学管理专项方案，正式成立教学指导团，由校内资深教师和校外学科专家组成。围绕教学质量目标，以教学指导团方式，充分挖掘校内外资源，科学引导、互补互助，共同抱团成长，营造良好教师专业成长环境和氛围。

带领学科组树立"先学后教"教学理念，结合君莲校情学情，学习研讨，推动"Lian 课堂"实践；依据"Lian 课堂"范式，研究教学策略，确定本学科的主要途径和做法。围绕学科课堂观测要素进行分析，交流教学方式，呈现课堂片段实景，开展具体分析和研讨。指导学科组以解决课堂教学中的问题为核心，通过"汇总问题—分析问题—解决问题"的方式进行专项问题研究，引领课堂改革，优化课堂教学策略，促进课堂教学的高质和高效发展。

（三）打通多方资源促进教师专业发展

目前学校采取内引外联，借助相关科研机构、课程中心的力量，组织各级教师参与到双新、技术赋能、课程育人等培训或实践活动中。丰富、专业的培训和体验，为教师的教学理念更新、教学方法的优化提供了更多参照和保障。

引入学历案、项目化学习、跨学科等课程资源，成立校级专项学习工作坊，以伙伴共研的方式进行教学改进探索，同时也为"Lian 课堂"的范式形成和优化提供借鉴。

二、校本教学资源的完善与赋能

学校利用信息技术和无线校园的基础条件，增设和扩容校内资源库，打造方便存储使用、便于有序管理的校本资源平台，同时利用学科网、闵智作业等外部力量，为学校教师开展教学实践和探索提供资源保障。

（一）构建基于闵智作业的资源库

依托闵智作业平台，借助闵行区教育学院组织的评选活动，组织各备课组进行教学资料的收集、整理、上传，形成便于资料备份、查找的教学资源库，为后续教学进一步优化提供基础材料。

（二）完善具备校本特色的试卷库

利用校内云盘，进行期中、期末考试的试题库建设。及时汇总、汇编相关试卷，形成各阶段试题库，将最核心的材料及时进行归档。

（三）汇编学科校本作业集

在规范校本作业的公示要求的基础上，细化校本作业命名，组织各备课组整理校本作业并阶段性汇编，最终在期末形成学科学期校本作业集。成熟的作业集由学校提供经费进行印制。

（四）遴选校本优质课资源

利用云录播教室技术设备，对每学期的骨干教师示范课、组内研讨课的精品课、各层次公开课等优质课进行资源的收集和整理。资源包括课堂实录、教学设计、课件、作业等，便于进行同课异构的教学研讨，也能进行更广泛、长远的教学引领与辐射。

第四章 "Lian 课堂"的学科大概念梳理

第一节 运用大概念进行教学设计的一般论述

《义务教育课程方案（2022 版）》指出，要重视以学科大概念为核心，通过对大概念的把握促进对学科本质的理解，实现学科育人价值。新课程标准倡导的"大概念"，最初由英国学者温·哈伦（Wynne Harlen）提出，是能够用于解释和预测较大范围自然界现象的概念。作为一种高度形式化、兼具认识论与方法论意义、普适性极强的概念，它超出了一个普通概念应有的内涵与外延，已成为学生思维网络的联结中枢。[①]它指向学科核心内容和教学核心任务，能反映学科本质，并联系学科关键思想和相关内容。学科教育对此的重视，在一些国家的课程改革中已显端倪。立足于大概念的组织教学，并非将大概念直接授予学生，而是站在学科本质或跨学科联系的基础上，梳理概念体系，审视概念分级，预设基本的教学环节，选择有效的教学方法和教学情境来组织开展。从学科知识的角度，大概念是奥苏伯尔所说的上位概念，是学科知识的精华所在，也是最能转化为素养的知识，其概括性、抽象性最高，对自然现象的描述与解释所适用的范围最广。从学生学习的角度，奥苏伯尔将大概念作为学科课程的"组织者"，由此将学习过程中的事实和概念予以整合，并为新内容的学习建构支架，以实现有效学习。

---

① 戴文斌，夏志芳，朱志刚.基于大概念的高中地理跨学科教学资源的整合——以"河流地貌"为例［J］.地理教学，2018（24）：5.

一、对大概念要有宏观把握的高度

哲学是对宇宙的性质、演化的规律、人在宇宙中的位置等一些基本问题进行研究的一门学科。哲学是元理、元知识；科学是原理、方法。课程方案指出，要重视以学科大概念为核心，通过对大概念的把握促进对学科本质的理解，实现学科育人价值。同时，大单元教学需要以大概念为统摄，在真实情境和任务驱动中以一定主题或概念为线索开展学习活动。而大概念具有中心性和可迁移性的特征，可以作为大单元教学设计中整合单元内容、设计学习活动和评价任务的统领，并在学习实践中实现知识的迁移，解决真实情境中的问题。[①]

大概念教学就是以大概念为核心目标的教学，指向培养解决真实性问题的素养。[②]核心素养的本质是人的思维、做事的能力和习惯，大概念教学就是以素养培养为目标重新定义教学，重塑学习样态。与原有教学相比，其目标不仅局限于学科内知识的融会贯通，而是指向打通学校教育与现实世界，用学科的眼光来看世界，从而使学到的知识在新情境中更容易被激活，更容易迁移应用解决实际问题。[③]深刻高远，从宏阔而高远的心灵视野出发，立意追求更高的精神、价值、情感。崔允漷在《如何开展指向核心素养的大单元设计》中指出，这个"大"的用意有三：一是指向学科核心素养的教学倡导大观念、大项目、大任务与大问题的设计；二是大单元设计有利于教师改变着眼点过小过细以致"见书不见人"的习惯做法，明白"大处着眼易见人"的道理；三是大单元设计与实施有利于教师正确理解时间与学习的关系，确立"以学习者为中心"的观念。研究者认为，大单元教学通过对单元内容的梳理与整合，以学科大概念为核心，以结构化的任务、项目、问题为牵引，通过多样化的教学实践活动，以连续的课时促进学生深度学习，形成学科核心素养；学习任务的驱动让大单元教学下的学习行为具有鲜明的探究性，真实情境的创建让学生现存的知识得以输出，这就实现了知识的迁移运

---

① 陈志刚,白军胜.历史大单元主题教学及其实施设计［J］.历史教学（上半月刊）,2023（10）: 4-6.

② 刘徽.大概念教学 素养导向的单元整体设计［M］.北京：教育科学出版社,2022：46.

③ 朱德江.重塑学习——读《大概念教学：素养导向的单元整体设计》［J］.人民教育,2023（07）: 75.

用，从而指向核心素养的落实。

如语文学科的写作教学，必须把现实生活融入作文中，不就事论事，尽量用大的眼光去看，要用世界的、长远的、人生的目光去审视生活、生命和人生。在超越中，由低级到高级、由浅到深的大致顺序是：自我→家庭→集体、阶级→民族、国家→人类宇宙。如"习惯"，多数学生就习惯写习惯，或生活习惯，或学习习惯，或性格习惯等，自甘平庸，流于一般。从科学谈到政治，从历史发展的层面对习惯进行反思；从我国改革开放的现实对习惯发出挑战，这就不再是生活中一人一事的习惯了。这种习惯自然超越了一般，显示了非凡的才识。①

二、对大概念本质要有深刻的理解

"大概念"可以被界定为反映专家思维方式的概念、观念或论题，具有生活价值，大概念的"大"内涵不是"庞大"，也不是"基础"而是"核心"，"核心"的意思指的是"上位"和"高位"的意思，具有很强的迁移价值，处于学科中心，具有持久性迁移价值和解释力的原理，能够反映学科的本质特征，在诸多领域，都有着丰富的含义。② 有多位研究者从不同的角度对大概念进行阐述，温·哈伦从科学的角度提出了 14 项科学教育的大概念，是基于预测与解释较大范围内物体现象的概念。从宏观来说，为学习者提出了认知框架，能够将多种知识有意义地连接起来，推动了中小学学科课程结构的改革，使大概念的教学设计得到更多关注；从微观来说，为学科大概念教学设计指明了方向。邵朝友和崔允漷认为，"大概念是位于学科中心位置，集中体现学科特质的思想和看法"，刘徽认为，"大概念（Big Ideas）是能够反映专家思维方式的概念、观念或论题"，查尔斯（Charles）认为的大概念是学科学习的核心观念。何彩霞认为，大概念具有中心性、概括性和抽象性，是对事物的性质、特征以及事物间的内在关系及规律的高度概括，也是指具体知识背后更为本质、更为核心的思想，是对概念间关系的抽象表达，而不是某一知识的具体概念。

---

① 牛清. 作文审题立意常用的几种方法［J］. 新课程（下），2012（12）：83.

② 周春梅. 地理大概念"热力差异是地表差异的基础"及其教学研究［D］. 长春：东北师范大学，2022.

众多学者都对大概念进行了表述，但是目前对于大概念的定义还没有准确的界定。通过研读文献，笔者认为，大概念是对学科内涵、学科思想最本质的提炼与最鲜明的表述，能在概念基础之上进行高度概括，能够系统地阐述核心概念，且能够反映本学科本质规律、原理和关键思想。例如，物理学科中，物质的结构决定性质、电子得失决定性质强弱这样的大概念，具有概括性、抽象性、聚合性和适用范围比较大的特点，能够将相关知识联系到一起，通过一个大概念解决一类问题，促进学习迁移能力。

核心概念是已经检验且居于学科中心位置的概念。它能体现学科的逻辑结构，将本学科的关键概念与原理贯穿起来并指导教学活动，学生对此的理解将逐步深化，有利于学生对新知识的探索。同时，核心概念使学科间建立联系成为可能。

例如，在化学学科中，实施以大概念为理念的教学，学生能了解整体的学科知识内容，具有整体性。这样的教学模式能使学生从整体把握化学概念和学科基本规律，能更好落实化学学科核心素养，提升学生解决实际问题的能力。

例如，在大概念的引领下进行小学语文单元整体教学设计，大概念是随着教育发展和学生特点而出现的一种新教学思想，对教师教与学生学以及教学设计本身都有着重要意义。当下各种新教育实践模式扑面而来，如大单元教学、项目式学习等，实际上，这些新教育理念体现的核心思想都是大概念理念。但是由于种种原因，现今的新教育的探索还停留在表面阶段，对核心概念的粗浅了解。

又如地理学科，共通概念是众多学者分类中的一种分法。河流地貌是河流作用于地球表面所形成的各种景观的总称。因而，教学应以河流地貌为核心展开。大概念的确立，应以学生已有的认知能力或学习经验为基础，并重视与其他概念的相关联系。与大概念相对的称为"小概念"，包含围绕大概念开展教学的一切基本知识与基本技能：通过野外观察或运用视频、图像识别河流地貌，描述其景观的主要特点；结合实例，解释地质作用对河流地貌的影响，并说明人类活动与地表形态的关系。因而，河流地貌的教学开展，可建构以大概念为先导的教学认知体系（见图4-1）。

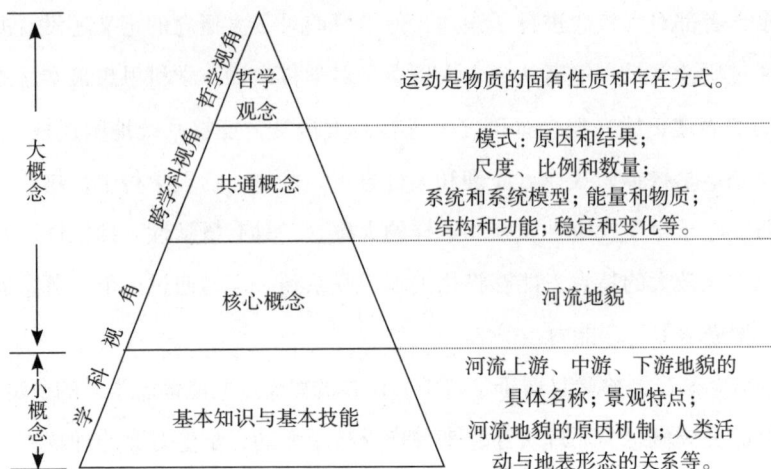

图 4-1　以大概念为先导的教学认知体系

将大概念用于指导教学活动，能有效地优化教师的教学设计，提升教学设计质量和课堂教学的效率。

1. 整合教学内容，促进结构化

以往多数单元教学设计仅仅是对课时内容的叠加，导致知识碎片化，内容零散庞杂，缺乏整合性，课堂上充斥的是庞杂而零散的无意义的"惰性知识"。大概念是居于学科中心位置的最高位和最有价值的知识，具有较强的统摄性和整合作用，能够解决知识琐碎零散的问题，犹如一个"组织者"关联起分散的知识现象，整合起概念和经验，使分散的知识形成一个整体化的有组织的知识结构，使整个教学活动保持整体性。聚焦大概念进行单元教学设计，以大概念统领单元内各知识点，打破知识之间的壁垒，建构知识之间的联结。

2. 整合教学目标，提升驱动力

随着新课改的发展和新课标的使用，更加强调在学习活动中，学生对知识的理解和学生核心素养的培育。而落实学科核心素养的关键一步就是设计恰当的教学目标。以往的多数单元教学目标存在设计笼统、割裂抽象、缺乏关联性的问题，不利于教师从教学目标出发设计多层次的教学活动和教学评价，不利于培育学生的核心素养。大概念是对知识、技能、态度的高度整合，大概念引领下的教学目标，即把大概念具体化，形成便于观察和评价的教学目标，重在促进学生对大概念的理解和建构。在基于大概念的教学目标的驱动下，具体安排相应的课堂教学活动和任务，驱动学生主动地、整体地意义建构。

3. 整合教学过程，增强深度性

大概念是连接新旧知识与情境的中介，并发挥着关联作用。在大概念的引领下，进行单元教学设计，能够使学生逐渐摆脱浅层学习，避免教学过程粗浅表层，有效促进迁移运用的发生及深度学习的实现。大概念视角下的单元教学设计注重知识内容的整体性和教学目标的驱动性，单元教学过程在大概念的聚焦下有序展开，促进学生更深刻的理解知识的本质，引导学生进行知识的建构和逻辑方法的学习。通过把具体的语文事实抽象概括成为大概念，单元所有内容被单元大概念层层统摄，实现对知识的深度拓展，促进学习过程深度性，学生将习得的大概念进行迁移运用，实现知识向能力的转化。

因此，运用大概念进行教学设计提倡在素养导向和学科大概念引领下，整合单元学习内容，制定学习目标，明确评价任务，以驱动型任务设计学习活动，让学生在学习进程中不断接近大概念，并获得对学科核心知识的理解，从而实现知识迁移的教学设计。

三、对大概念内在层次要厘清关系

科学大概念是目前科学教育领域的热点话题，英国教育家温·哈伦在《科学教育的原则和大概念》一书中提出了 14 个科学大概念，如"宇宙中所有的物质都是由很小的微粒构成的；物体可以对一定距离远的另外一些物体产生作用；科学发现的知识可以用于开发技术和产品，为人类服务；科学的运用经常会对伦理、社会、经济和政治产生影响"。[①] 可见，科学概念不单单是一个名词或符号，它的含义已经超出普通概念的内涵与外延。事实上，科学大概念的体系是比较符合金字塔结构的。科学大概念建立在具体科学概念基础之上，可以分解为统一概念、大概念、主要概念、具体概念，而大概念也是有层次的，包括跨学科大概念和学

---

① 郑青岳.大概念的特征及其对科学教学的启示［J］.物理教师，2021，42（04）：16-17.

科大概念。跨学科大概念是指跨越学科不同内容领域并模糊了不同内容领域边界的学科顶层概念，是经过检验且位于学科中心位置的概念性知识，属于大概念的一种也是大概念的最高层级，具有抽象性、高度概括性。从"具体—抽象"的维度来看，层次越高的大概念，可辐射的范围也就越广，科学大概念具有跨学科大概念的特征。

化学学科大概念，是化学课程学习的归宿，能够统领和组织化学概念的一种上位观点概念，是对化学概念、原理、理论的基本解释与概括，能够揭示学科知识的本质，理解学科知识之间的纵横关系，优化学科内容，构成学科内容骨架，也可以将学科具体事实与学科抽象概念之间进行反复的思维整合与加工，具有可教性和可学性，能够揭示学科的本质。但是大概念涵盖性强且抽象，因此在教学过程中一般要将大概念进行分层。从总体而言，科学大概念大于学科大概念。学科大概念大于次级大概念。大概念的层级如图4-2所示。

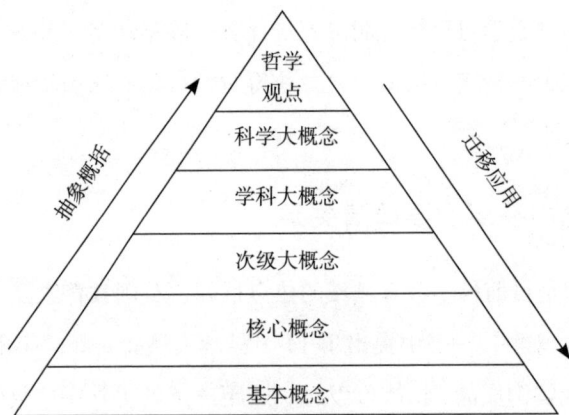

图 4-2　大概念的知识层级结构

如基于大概念的初中化学单元整体教学的知识结构如图4-3所示。"物质的组成"解释了化学的微观本质，通过对"物质的组成与结构"的主题学习，使学生能够建立起宏观世界与微观世界的联系，培养学生宏微结合的化学思维，并通过化学符号来表征这一过程。学生需要从宏观、微观、符号三个方面去探究和理解物质的组成，故决定选取"物质由微观粒子构成""物质由元素组成""物质的组成由化学符号表征"作为核心概念，将化学符号作为连接学生宏观化学与微观化学的桥梁，逐渐提升学生对宏微结合的化学思想和宏微符三重表征的能力。在学习的过程中利用化学史实、实验探究和模型演示等方式，帮助学生形成探究物质组成的基本思路与方法，认识到研究物质组成与结构的现实意义，从而提高学生的学科核心素养。

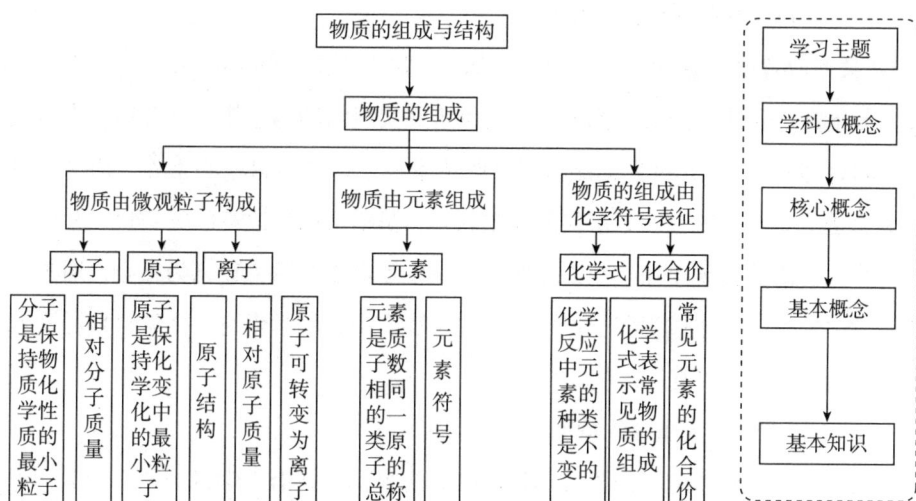

图4-3 "物质的组成与结构"单元概念层级结构

大概念的学习是一个循序渐进、逐渐深入的过程。[①] 根据学生的发展水平，可以将抽象的大概念进行分解，以达到学生认知范围内的程度，来帮助学生理解且突出学科本质特点的次级大概念。不同阶段的学生，要依据学习内容来逐级拓展其认识的范围和深度，例如"结构决定性质，性质反映结构"这一大概念，义务教学阶段是帮助学生从物质的组成元素、微粒的构成等视角来理解物质的性质，但是在高中阶段拓展到元素价态、化学键的视角来认识物质的性质。因此，相同的大概念可以在不同的教学内容中重复出现，随着知识的不断增加，会形成一个相互支撑、内容丰富的认知框架，这样的框架结构有利于促进学生以结构化、连贯递进的方式去思考和解决实际问题。

---

① 何彩霞.化学学科核心素养导向的大概念单元教学探讨［J］.化学教学，2019（11）：45.

第二节 以语数外为例：学科概念体系的呈现

一、"Lian 课堂"语文大概念的内涵、特征及梳理

（一）语文学科大概念的内涵

《义务教育语文课程标准（2022 年版）》指出，语文课程要"以识字与写字、阅读与鉴赏、表达与交流、梳理与探究等语文实践活动为主线，综合构建素养型课程目标体系"。由此可见，语文课程改革聚焦于语文学科核心素养，语文学科大概念是语文学科核心素养落实的关键因素，是语文课程改革的突破口，是语文学科育人价值的实现途径。在语文课程改革中重视以学科大概念为核心，通过在语文学习目标、学习过程、学习评价等各个环节中，将学生与语文学科核心素养实现有效联结，得以真正落实。①

（二）语文学科大概念的特征

语文学科大概念应指向语文学科的核心内容，联结语文学科的各个相关知识点，形成知识模型，使课程内容形成系统化的结构，即要对具体文本和各知识点进行梳理、提炼、概括与整合，帮助学生将语文学科的具体文本和知识形成整体认识。同时语文学科大概念应超越具体文本个例，具有高度概括性，能帮助学生把握文本之间相同的规律或原理，帮助学生更好地迁移运用，实实在在地提高学生运用语文的能力。

（三）语文学科大概念的梳理

刘徽教授在《大概念教学》一书中阐述了大概念提取的八条路径。依据"课程标准""学科核心素养""专家思维"和"概念派生"这四条途径是自上而下的方式提取大概念的。依据"生活价值""知能目标""学习难点"和"评价标准"这四条途径是自下而上的方式提取大概念的。对于普通的一线语文教师可以采取自上而下的路径提取。通过研读课标、教材、单元导语、单元语文要素（阅读目

---

① 侯志中，阳建雄．语文学科大概念的内涵、提取与落实［J］．中小学教师培训，2023，（08）：60．

标和习作目标），结合课后习题、写作训练、分析学情等提炼单元大概念。可以用"是什么，为什么，怎么办，结果如何"这样的基本结构不断地追问、思考、探究知识内在的规律性，以及和生活的联系等方式来提取大概念。

以下就以部编版语文五年级上册教材为例，梳理本册教材的各单元语文素养目标、单元大概念和具体单元目标。

表 4-1

第一单元　主题：万物有灵

素养目标
在日常生活中对散文有阅读兴趣与习惯，能初步读懂散文，发现可以借助具体事物抒发特定的感情。初步了解借助具体事物抒发感情的一般方法。通过品读抒发感情的语句，丰富语言和语言经验积累。在日常生活中认真观察的基础上，能发现蕴含在具体事物中的情感生发点或人生感悟点，从而借助具体事物抒发情感、表达自己的想法

单元大概念	具体单元目标
1. 借助具体事物是作者抒发内心思想感情的一种具体方法和路径，是文章打动读者并感染读者的重要手段。抒发感情的方法可以是直抒胸臆，也可以是借物抒情	1.1　通过阅读单元文本，了解各篇围绕具体事物写了什么内容，发现可以借助具体事物抒发特定的感情 1.2　能找到各篇文本中抒发感情的语句，并体会借助不同内容的描写抒发作者不同的感情 1.3　通过品读抒发感情的语句，丰富语言和语言经验积累
2. 情感的表达是作者个性化的显现。为了更形象生动地表达内心情感，作者会通过不同方法与事物进行联结	2.1　通过阅读概括单元文本主要内容，比较分析几篇课文内容和主题上的相同处和不同处；带着想象朗读课文，初步感受并说说作家笔下事物的不同特点 2.2　了解作者围绕描写具体而有特点的画面，聚焦事物的某一特点，叙述与具体事物有关的事情，通过对比，在比较中抒发感情等方法描绘事物特点，表达情感的写法 2.3　围绕单元主题，运用阅读过程中学到的聚焦事物某一特点、对比、联想、将事物置于不同场景等方法，描写自己的心爱之物

表 4-2

第二单元　主题：策略单元	
素养目标	
学习提高阅读速度的方法，改进阅读方法，提高阅读速度是学生终身学习和发展的需要。学生要掌握并运用阅读策略，在阅读实践中使用，形成良好的阅读习惯	
单元大概念	具体单元目标
1.运用合适的阅读策略提高阅读速度，增加学生阅读量，拓展阅读思维，形成良好的阅读习惯	1.1　养成集中注意力的阅读习惯，学习不回读的阅读方法 1.2　学习扩大视域的方法，学习尽可能连词成句地读文章 1.3　带着问题读，做积极的阅读者，并且能综合运用学过的方法，提高阅读速度 1.4　能够概括语句的意思及课文的主要内容 1.5　总结归纳提高阅读速度的方法
2.运用恰当的写法塑造人物形象	2.1　能根据印象深刻的画面或具体的事例感受人物的特点或品质 2.2　能抓住人物的主要特点，用一两件具体事例描写自己的老师 2.3　能评价、修改同学和自己的习作

表 4-3

第三单元　主题：民间故事	
素养目标	
民间故事的生命力在于"口耳相传"，能产生对民间故事的阅读兴趣，愿意主动接触民间故事。能够运用上一单元快速阅读的方式，快速了解故事，能够理解并且能有条理地说出故事中的主要情节。在了解故事内容的基础上，能掌握一种或多种创意性复述的方式，并能用这种方式积极主动地以创意复述、缩写等方式给民间故事注入新的活力。通过一次次传播与讲述，传承其内在的价值和生命力，争取当好民间故事传承人	
单元大概念	具体单元目标
1.民间故事是古代劳动人民创作并传播的口头文学作品，是前人留给我们的智慧结晶，在情节、主题、人物等方面有显著的类型化倾向	1.1　能产生对民间故事的阅读兴趣，了解民间故事"口耳相传"的基本特点 1.2　能了解老百姓向往美好生活、讴歌正面人物的朴素愿望，愿意主动接触民间故事

单元大概念	具体单元目标
2. 民间故事以奇异的语言和象征的形式讲述人与人之间的种种关系，内容往往包含着超自然的、异想天开的成分。运用合适支架（梳理情节信息＋想象创造）可以帮助我们把握故事内容，为复述提供积极支撑	2.1 能够运用上一单元快速阅读的方式，快速了解故事，能够理解并且能有条理地说出主要情节。 2.2 在了解故事内容的基础上，掌握一种或多种创意性复述的方法：可以以故事中人物的口吻来讲故事；可以大胆想象，为故事增加合理的情节；可以变换情节顺序，先讲结尾，设置悬念吸引观众；可以在讲述过程中配上相应动作、表情，能积极主动地以创意复述、缩写等方式给民间故事注入新的活力
3. 民间故事具有代代相传的价值和意义，同时又赋予传统故事现代的元素和思考	3.1 能积极主动地将自己的创意复述讲给同学或者是亲人听

表 4–4

第四单元　主题：爱国情怀
素养目标
阅读饱含浓浓爱国情的诗文时，能通过不同方面背景资料的整合，走进时代场景，走近作者内心，体会到作者对国家统一的渴望、对国家繁荣昌盛的期盼和对和平美好生活的热爱，与诗文中的爱国情怀产生深刻共鸣，在自己心中播下关心、热爱祖国的种子。逐步树立"篇"的意识，能从内容、结构和表达各方面整体规划习作，并关注自我情思的表达

单元大概念	具体单元目标
1. 诗文诞生的历史背景和作者想要表达的思想感情息息相关。阅读相关资料，能更准确深刻地体会诗文所要表达的意思和情感	1.1 通过阅读本单元诗文，知道自古至今，爱国都是诗文表达的一个重要主题，其创作都有一定的写作背景 1.2 通过查找图书、网络搜索等方式可以收集、整理诗文创作的历史背景。借助注释和相关资料，了解诗文大意，领悟文本的表达特点，体会其表达的思想感情，并能够通过朗读表达情感 1.3 结合学习的需要有目的地查找资料，并学会整理资料的基本方法：一是查找题目的背景；二是查找写作的背景；三是查找写作内容的知识背景。借助资料了解写作背景，了解为实现强国梦做出卓越贡献的人物故事。总结使用资料对理解内容和体会情感方面的作用
2. 清晰的表达需要细致的构思、清晰的段落	2.1 明确提纲有助于厘清习作思路，让表达更加有条理 2.2 能根据习作要求积极充分地构思，列出提纲，明确写作内容和顺序 2.3 根据提纲，分段叙述，有条理地写下来；把重点部分写具体，主次分明 2.4 积极主动地与同学交流提纲书写的心得，互相欣赏习作，分享在习作中感受到的快乐，根据同学的建议进行修改

表 4-5

第五单元　主题：习作单元	
素养目标	
在语文实践活动中能够读懂不同类型的说明文，能掌握阅读说明文的方法，准确迅速地抓住说明文所要表达的要点。能体会语言风格、说明方法的差异并且根据不同的对象和目的，恰当使用说明方法进行书面或口头表达。同时养成热爱生活、亲近自然、积极探索以及实事求是、科学严谨的态度	
单元大概念	**具体单元目标**
1. 恰当的说明方法能清楚地介绍某一种事物	1.1　能抓住关键词句梳理说明文的内容，读懂所说明的事物 1.2　能结合具体语句初步认识了解列数字、作比较、举例子和打比方等说明方法，体会说明方法的好处 1.3　通过不同说明性文本的阅读，感受说明文科学严谨的表达，感受说明文不同的语言风格，并结合具体语句体会恰当运用说明方法的好处
2. 说明方法的运用要为说明目的和效果服务	2.1　能抓住事物的特点，恰当运用多种说明方法，分段介绍事物的不同方面，写清楚事物的主要特点，将所选事物说明白，并和同伴交流自己的介绍

表 4-6

第六单元　主题：舐犊情深	
素养目标	
在日常生活中，我们常常会感受到父母之爱。通过多种学习方式体会文本场景、细节中蕴含的感情，并用恰当的语言表达自己的看法和感受，能够联系自己的生活实际，愿意表达自己独特的体验和思考，尝试创作文学作品，表达自己对父母的感恩之心	
单元大概念	**具体单元目标**
1. 父母之爱，深沉、温暖、无私	1.1　能联系自己的生活实际，感受父母和子女之间的爱
2. 情以物迁，辞以情发——文章的思想情感通过具体策略和语言来表达，关注场景和细节描写可以帮助我们体会作者想表达的思想情感；语言运用恰当，表达的看法和感受更能让人产生共鸣	2.1　能理解含义深刻的词句，体会文中反复出现的词语的表达效果 2.2　能品读交流印象深刻的场面和细节描写，深入体会其中蕴含的感情，感受父母与子女之间的爱 2.3　能品悟题目和结尾的妙处，理解父母对孩子爱的不同表达方式，感悟流淌在血液中的爱与温暖。

单元大概念	具体单元目标
3. 拥有一颗感恩之心，向爸爸妈妈倾诉心里话，以表自己对父母的真情	3.1 结合自己的生活故事和阅读经验，用恰当的语言和材料表达自己对父母之爱的看法和感受 3.2 能写出自己"鼻子一酸"的经历，写出自己成长中的新认识和感受。 3.3 用自己喜欢的方式表达对父母的感恩之情

表 4-7

第七单元　主题：四季之美
素养目标
在阅读单元文本中，能通过有感情地朗读、抓关键语句、联系上下文等方法体会景物的变化，基本准确地体验和领会景物在动态、静态或动静结合状态下的美。在阅读优秀文学作品中，感受作者是如何走进自然、观察自然、通过动态描写和静态描写来写出景色的变化，感受大自然的奇妙，体会人与自然和谐相处的意义；用书面的方式表达对自然的观察与体验，抒发自己的情感

单元大概念	具体单元目标
1. 景物有动态之美和静态之美，会随着时间和地点的变化而变化。景物描写中会蕴含观察和欣赏者的情感	1.1 能借助注释，联系上下文，想象诗歌中所描绘的画面景象，初步体会课文中的静态描写和动态描写 1.2 知道静态描写和动态描写是作者观察发现的，借助具体词句想象体会静态描写和动态描写下的景物分别有怎样的特点 1.3 在具体文本的阅读过程中，能交流动态描写静态描写的语句，初步体会这样表达的好处并能主动积累
2. 留心观察可以帮助我们积累关于周围事物的丰富素材，助力我们写好事物之美	2.1 认真选择自己观察的对象，多角度多方面留心观察，完成本单元习作 2.2 能按照一定的顺序，有条理地描写景物，注意写出景物的动态变化，使画面更加鲜活 2.3 积极主动地欣赏同伴之间的习作，尝试从描写顺序、景物的变化等不同角度欣赏评价同学的习作，并根据意见进行修改

表 4-8

第八单元　主题：读书明智	
素养目标	
学习从古至今人们读书的态度、方法、经历与感悟。学会在阅读实践中梳理相关信息，把握内容要点，从阅读中汲取营养，增加阅读的深度	
单元大概念	具体单元目标
1. 运用良好的读书方法在文章中汲取养分，树立正确的价值观、思辨力，增加生命的厚度和深度	1.1　在阅读实践中，借助圈画关键词句、列提纲、画表格或结构图等形式，根据需要对提取的信息进行归纳、整理、把握主要内容 1.2　能联系自己的读书体会，说出课文内容带来的启发 1.3　梳理作者读书经历、选好书的标准，说出作者对"好书"的看法，体会作者从读书、作文中悟出的道理 1.4　能梳理、总结找书读的方法，提取、整合课文中介绍的书目信息

二、"Lian 课堂"数学大概念的定义、特征及梳理

（一）数学学科大概念的内涵

数学大概念是指能将不同数学内容联系为一个整体，即对关于数学的理解以及关于数学的教与学的重要思想或观点的陈述。[①]

通过学习研究发现，"为联系而教"是发现大概念的一个有效策略，原因在于"为联系而教"与大概念教学理念是相通的。

（二）数学学科大概念的特征

事实上，"为联系而教"是考虑到加强数学学科教学中的纵向、横向联系，与真实世界的联系、学科课程内部的联系、学科课程之间的联系，这也是大概念教学理念的体现。具体而言，我们这里所指的"为联系而教"包括如下四个维度。

其一，不同学段的纵向联系。本研究主要关注的是小学与初中阶段数学的联系。

其二，与其他数学课程的横向联系。比如，初中数学学科与语文学科、物理

[①]　李杰民.数学学科大概念及其教学研究［D］.广州：广州大学，2021.

学科等其他学科存在深刻联系。

其三，如何加强课程内部的联系。即教师将学生的学习任务项目化，指导学生基于真实情境而提出问题，并利用相关知识与信息资料开展研究、设计和实践操作，最终解决问题并展示和分享项目成果。[①]

其四，如何加强与真实世界、现实生活的联系，促进课程的综合实际应用。正如此前指出的，"联系"是数学大概念最明显的特征，因此，"为联系而教"是数学大概念教学的重要表现。难点在于，如何深入细致地开展相关研究，如何找出最有价值的联系。

（三）数学学科大概念的梳理

数学学科大概念是基于核心素养培养背景下提出的新教学理念，这一教学理念改变了以往"以知识点为依据"的模式，更加倾向于从学科的整体角度出发，思考学生在学习过程中形成的学科思维、学科能力。在小学数学教学中，运用学科大概念，教师可以将其与单元教学理念综合起来，从数学学科的角度提取每个单元的教学目标、数学知识、数学素养等，以单元为整体，将原本教材中的知识点打乱重构，形成某一知识大模块为主的多个主题单元教学分解活动。与语文显性的教材单元不同，数学以沪教版小学阶段"数与运算"知识模块中"数的运算"为例，梳理分散在各年级的相关单元大概念，从而确立它们的单元目标。

表 4-9

单元之一　主题: 10 以内数的加减法
素养目标
"10 以内数的加减法"是在学生已经系统认识 10 以内数的基础上进行的教学。在情境中让学生初步体会加、减运算的意义，掌握口算 10 以内加、减法的基本思考方法，比较熟练地口算相应的试题，能根据同一幅情境图写出多道加、减式题，能运用学习的加减法模型解决简单的实际问题。一年级数学加减法教学中，我们可以依托双色片、具体情境、数射线等直观教学策略，基于一年级学生学情构建直观教学模式，以达到学生乐于学数学，善于学数学，自主学数学的目标，以此提高一年级学生的运算能力核心素养，从而使学生形成初步的推理意识、运用意识、抽象能力及运算能力

---

① 刘云波，张灵夕.职业教育学生的非认知技能发展与培养路径探析［J］.青年发展论坛，2023，33（01）: 37.

单元大概念	具体单元目标
1. 数感主要是指对于数与数量、数量关系及运算结果的直观感悟。它能够在真实情境中理解数的意义，能用数表示物体的个数或事物的顺序，能初步体会并表达事物蕴含的简单数量规律	1.1 通过自己掷双色片，探究 10 以内各数分拆的各种结果，积累数学探究活动经验 1.2 掌握 10 以内各数的不重不漏的分拆方法 1.3 探索并掌握 10 以内数的加减法
2. 凸显模型思想在加法（合并、添加）、减法（求部分、求剩余）概念建构中的感悟，要让学生亲历将生活实际问题抽象为数学模型并进行解释与应用的过程，进而使学生获得对概念的理解。一年级学生的思维以直观、形象为主，教学中我们遵循"重过程、巧渗透、强体验"的原则，帮助学生建构加法和减法模型	2.1 通过合并、添加等具体实例初步认识加法的含义，能说出加法算式各部分名称 2.2 初步感知"两个加数位置交换，结果不变" 2.3 结合"求剩余""求部分"的具体实例初步认识减法的含义，能说出减法算式各部分的名称 2.4 在实际情节以及数射线上探究与体会加与减的关系：减法是加法的逆运算
3. "数量关系"主要是用符号（包括数）或含有符号的式子表达数量之间的关系或规律。学生能从情境中提取加法、减法的模型，并能合理表达简单的数量关系，解决简单的问题。能在解决问题的过程中，体会解决问题的道理，解释计算结果的实际意义，感悟数学与现实世界的关联，形成初步的模型意识和应用意识	3.1 经历将生活情境上升为简单的数学问题，并得出结果，再回到现实情境中去的"数学化"的过程 3.2 会进行 10 以内连加、连减、加减两步试题的计算 3.3 会根据实例列出形如□+a=10 的式子，并会求加数；会根据实例列出形如 10−□=b 的式子，并会求缺少的减数

表 4–10

单元之二　主题：理解除法的含义
素养目标
能够通过等量划分（装袋、度量）、平均分两种行为，初步理解除法的含义。知道平均分的含义，学会平均分的方法。理解"一个数是另一个数的几倍"也是除法的重要含义之一。通过对乘法的学习，初步体会乘法与除法之间的关系（除法是乘法的逆运算）。能够利用乘除法解决生活简单实际问题，逐步体会数学与日常生活的密切关系

单元大概念	具体单元目标
1. 平均分是学生理解除法含义的重要基础，平均分的实质就是"不管怎么分，每份都得同样多"。平均分的学习基于除法学习的第一阶段：行为阶段，即等量划分。在行为阶段的除法实质是重复取走的行为，用算式与之对应，就是连续减去相同数	1.1 能够通过等量划分（装袋、度量）、平均分两种行为，初步理解除法的含义。会读、写除法算式，知道除法算式各部分之间的名称 1.2 知道平均分的含义，学会平均分的方法 1.3 通过对具体物体的平均分，等量划分等行为的探究，认识有余数的除法 1.4 初步理解被除数为0的除法的实际含义
2. "一个量相当于几个另一个量"这种用"比"进行比较的方法，是比较两个量时经常使用的方法之一，就是所谓"倍"的概念。倍是乘除法的一个重要含义，"一个数是另一个数的几倍"在除法中就是求商。求"一个数是另一个数的几倍"也是除法的重要含义之一	2.1 初步理解"一个数是另一个数的几倍"的含义 2.2 能用除法求"一个数是另一个数的几倍" 2.3 通过常见的数量之间的关系，初步理解"几倍"在现实生活中的应用 2.4 初步理解"一个数是另一个数的几倍"与"求一个数的几倍"的区别。
3. "逆"就是相反的意思。"逆运算"就是相反的运算。"逆运算"的概念是数学的基本概念之一，它说明两种运算之间的关系。如减法是与加法意义相反的一种运算，我们就说："减法是加法的逆运算"；除法是与乘法意义相反的一种运算，我们就说："除法是乘法的逆运算"	3.1 能熟记乘法口诀。并以探究、编制乘法口诀为媒介，体验、探究问题中的数量关系和变化规律 3.2 能够用乘法口诀口算除数与商都是一位数的除法 3.3 在从实际情境提出计算问题的过程中，逐步积累对乘除法运算的感性认识，体会到乘法与除法之间的关系（除法是乘法的逆运算）

表 4-11

单元之三　主题：用一位数除
素养目标
数与运算是所有数学活动的基石，"用一位数除"是数的运算的重要组成部分，它将为今后学习除数是两位数的除法及除数是多位数的除法奠定思想基础，具有承上启下的作用。除法计算在生活中有十分广泛的运用，在从实际情境提出数学问题的过程中，积累对除法的感性认识，逐步重视除法的价值并养成运用除法表示生活情境中的事物、应用所学除法知识解决现实生活中简单实际问题的能力

单元大概念	具体单元目标
1. 感悟乘除法关系：互逆	1.1 能通过乘法计算出除法算式的结果 1.2 能通过乘法验证除法计算的结果是否正确，养成认真负责的态度

续表

单元大概念	具体单元目标
2. 以平均分的思想，数形结合建立模型，与一位数除法算法多样性的有效联结，从直观到抽象，体会算理、学会算法，形成运算能力	2.1 能借助实物将两位数的两部分从高位开始平均分、将剩下部分组合后再次平均分，观察概括出平均分的过程与结果 2.2 能借助简图通过圈一圈、画一画将两位数的两部分从高位开始平均分、将剩下部分组合后再次平均分，观察并用算式记录分的过程与结果 2.3 能逐步脱离模型，从高位开始把两位数分拆成几个合适的数，然后分别去除一位数，最后把每次除得的商合起来，规范写出横式、竖式计算过程
3. 感悟运算一致性，培养迁移能力和灵活应用能力，提升数学素养	3.1 能借助除法算式各部分之间的关系，通过一个除法算式的结果推算出相关除法算式的结果 3.2 能将一位数除两位数的平均分过程迁移到一位数除三位数的计算上，并能进行清晰的过程表述 3.3 能将一位数除两位数的多种计算方法迁移到一位数除三位数的计算方法上，并能规范写出计算过程、正确计算出结果 3.4 能结合生活情境，以实际问题为基础，让学生获得解决问题的满足感，同时也感受到除法在实际生活中的应用与价值
4. 从情境中提取乘除法模型，能合理表达份数、每份数、总数之间的数量关系并解决问题，感悟数学与现实世界的关联，形成模型意识和应用意识	4.1 了解单价、数量、总价的含义，能在具体问题中找出相应的信息并表达 4.2 初步理解单价、数量、总价的数量关系，解决问题 4.3 在解决问题过程中，获得解决问题的满足感，同时也感受到除法在实际生活中的应用和价值
5. 在估算中提升数感	5.1 能根据一位数与两位数的十位数字的大小正确估一估商是几位数 5.2 能根据一位数与三位数的百位数字的大小正确估一估商是几位数

表 4-12

单元之四　主题：分数
素养目标
分数是初等数学中的一个重要内容，它是小学阶段从自然数到有理数转化的关键桥梁，是为了进行更复杂数学学习的基础。分数有着丰富的实际背景，是联系学生日常生活和数学的重要纽带。通过实践操作，学生能体验到分数与实际数量之间的直观联系，加深对分数的理解，培养灵活运用分数解决实际问题的能力

单元大概念	具体单元目标
1. 以分数单位的累积，建立对分数意义、计算和自然数的意义、计算之间的有效联结	1.1 能通过"几分之几就是几个几分之一"来观察概括出同分母分数的比较大小方法 1.2 能通过"几分之几就是几个几分之一"来观察概括出同分子分数的比较大小方法 1.3 能通过"几分之几就是几个几分之一"来观察概括出同分母分数加减的计算方法
2. 继续以三种具体直观模型为辅助工具，数形结合，理解直观与抽象的关系	2.1 能用圆形、线性、离散模型来"画一画"，直观比较同分母或同分子分数的大小 2.2 能通过涂、画的方式，在模型上进行同分母分数的加法和减法计算 2.3 能用分数线形模型——"分数墙"，帮助学生建立起分数比较和计算的统一模型
3. 培养数学逻辑思维，类比思想和灵活应用能力	3.1 能将"几分之几"分拆成"几个几分之一"的方法推导得出同分母分数和同分子分数的大小比较方法和同分母分数加减法的计算方法 3.2 能在进行同分母分数和同分子分数的大小比较，同分母分数加减运算时，通过分数与自然数的类比，进行简单的说理 3.3 能结合生活情境，以实际问题为基础，让学生获得解决问题的满足感，同时也感受到分数在实际生活中的应用和价值

三、"Lian 课堂"英语大概念的定义、特征及梳理

（一）英语学科大概念的内涵

英语学科大概念是语言大概念和主题大概念的有机融合，二者相互依存、互为补充。

从学科内视域看，语言大概念指的是学生在学习和使用语言的过程中，感知与体悟的关于语言是如何理解和表达意义的知识结构、方法策略和学习观念。在英语教学中，语言大概念根植于英语学科本质，有助于提升学生的语言理解和表达能力。

从跨学科视域看，英语学科的主题大概念具有普遍意义上的跨学科特点，包

含在人与自我、人与社会、人与自然的三大主题范畴中，为学生学习语言和探究主题意义提供语境，并在学习内容中有机渗透情感、态度和价值观，使学生在完成学习后能够基于主题建构并生成新的认知、解决问题的思想方法，以及正确的价值观念。

一方面，英语学科大概念以主题大概念为统领，以语言大概念的建构为动力和手段，实现对主题内容的价值提炼和对语言技能和策略的概念化认知与实践。另一方面，英语大概念是通向核心素养的阶梯，是核心素养内隐在课程内容中的概念锚点，为运用英语解决问题提供知识基础、认识方式和迁移框架。

（二）英语学科大概念的特征

1.高度综合化的关键概念始终处于教学核心，是指向英语学科教学内容的锚点

英语大概念是学科的中心概念，最能代表学科本质和基本结构。大概念能够让学生以及教师都有清晰完整的线索进行学习和教学活动，具有提纲挈领的作用，可以作为学科核心素养融入到学科内容的固定锚点来推进相关的教学。

2.在不同的话题及主题领域和等级水平上具有很强的适用性

大概念超越了松散的英语单元话题以及主题领域，为教师以及学生系统处理大量的内容和事实提供了可行的方法。零碎的知识与技能能够通过大概念被应用到具体的话题或主题情境中，改变了以往僵硬固化的知识形态，有助于促进学生迁移能力。

3.使已经在逻辑上、结构上建立联系的知识有机增长，促进学习过程

大概念强调了内容、语言和思维之间的共生关系，不仅构成了教学的重要组成部分（在语言和内容知识方面），而且是设计和实施有效教学实践的系统生成性指针。大概念通过为学生提供一个立体的组织信息框架，减少了英语学科知识点、语言点的内容数量，强化了学生的迁移能力。让学生可以有序组织在学习期间遇到的事实、概念、过程和方法，建立学习单元之间联系以及与其他学习领域的联系，使学生感觉到自己所做的一切都与大概念这个中心有关。

（三）英语学科大概念的梳理

英语学科的主题大概念包含在人与自我、人与社会、人与自然的三大主题范畴中，为学生学习语言和探究主题意义提供语境，并在学习内容中有机渗透情感、态度和价值观，使学生在完成学习后能够基于主题建构生成新的认知、解决问题的思想方法以及正确的价值观念。它是学生可以迁移到新的情境中用于解决问题的关键能力、必备品格和正确价值观的具体表现。[①]《义务教育英语课程标准（2022版）》将主题列入英语课程内容的第一要素，将对主题意义的探究视为教与学的核心任务。随着课程标准的颁布与实施，基于主题意义探究的英语教学理念与实践得到了一线教师的认同。在此背景下，亟须厘清大概念与主题意义的联系与区别。大概念更适用于单元及单元以上（内容范畴）的教学设计。现在以牛津英语上海版六年级下册教材为例，对单元主题、单元大概念和具体单元目标展开分析。

表 4-13

单元标题	单元大概念	具体单元目标
U1 Great cities in Asia	世界各国的文化习俗和文化景观是丰富多样的，了解它们可以增强国际理解	1.1 理解用于表达地理位置、城市文化介绍的相关词汇的正确读音、拼写和用法 1.2 运用特殊疑问句（How far...? How...? How long...?）询问城市间距离、出行方式、行程时长等相关表达，运用一般过去时和一般现在时比较过去和现在出行方式发生的变化 1.3 看懂地图、提取关键信息、识别其传达的意义，读懂并理解亚洲重要城市相关语篇、把握关键信息、了解亚洲主要城市的地理位置、文化习俗、文化景观等 1.4 巩固单元所学特殊疑问句，并在识别分类后制作城市测试卡，介绍不同城市，感受不同城市的特色和文化
U2 At the airport	学会生活管理，养成自我规划的习惯，对于人的终身发展具有重要意义	2.1 掌握"与搭乘飞机出行"相关的词汇的读音、意义和用法 2.2 掌握现在完成时在（搭乘飞机出行）相关情境中的运用 2.3 读懂与搭乘飞机出行相关的语篇，了解出行前的准备工作和探亲的礼仪，提取并整理所获得的信息，理解语篇意义 2.4 识别机票和机场内的标识，捕捉关键信息，通过问答的形式进行交流，合理安排时间并解决搭乘飞机的实际问题

---

① 王蔷，孙万磊，赵连杰.大观念对英语学科落实育人导向课程目标的意义与价值［J］.教学月刊·中学版（外语教学），2022（4）：10.

单元标题	单元大概念	具体单元目标
U3 Dragon Boat Festival	运用语言讲述中国传统节日的故事，感悟节日习俗与活动的历史渊源，传递爱国主义情怀与文化自信	3.1 理解与端午节相关的词汇，并在表达中恰当使用，把握故事类记叙文的基本结构，获取信息，概括梳理文章内容 3.2 听懂表达个人喜好、偏爱，礼貌地表达接受或拒绝他人的邀请的对话，能在对话中表达态度 3.3 读懂图表信息，并能够利用图表进行信息的统计和描述 3.4 理解电子邮件的结构特征，语言特点及写作目的，并简单介绍中国传统节日的庆典习俗与活动
U4 Staying healthy	在人际交往中，语言能够有助于健康文明的行为习惯与生活方式	4.1 巩固与"保持健康"相关词汇的读音、意思及用法。通过听读与"室内外活动"或"健康问题"话题相关的歌曲或对话，获取关键信息、概括大意 4.2 巩固室内外活动的喜好的表达并就室内外活动喜好口头询问与应答 4.3 在问诊就医情境，运用恰当的句型准确地表达健康问题和可能的原因，并给出建议 4.4 问答、记录并比较室内外活动频率，关注生活方式与疾病的关联
U5 What will I be like?	通过语言交流人生安排与社会生活的信息与经验，有利于良好情感的发展与生活能力的提升	5.1 掌握文本主旨（Kitty's possible future），理清故事脉络，获取相关细节信息。理解个人爱好及特长与未来职业取向之间的联系；"赞同与不赞同他人对于未来猜测"的表达 5.2 听懂关于个人喜好和特长的表达及基于喜好和特长对未来职业的推断，运用相关句型谈论某人未来的外貌特征及可能从事的职业 5.3 理解关于自己未来的报告所包含的要素。撰写一份关于自己未来的报告。了解本单元诗歌的语言特征，体会其情感内涵
U6 Uniforms for different seasons	校园生活因季节而变化，因变化而丰富多彩	6.1 掌握与"校服"相关的核心词汇的意思及用法，运用句型描述夏季校服的相关表达 6.2 读懂关于冬、夏季校服的通知内容的差异，并能补全冬季校服的通知 6.3 听懂关于夏季校园的描述，掌握描述冬季校园及相关原因的表达 6.4 运用恰当的语言描述不同季节中的校园生活

单元标题	单元大概念	具体单元目标
U7 Travelling in Garden City	交通的现状以及交通发展的方向关联到城市的功能辐射，关系到人们的生活便捷	7.1 理解与"交通"相关的核心词汇的意思及用法，并在作业中加以巩固 7.2 读懂分类别比较公交车今昔的异同，理解表示数量的不定代词的意思及用法 7.3 听懂他人对未来城市交通发展的畅想，运用相关词汇和句型合理表达个人对未来城市交通发展的看法 7.4 理解围绕城市交通方式和交通设施两个方面撰写上海未来交通的海报，在海报中有条理地描写城市未来出行方式的变化，并能陈述理由
U8 Windy days	对自然灾害的发生危害及预防，对自然界的热爱与敬畏，有助于培养人地和谐共生的观念	8.1 掌握与台风有关的核心词汇，运用 see...doing 描述不同风力情况下的景象 8.2 读懂有关台风的阅读文本，把握文本特征，理解台风的变化过程及台风变化过程中人物的活动 8.3 合理选择情态动词，对台风灾害作出预判，并给出相应的预防建议 8.4 厘清台风带来的不同危害，思考安全防护的相关建议，能够制作一份防台风的安全宣传海报
U9 Sea water and rain water	资源对地球环境和人类生活极其重要。开源节流方能实现可持续发展	9.1 掌握与"水的重要性""用水行为"有关的核心词汇，运用正确的句型结构谈论水的作用及其重要性 9.2 读懂介绍海洋、雨水的语篇，理解说明文的基本特征、主要信息，把握主旨大意 9.3 听懂和节约用水有关的语篇（宣传海报），理解海报的主要特征和写作目的，获取关键信息 9.4 辨别正确与不正确的用水方式，介绍节约用水的具体方法，提升环保意识
U10 Forests and land	读懂大自然，反映大自然，与大自然亲切对话是人类依存于大自然的明智态度	10.1 掌握与"森林""自然资源"相关的核心词汇和短语，运用恰当的句型谈论森林的重要性、现状以及如何保护森林 10.2 读懂有关森林和自然资源的多模态语篇，了解说明文的基本特征，把握文章主旨，获取相关信息，理解图片与文字间的联系 10.3 听懂关于自然界中资源以及用途的语篇，获取关键信息，并运用所学语言知识撰写报告 10.4 厘清撰写报告的基本框架，模仿核心句型，结合个人生活经验描述不同物品的材质和触感，初步认识材料对人类的重要性

第三节　学科概念体系对教学设计的观照与支持

一、大概念教学设计：培养目标更清晰

（一）统合三维目标，落实核心素养

1. 三维目标设定中的"问题"

从 1952 年，教育部首次提出"双基"（基础知识、基本技能）概念至今，我国共经历了三次课程改革。2001 年，为了弥补"双基"教学中"只注重基本知识与技能"的不足，教育部启动了新课程改革，提出了三维目标，即知识与技能、过程与方法、情感、态度与价值观。三维目标的提出，从宏观层面指明了教育在"培养什么样的人"上所做出的尝试与改变。但是在具体实施的过程中，因为各个维度目标的相对独立，可能产生分裂和碎片化的问题。如在确立三维目标的过程中，对"知识技能"的把握比较好，但是往往在其他两个维度，特别是"情感、态度和价值观"方面，因为找不到好的突破口，而流于表面的形式，无法在教学中渗透。再者有些老师在实践过程中把三维目标割裂开，没有站在单元的角度统整教学目标，导致学生学到的知识是碎片化的，知识与知识之间缺乏纵横联系。

为了解决这个问题，也为了适应时代的变迁，提升中国学生未来生活的综合能力以及竞争力，2014 年，教育部在印发的《关于全面深化课程改革，落实立德树人根本任务的意见》中首次提出了"核心素养"的概念，并将其摆在了深化课程改革、落实立德树人目标的基础地位，成为我国新课程标准制定的核心依据。那么如何在核心素养的导向下，准确地制定三维目标，精确地疏通其内在联系是我们在教学中亟待解决的问题。

2. 把握三维目标新内涵，渗透核心素养

"核心素养是学生必备的品格和关键能力，能适应终身发展的和社会发展需要。"核心素养指向的是"真实性"，也就是学生在具体情境中能顺利提取和整合相关的知识和技能来有效地解决问题。而这样的能力培养光有知识和技能是远远不够的，必须建立在学科概念体系的基础之上，借助三维目标这个载体去落实。

在核心素养背景下，学科概念体系的建立，让我们从关注单一课时教学，到关注单元整体的教学，加深对三维目标深层次的解读，从而使三维目标之间的统整有了方向：（1）在知识技能上，开始关注学科本质的教育价值以及其最关键的学科概念、原理、思想与态度。这也让我们有了新的审视教学的角度——重点教什么？"教生长性知识、完整性知识、全局性知识、带有情境的知识；教思想、教思维、教方法、教逻辑等软性知识；教情意、教协作、教沟通，这些机器电脑无法代替，而且能让教育有生命，让人生有色彩。"[①]（2）在过程与方向上，注重知识获得的过程，重视在真实的情境中进行有效信息的提取、抽象概括建模的过程及利用所学知识解决问题的过程。在这个过程中，学生是课堂的主体，师生之间个人知识与学科知识的思维碰撞是学生核心素养生成的过程。（3）在情感态度与价值观上，课堂教学中，知识的学习不能仅仅停留在识记的表面，而是要深入到知识与知识的内在联系上，深入到知识的价值层面。这就要求学生在学习过程中有积极、愉悦的学习情感；老师也要关注学生对学科、对自我、对他人的态度等。

站在学科概念体系的视角下重新解读三维目标，我们就能发现三维目标之间的联系，知识与技能是在有效的过程与方法中获得的；学生在学习过程中形成的思维品质和能力，就是情感态度的养成过程；情感态度的不断提升，又会加速知识的学习和能力的提高。

（二）校正目标设定，提升适切性

1. 目标设定中的误区

在教育教学实践中，常常会存在教学目标设定"不切实际"的现象，要么过低，要么过高，要么偏离。

过低的目标大多体现在"就书教书"，把教学目标的设定局限在单一的课时或者单个项目中，单元与单元、学科与学科之间，年段与年段之间，学校知识与真实生活之间是孤立的，这导致学生学到的知识是碎片化的事实性知识，具体表现在学生看似学会了，但是遇到复杂情境下或者实际问题时却不会迁移解决。传

---

① 吕文清. "未来学校"重在六个进化［J］. 基础教育课程，2016（13）：1.

统的应试教育就倾向于这一类。如二年级在教授"万以内数的大小比较"时，如果仅仅把教学目标设定为"会比较万以内数的大小"，那么学生在后续学习"大数的大小比较""小数的大小比较""分数的大小比较"时，都会感觉在学习一种新的方法，其实这些数的大小比较都与数学中"位值制"的概念有关，从知识上讲是一脉相承的，如果在一开始学习数的比较时就将位值制概念渗透进去，那么后续的教学就会事半功倍。

过高的目标主要体现在教师把学科核心素养笼统地写入目标，要么忽视了学生的年段特点，违背了学生的认知规律；要么缺乏落实的路径，导致课堂上无法很好地落实目标。比如我们常常说的学会倾听。什么叫学会？是做出听的样子吗？还是把他人的话听懂？低年级的孩子，听到大概的信息就是听懂；而中年级的学生，要能综合听到的信息，用自己的话表述听到的信息；对于高年级的学生，要能够听出言外之意等。

偏离的目标设定主要表现在目标设定偏离了教学内容或者偏离了学科。如语文课里，与品德养成的文章就上成道法课，与科技有关的文本就上成科学课等，这就偏离了学科的本质。因为我们的教学时间是有限的，每一个单元所能完成的目标也是有限的，所以教学中要把握关键的学科素养目标。

2. 构建教学目标链条

确定教学目标主要依据是课程标准、教材、学情、资源。而学科的概念体系是三维目标建立的指南针。在大概念的统领下，用"大概念式的发问"，思考教学对学生未来生活的价值和意义，从而让抽象走向具象，达成具体的目标，以此解决目标的过高过低或者偏离的问题。

再者，学生的知识与能力并不是一蹴而就的，而是慢慢"生长"的。而概念体系的建立能帮助我们站在整体性角度去思考：学生知识起点在哪里，应该教到什么程度。跳出以往碎片化课时目标设计，尝试从一个学段、一个单元进行整体、系统目标链设定，借由整体目标链来提升课时目标的适切性。比如中学地理"地球与地图"一课，老师这样写教学目标："学生能够熟练阅读和绘制地图"。这是"地球与地图"这部分有关技能方面的一个要求，而关于地图阅读和绘制的技能要求，如果在一节课中就要求学生达到最高目标，无论于学生还是老师都是一种压力，这一技能的掌握是要通过有关中国地理、世界地理甚至高中地理的学习，才能逐步达到地图阅读与绘制技能的目标。因此不妨将目标设定为：（1）初步了解阅读地图需要掌握的基本知识，正确理解比例尺的公式，能在地图上测量和计算两点之间的实地距离；（2）学会在经纬网地图辨别方向，了解有指向标的地图的方向，会识别常见的图例；（3）会根据需要选择地图，能查找到所要的地理信息，体会地图在生活中的作用。

（三）创设进阶目标，助力认知发展

进阶式目标的创始，无论是一个单元或者一个课时，都要借助学科概念体系，帮助我们更加明确我们教学所要达到的程度以及现阶段学生所处的位置，以便进一步做好教学目标的规划以及层次建构。而进阶性目标的合理创设，能让进阶教学更具层次性、递进性，学生的认知发展也更有进阶性。如小学数学中"自然数的认识"，便是分 4 次出现的。

表 4-14　对"自然数的认识"的进阶目标

自然数的认识	第一次	一年级上册"认识 20 以内的数"	掌握逐一计数，体会基数、序数的意义，初步感受位值概念，发展数感。
	第二次	一年级下册"认识 100 以内的数"	掌握以"十"为单位按"群"计数，初步体会计数单位，继续感受位值概念、发展数感。
	第三次	二年级下册"认识万以内的数"	认识更大的计数单位"千""万"，初步体会计数单位之间的十进关系，初步体会十进位值制，进一步发展位值概念和数感。
	第四次	四年级上册"大数的认识"	认识比万大的数，认识更大的计数单位及整数数位顺序表，进一步体会十进位值制计数法，发展数感。

借助教学单元目标来创设课时进阶目标，能有效地围绕大概念开展教学，突破常见的教学遵循知识点按体系依次展开、学生按部就班接纳知识、在所有知识点理解后再实践与应用的教学结构，创新了知识产生能力、思维在解决问题情境中步步进阶的教学格局。

创设进阶式目标，要求老师对所任教学科的概念体系非常熟悉，若能对其他学科的概念体系也有大致的了解则更佳，以此为前提的进阶式目标才能引导学生的学习不断进阶，也能为后续的进阶评价提供依据和抓手。

二、大概念教学设计：学业评价呈体系

（一）评价标准分层化

评价标准分层化的意思是将不同层次的评价标准进行分类，并根据相关因素的不同需求，制定相应的评价标准，以达到更加精准、有效的评价效果。这种方法可以保证评价的全面性、科学性和可操作性，从而提高评价的效果和意义。

在教学中，学生的个体差异是客观存在的，面对同样的教学进度、同样的教学时间，即便坐在同一间教室里，学生的接受程度也是不同的。如果对不同学生的要求是一样的，课堂上就会出现：基础较好、学习能力强的学生完成学习任务后，无所事事，只能"等"着，不能干别的事情，久而久之就对学习失去了兴趣；基础较差，学习能力弱的学生在统一的教学进度要求下，即使"加班加点"，可能也赶不上班级水平，学习变成了一件痛苦的事。他们会对学习丧失信心，甚至产生厌学情绪。因此在教学中我们要注重差异化以及个性化的教学。

课堂上实施分层评价也能很好地解决这个问题。根据被评价者个体的差异和不同的发展需要，制定适合个体发展需要的个性化标准。如课堂上的分层练习设计，学生可以根据自己在新课学习中所掌握的基本知识、基本技能来完成相应的练习，由此也体现了新课标"人人都获得必需的数学""不同的人在数学上得到不同的发展"的理念。[①]

然而分层评价并不是简单地将评价内容进行难易程度上的降级或者提升，学生个体的差异是分层评价的现实依据，学科概念体系则为分层评价提供了理论依据，能够检查分层评价的合理性以及针对性，更丰富了分层评价的内涵。如学科的概念体系让我们明晰同一个知识点在不同学段呈现方式以及掌握程度的不同。那么在评价中，我们也要重视知识的深入理解程度的不同，也就是在不同的学习水平和经验上，学生能够以不同形式表达自己对知识的理解程度。如沪教版数学五年级上册"时间的计算"一课中，老师将这一课的知识点融入了这张小队活动

---

① 赵健.小学数学复习课中的新、巧、精[J].广西教育，2008（10）：47.

计划单中，最后是以"小丁丁和他的小伙伴们该预约哪一场次的电影？"这一生活化的问题来检测学生对知识掌握的情况。

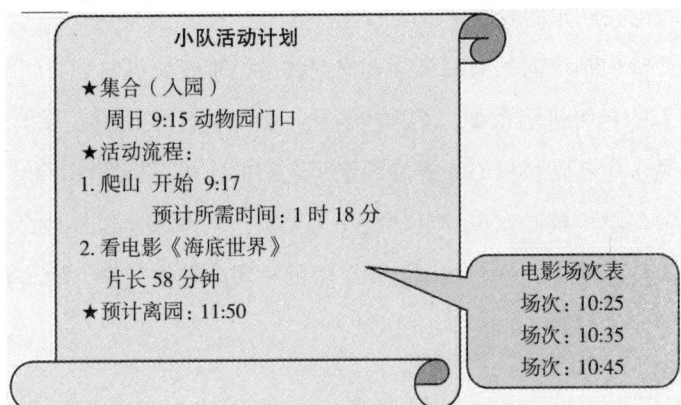

小队活动计划

★集合（入园）

　　周日 9:15 动物园门口

★活动流程：

1. 爬山　开始　9:17

　　　　预计所需时间：1 时 18 分

2. 看电影《海底世界》

　　　片长 58 分钟

★预计离园：11:50

电影场次表

场次：10:25

场次：10:35

场次：10:45

图 4-4　小队活动计划单

表 4-15　学生在确定看电影场次中的四种时间计算的方式

小丁丁和他的小伙伴们该预约哪一场次的电影？			
A	B	C	D
提取有效信息，并用竖式快速计算出爬山结束时刻。能用生活经验选择合适的电影场次。	用竖式正确计算出了爬山的结束时刻。在选择电影场次时，忘记预留走过去的时间。	用线段图、数射线的方式计算出爬山结束的时刻。	需要看着钟面，分段计算出爬山结束的时刻。

虽然学生解决同一问题的方式不同，但是无论是简洁的"竖式"，还是在之前学习中经常用到的比较具象化的"钟面"，都是学生对所学知识一种真实的反馈。学生从自己的角度对知识进行应用，虽然呈现答案的方式是不同的，但这恰恰能反映出学生的发展水平。

（二）评价过程序列化

教学评价不是完成某种任务，而是一种持续的教育过程。而持续性评价更是一种形式多样的、以学生发展为中心、以学科核心素养为导向的立体性评价，是综合素质评价的一部分。[①] 这种持续性不仅体现在课堂教学与课后练习的联通上，也应该贯穿在学生不同时段的学习中，是能反映出学生动态成长过程的一种评价。而学科概念体系的建立，能让这种评价更有方向，也更具有科学性，而不是生拼硬凑的、缺乏内在联系的表面评价。

持续性评价包括纵向的时间维度和横向的学科维度。纵向的时间维度主要指学科核心素养的年级进阶水平，是学生自己与自己的比较，看发展的增量；横向的学科维度是学生各学科核心素养发展水平之间的比较。持续性评价也可以将学生所在群体的各学科核心素养发展状况作为参照，当作综合判断时的参考。如在探究学习的表现标准中，就"规则意识"中的"团队合作"能力的培养就呈现了一种持续性的评价方式（如表 4-16 所示）。

表 4-16 探究学习中的"团队合作"能力培养的目标序列

目标序列		表现标准					
		一、二年级	三年级	四、五年级	六年级	七年级	八、九年级
规则意识	团队合作	在教师指导下能够进行分工，明确自己承担的任务，能按要求进行合作探究学	在教师引导下能分工协作，进行多人合作的探究学。乐于完成探究活动，分享彼此的想法，贡献自己的力量	在团队合作中能接受他人的建议，反思、调整自己的探究；在进行多人合作时愿意沟通交流，综合考虑小组各成员的意见，形成集体的观点	在教师引导下能进行小组分工，明确自己承担的角色与任务，知道过程中要协作。能够与小组成员共同制定工作计划并积极与小组成员合作，解决问题	能进行自我分工。角色与任务分配合理，乐于在组内完成协作任务，能积极贡献自己的力量。能够担任小组负责人，并能够协调小组成员的工作，确保任务进展顺利	能根据活动进行合理分工，组内能进行有效沟通与协作解决问题。能初步求同存异，为共同的目标而努力。能够领导小组进行复杂项目的合作，并能够处理团队内部的冲突，保证团队效率和凝聚力

---

① 李蔓，韦灵 . 基于 DELC 的初中英语"三阶七步"语篇阅读教学模式探索——以外研版英语七年级下册语篇 What Are You Going to Do? 教学为例 [J] . 广西教育（教育时政），2020（5）：59.

此外，学科大概念的渗透让我们意识到应该重视课程的延展性，即学生的学习不仅要关注回答问题，更要关注学生能否发现新的问题，拓宽自己的视野，尝试对原有知识进行改变和改进，以及运用大概念学习解决问题。在检查学生学习成果时，可以鼓励他们尝试新的解决方案，以此考察他们能否根据知识构建出新的概念，以及他们能否灵活地运用这种方法。

（三）评价内容多元化

学科概念体系的建立，让我们从关注知识与技能的单一教学目标扩展到关注学生能力的培养，核心素养的落实。因此，我们的教学评价内容也应该多元化、综合化，重视知识以外的综合素质的发展，特别是创新、探究、合作与实践等能力的发展，以适应人才发展多样化的要求。[①]

苏联教育家苏霍姆林斯基认为："人的内心深处都有一种根深蒂固的需要，那就是渴望被人赏识，而儿童这方面的需要更为强烈"。[②] 美国发展心理学家加德纳的多元智能理论也告诉我们："每个学生都有可资发展的潜力，只是表现的领域不同而已。"不同的孩子在认知方式、个性特征、学习习惯、生活特点、兴趣爱好等方面都是千差万别的，我们必须认识到每个学生的成长过程和轨迹都是不同的，未来发展的方向也是多元的。[③] 在教学中，如果我们的评价仅仅是围绕学业成果，那么对某些学习基础较弱的孩子来说，他们可能就失去了潜力被肯定的机会。因此，我们的评价在承认个体差异的基础上，结合自身学科的概念体系，正确地判断并挖掘每个学生的不同特点及其发展潜力，依据学生的现实情况确定不同的"最近发展区"目标，让每个学生"跳一跳"都能摘到果子。如：针对比较聪明而学习存在一定困难的学生，教学过程就多侧重于他们的学习习惯等方面的评价；对于学习较弱的学生，评价可以侧重于阅读习惯以及过程中的进步。站在学科大概念的角度，将评价的内容丰富化，让学生的成长多一些可能，核心素养才能真正落地。

---

① 王晋光.从当前大学生就业难看人才培养模式的创新［J］.山西高等学校社会科学学报，2010，22（12）：117.

② 戴少霄.课堂教学即时评价举隅［J］.小学教学参考，2009（30）：37.

③ 刘凤兰.浅谈对学生的语文学习评价［J］.中小学电教（下半月），2008（4）：125.

三、大概念教学设计：认知过程显本质

（一）趋向整体育人的整合教学

随着教育理念的不断更新与发展，五育并举已经成为当前教育中的趋势。五育并举是指德育、智育、体育、美育和劳动教育的全面发展。而整合教学是指将同一学科或不同学科有关联的内容融合在一堂课中进行教学，强调面向知识的同时，要把知识作为一种工具、媒介和方法融入教学的各个层面中，从而形成一个更加综合的学科体系，以实现更好的教育效果。

核心素养导向下的大概念教学就是面向整体育人的整合教学，各学科的概念体系为五育并举与学科融合提供了联通的渠道，使二者相得益彰，为学生的全面发展提供了更加有效的途径。这种教学模式的最大特征是以学生为中心，在学生的"生长点"上进行教学。当教师心中有对任教学科明晰的概念体系时，教师便会自觉地整体地发展学生的知识、技能及情感、态度、价值观，而这也是对传统的育人模式的挑战。传统的教学中，学生的学习被狭窄地定义在"记住"，而要求掌握的概念、事实和技能操作的要点，往往很容易被遗忘，无法实现整体育人的任务。[①] 而学科概念体系下的大概念教学，促进了教师对自己任教学科的深度认识，从而有意识地设法鼓励学生进行知识整合，并且将知识用于解决现实生活中的问题，思考解决真实复杂的问题，帮助学生实现知识与现实生活的关联。如牛津上海版五年级英语 M4U1 的单元话题为"water"，围绕该主题从多方面探寻对水的认识。在这一课中，就英语学科而言，学生理解了核心句型 First/Next/Then/Finally... 的含义，并能初步运用该核心句型即可。但是从整个单元的结构来看，其实还隐含着横向的学科联系。

---

① 李凯，吴刚平. 为素养而教：大概念教学理论指向与教学意蕴［J］. 比较教育研究，2022，44（4）：68.

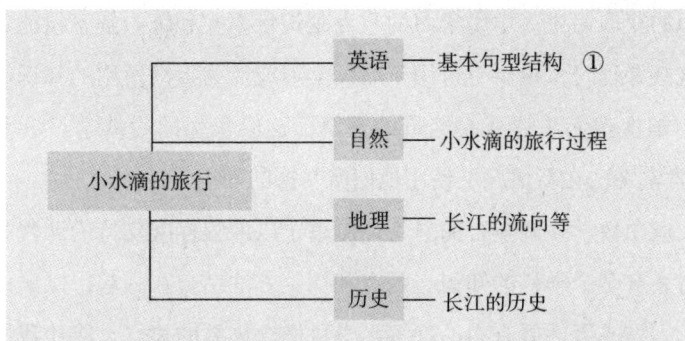

图 4-5　牛津版五年级英语 M4U1 单元"water"主题中的学科联系

（二）开展结构化的单元教学

当代教育家钟启泉教授指出，学校的课程开发与课堂转型必须从单元设计做起，[1]单元设计是撬动新课改课堂转型的一个支点[2]。以大概念为统领整体规划单元教学，有助于学生建构系统化、结构化的知识体系，细化并落实学科核心素养。

然而，基于大概念进行单元教学设计的前提就是建立学科大概念体系。因为它是搭建学科知识结构体系的逻辑起点，能将分散的课程、学科知识联结成系统、结构化的整体。[3]在我们现有的课程标准中，大多已经呈现了素养目标，教学内容要求中也往往包含了学科大概念的具体内容。因此当我们在教学中根据现有的学科大概念，基于自身的理解并依据实际的教学需求、学生水平等形成大概念体系后，大概念体系便能帮助学生将知识化零为整，解决学生思维发展低阶性的问题；也能关照课时之间零散性和教学单元之间割裂性等现实问题，有助于教师突破教学中的重难点，进而促进学生对学科大概念的深度理解与学科核心素养的培育。

（三）形成连贯的整体学科思想

传统教学的课程内容是按照学科知识的逻辑顺序组织的，而教育目标也往往

---

① 杨晓青，邓友斌，王涛主编. 在物理教学中实现有效教学的策略研究［M］. 长春：吉林大学出版社，2019：284.

② 许帮正. 单元设计，让真实学习发生［J］. 江苏教育（中学教学版），2020（8）：61.

③ 占小红，刘欣欣，杨笑. 基于学科大概念的单元教学设计模式与类型化研究［J］. 上海教育科研，2022（9）：76.

以基础知识的获取为主。学生学习的重点是记忆事实和练习解答技能。因此，当学生离开这些课程时，很少有可用于后续学习或能为生活所用的知识。当学段发生变化时，学生就无法建立起连贯的理解，这给学生的后续学习带来一些"障碍"，学生常常无法在新情况下使用他们所掌握的知识。

然而大概念教学强调整合的思维，侧重于以课程标准支持的课程整合，它是有目的地将来自多个学科的知识、观点和探究方法结合在一起，以形成对中心思想、问题、人物或事件更有力的理解。学科概念体系的建立，能让我们更好地将自己的学科与其他学科进行结合，以形成更加完整的知识结构。在大概念体系的引领下，学生学到的是由一系列知识整合成的、具有共同属性的、有规律的知识体系。

而大概念知识体系引领下的课程内容，能将碎片化的知识结构化，对一些细枝末节的小学科知识进行整合化，打破了小学科的知识界限和传统的知识体系。一门学科的大概念体系可以兼顾从小学到大学的学科学习，这种横向的特征，使学生的学习不会因为学习阶段的差异而无法串联，反而使学段间衔接更加自然。如部编版语文《神话故事》这一单元中的第一个语文要素是"了解故事的起因、经过、结果，学习把握文章主要内容"。这一语文要素旨在培养学生的概括能力和复述能力。就概括能力而言，本单元的学习要为四年级上册的"关注主要人物和事件，学习把握文章的主要内容"、四年级下册的"学习怎样把握长文章的主要内容"打下基础。就复述能力而言，它承载着从详细复述（三年级下册"了解故事的主要内容，复述故事"）到简要复述（四年级上册"简要复述课文，注意顺序和详略"）过渡的任务。对语文核心概念的把握能将学习内容串联起来，从而形成一种螺旋上升的能力培养。

在大概念体系中，每一个小概念都存在一定的关联性。在概念体系的支持下学习概念，无论是老师还是学生思考的深度都能进一步提升，并使课程与学生的生活产生更紧密的联系，提高课堂学习的严谨性和相关性。

第五章 "Lian 课堂"教学范式建构：目标与任务

第一节 "连"：纵向的知识连接

一、什么是"连"

（一）"连"（lián）的阐释

在中国汉字中，"连"字的基本含义有三种，分别是：连续，（事物）相互衔接；连累；副词，一个接一个地。

我们的课堂教学范式的"连"，是取其连续、（事物）相互衔接的本义，并延伸到教学中，关注学生已有的学习经历和学习成果，推动学生所学知识的纵向连接，有效解决知识碎片化的问题。

（二）"连"：螺旋式的纵向知识连接

"Lian 课堂"希望通过关注"纵向知识连接"，在教学中，厘清相应的教学起点、教学顺序、教学逻辑及教学目标等，促进知识的结构化发展，促进学生形成稳步的螺旋式提升，从而推动学生核心素养的发展。

不同学习阶段对应不同的学习目标，学生认知体系的建构也是螺旋式的，不断进阶从而达到学习目的并形成较完整的知识理论体系。[①] 教师要通过对学生完

---

① 张悦.再现小学科学课程内容促进"螺旋式进阶"物理学习的研究［D］.呼和浩特：内蒙古师范大学，2021.

成进度的了解来掌握学生学习情况。根据反馈结果，适时调整学习计划，更好地把握教学的深度与层次性。

二、为什么要进行"连"

（一）螺旋式教学的时代价值

所谓螺旋式教学，指的是循序渐进地来进行教学，不盲目过快地推进课程进度，根据学生现有思维水平的基础，运用现代素质教学的思路和现代教学手段，从简单到复杂，从具体到抽象，结合学生的心理发展，视学生的接受程度向前推进教学进度。利用学生日益增长的心理成熟性的同时，使学科内容不断拓展与加深，使课堂从传统的讲解变成生动活泼的过程，进而使教师和学生产生共鸣。[①]

螺旋式教学能够将学科逻辑与学生的心理发展和心理逻辑较好地结合起来，符合学生的认知发展规律和特点。为此，要充分考虑学生的心理特征，使学生真正感到学到了知识的同时能够掌握一门实际技能。能够将学科最新成果、相关前沿知识等反映在教学中，利于学生思维水平的提高和正确价值观念的培养。

（二）螺旋式教学的学校实践现状

结合实际教育背景及现状，义务教学阶段课程内容编排与特定年龄段学生的认知水平和思维方式相符，一般采取螺旋式编排的形式呈现。学生在实际学习过程中，对于基本观念须经过反复学习，在越来越复杂的形式中加以运用实践，经历同化—顺应—平衡的认知过程，不断加深理解，进而才能逐渐掌握，才能在学生认知体系内对于某一主题的知识和思考形成螺旋式的进阶。在实际教材安排及教学中往往将比较高深的科学知识让学生从低年级起就开始学习，以后随着年级的升高，多次反复学习，逐渐加深理解，以获得学生对知识真正的认识。[②]

三、怎样在"Lian 课堂"中进行纵向的"连"

以初中数学教学中的"函数"为例。函数是初中数学的重要组成部分，它深刻地反映了客观世界运动和实际的量之间的依赖关系。初中数学函数知识之间存

---

① 苏程."螺旋式"教学在高中思想政治课课堂教学中的应用研究［D］.延安：延安大学，2019.
② 杨光富.重温布鲁纳："发现中学"的结构主义大师［J］.上海教育，2006，（24）：43.

在紧密的联系。沪教版八年级第一学期开始学习函数的概念、正比例函数和反比例函数，八年级第二学期学习一次函数，九年级第一学期学习二次函数。函数概念学习经历列关系式、看关系式特征、理解概念的过程。以一次函数和二次函数的教学为例。

（一）教学引入联系实际

函数与生活密切联系，因此一次函数和二次函数的教学引入环节都是以实际问题解决为例，一次函数的问题引入是"某人驾车从甲地开往乙地，汽车行驶到离甲地 80 千米的 A 处发生故障修好后以 60 千米 / 小时的速度继续行驶，以汽车从 A 处驶出的时刻开始计时，设行驶的时间为 t（时），某人离开甲地所走的路程为 s（千米），那么 s 与 t 的函数解析式是什么？"二次函数的问题引入是"某水产养殖户用长 40 米的围网，在水库中围一块矩形的水面，投放鱼苗。要使围成的水面面积最大，则它的边长应是多少米？"

（二）函数概念相互连接

一次函数的概念和二次函数的概念都是通过两个变量之间的关系式进行定义，两个变量之间不同的关系，定义出不同的函数，引发学生思考更多的函数之间的关系。

函数定义都是从解析式形如 $y=kx+b$（k、b 是常数，且 $k \neq 0$）的函数叫作一次函数。一次函数 $y=kx+b$ 的定义域是一切实数。

一般地，解析式形如 $y=ax^2+bx+c$（其中 a、b、c 为常数，且 $a \neq 0$）的函数叫作二次函数。二次函数的定义域是一切实数。

但在实际问题中，自变量的取值范围应是使实际问题有意义的值。

表 5-1　"一次函数的概念"教学案例

课　题	20.1　一次函数的概念		课　型	新授	教　时	
教　学目　标	1. 理解一次函数、常值函数的概念，理解一次函数与正比例函数、常值函数的关系					
	2. 会利用待定系数法求一次函数的解析式					
	3. 体验分类讨论的思想					

续表

重　点	理解一次函数与正比例函数的关系
难　点	用待定系数法求一次函数的解析式
教具准备	多媒体课件

教　学　过　程	
教师活动	学生活动
一、导入： 　　十九章学习了函数的概念，研究了正比例函数和反比例函数，认识函数是刻画客观世界中的事物运动、变化规律的重要模型，广泛地应用于现实生活之中。	回顾旧知
二、新授： 　　（一）问题引入 　　某人驾车从甲地开往乙地，汽车行驶到离甲地 80 千米的 A 处发生故障修好后以 60 千米 / 小时的速度继续行驶，以汽车从 A 处驶出的时刻开始计时，设行驶的时间为 t（时），某人离开甲地所走的路程为 s（千米），那么 s 与 t 的函数解析式是什么？ 　　（二）概念解析 　　函数 $s=60t+80$，$y=120-0.2x$ 的共同特点是：用来表示函数的式子都是关于自变量的一次整式，也就是自变量的 k（常数）倍与 b（常数）的和（其中 $k \neq 0$）。 　　一般地，解析式形如的函数如 $y=kx+b$（k、b 是常数，且 $k \neq 0$）叫作一次函数。 　　一次函数 $y=kx+b$ 的定义域是一切实数。 　　当 $b=0$ 时，解析式 $y=kx+b$ 就成为 $y=kx$，这时 y 是 x 的正比例函数，所以正比例函数是一次函数的特例。	学生对所得函数解析式的特征进行观察和讨论，归纳它们的共同点，再给出一次函数的定义。
（三）例题示范 　　例 1：根据变量 x、y 的关系式，判断 y 是否是 x 的一次函数？ 　　（1）$y=2x$；（2）$y=1-\frac{1}{2}x$；（3）$x-\frac{1}{3}y=2$；（4）$y=\frac{2}{x}+3$ 　　解：其中（1）（2）（3）是一次函数，（4）不是关于自变量的整式。	熟悉定义，判断是否是一次函数，紧扣函数定义。
例 2：已知一个一次函数，当自变量 $x=2$ 时，函数值 $y=-1$；当 $x=5$ 时，$y=8$。求这个函数的解析式。 　　分析：求一次函数解析式，关键是求出 k、b 值。由此可列出关于 k、b 的二元一次方程组，解之可得。 　　解：设所求一次函数的解析式为 $y=kx+b$； 　　由 $x=2$ 时 $y=-1$，得 $-1=2k+b$； 　　由 $x=5$ 时 $y=8$，得 $8=5k+b$。	学会用待定系数法求一次函数的解析式，了解并掌握一般步骤。

解二元一次方程组 $\begin{cases} -1=2k+b \\ 8=5k+b \end{cases}$ $k=3$，$b=-7$。 所以，这个一次函数的解析式是 $y=3x-7$。 例3：已知变量 x、y 之间的关系式是 $y=(a+1)x+a$（其中 a 是常数），那么 y 是 x 的一次函数吗? 分析：要分 $a+1\neq0$ 和 $a+1=0$ 两种情况讨论 一般地，我们把函数 $y=c$（c 为常数）叫做常值函数，它的自变量由所讨论的问题确定。 如：$y=1$，$y=\pi$，$f(x)=\sqrt{2}$ 等，均为常值函数，其中 $f(x)=\sqrt{2}$ 已指出自变量为 x。 三、练习： P3/1 — 3 四、小结： 1.一次函数的概念 2.用待定系数法求一次函数的解析式 五、作业： 练习册：习题20.1	掌握如何判断一次函数的思考方法； 学习和体验分类讨论的思想； 理解、掌握常值函数的概念； 完成练习； 谈收获和注意点。
举例板书设计： 1.一次函数、常值函数的概念 2.例题解题格式	

表 5-2 "二次函数的概念" 教学案例

课 题	26.1　二次函数的概念		课 型	新授	教 时	1
教学 目标	1.理解二次函数的概念，能判断用解析式表示出来的两个变量之间的关系是不是二次函数					
	2.对简单的实际问题，能根据具体情境中两个变量之间的依赖关系列出二次函数解析式，并确定函数的定义域					
	3.经历从实际问题引进二次函数的过程，体会用函数去描述研究变量之间的变化规律的意义					
重 点	理解二次函数的概念，初步学会用二次函数描述实际问题中两个变量之间的依赖关系					
难 点	由实际问题确定函数解析式和确定自变量的取值范围					
教具 准备	多媒体课件					

续表

教　学　过　程	
教师活动	学生活动
一、问题引入： 　　某水产养殖户用长 40m 的围网，在水库中围一块矩形的水面，投放鱼苗．要使围成的水面面积最大，则它的边长应是多少米？ 　　二、新知学习： 　　（一）二次函数的定义： 　　一般地，解析式形如 $y=ax^2+bx+c$（其中 a、b、c 为常数，且 $a \neq 0$）的函数叫做二次函数 　　二次函数的定义域是一切实数，但在实际问题中，自变量的取值范围应是使实际问题有意义的值 　　【概念辨析】 　　下列函数中哪些是二次函数？ 　　（1）$y=\frac{3}{4}x$；（2）$y=0.5x^2+1$；（3）$y=x(2x-1)$； 　　（4）$y=(x+2)^2-3$；（5）$y=(x+4)^2-x^2$ 　　（二）例题讲解 　　例1：圆柱的体积 V 的计算公式是 $V=r^2h$，其中 r 是圆柱底面的半径，h 是圆柱的高。 　　（1）当 r 是常量时，V 是 h 的什么函数？ 　　（2）当 h 是常量时，V 是 r 的什么函数？ 　　例2：已知二次函数 $y=2x^2-3x-2$。 　　（1）当 $x=\frac{2}{3}$ 时，求函数 y 的值 　　（2）当 x 取何值时，函数值 y 为 0 　　例3：某厂七月份的产值是 100 万元，设第三季度每个月产值的增长率相同，都为 x（$x>0$），九月份的产值为 y 万元，写出 y 关于 x 的函数解析式。 　　例4：用长为 20 米的篱笆，一面靠墙（墙长超过 20 米），围成一个长方形花圃，如图所示，设 AB 的长为 x 米，花圃的面积为 y 平方米，求 y 关于 x 的函数解析式及函数定义域。 　　三、练习： 　　P85/2 － 3 　　四、小结： 　　1. 二次函数的概念 　　2. 根据题意列出二次函数解析式 　　五、作业： 　　练习册：习题 26.1	学生对所得函数解析式的特征进行观察和讨论，与一次函数解析式进行对比，归纳它们的共同点，再给出二次函数的定义。 　　熟悉定义，判断是否是二次函数，紧扣函数定义。 　　学会比较一次函数与二次函数概念的区别； 　　通过计算，进一步理解自变量的值与函数值之间的对应关系； 　　写出二次函数，用二次函数描述与增长率有关的两个变量之间的依赖关系，体会与增长率有关的这类问题中的基本数量关系式。 　　利用面积公式，写出函数解析式，关注实际问题中函数定义域的变化； 　　完成练习； 　　谈收获和注意点。

> 举例板书设计:
> 1. 一次函数、常值函数的概念
> 2. 例题解题格式

根据学生认知发展规律，循序渐进地开展螺旋式教学，将纵向知识串联起来，有利于学生提高思维水平和形成正确的价值观念，从而推动学生核心素养的发展。

第二节 "联"：横向的学科联系

一、什么是"联"

（一）"联"（lián）的阐释

在中国汉字中，"联"字的基本含义有三种，分别是：关联，联结，联系等，大致上都含有互相交接而产生关系的意思。

我们的课堂教学范式的"联"，是取其互相交接而发生关系的本义，并延伸到教学中，关注不同课程中关于相关与相近知识点之间的横向联系。

（二）"联"：不同课程知识的横向联系

各类学科知识之间存在着交叉和融合，"Lian 课堂"希望通过关注课程间"横向联系"，在教学中从横向上将各学科联系起来。建立学科横向联系的意义在于，人们在解决各种工作、生活中的问题时，往往并不单一依靠某个单一学科知识，同样，学生的学习和认知也是综合性的活动，不是学科知识割裂的活动。在教学中注重学科间的横向联系，是解决实际问题的基本需求。

二、为什么要进行"联"

（一）跨学科学习的时代价值

基于真实问题解决的社会需求是学校进行跨学科教学的重要拉力。进入21

世纪以来，国际社会转型与本土社会转型并存，各种关乎全球社会和国内民生的全球性和地域性问题不断涌现且呈现了相互渗透的现象。也就是说，全球性和地域性的问题涉及社会中多领域、多层次的内容，任何一门独立知识都不可能彻底解决社会问题，同时增加了发现问题、认识问题的难度。这就要求在教学过程中增加跨学科教学所占的比重，以跨学科的方式有效应对社会复杂化、综合化、多维化的问题，进而适应社会发展的需求。教育的起点和归宿都是社会中现实情境的世界，问题的来源是社会现实问题，问题的意义也在于解决社会生活中的问题，更好地适应这个社会。从知识的角度来说，基于真实问题解决的社会需求有利于学生整合各科知识，促进知识的整体性；从实践的角度来说，基于真实问题解决的社会需求有利于学生利用直观经验和感性认识去理解学科中抽象性、间接性的概念。[①]

跨学科学习的价值在于学生的学习和认知是综合性的活动，而发展核心素养要求学生具有跨学科学习的基本能力。因此，我们不能将学科知识割裂，而应开展指向问题解决的跨学科学习。

（二）跨学科学习的学校实践现状

在以考定教的教学氛围中，教师的教学局限在学科之内，无暇顾及其他，没有将教学进行迁移整合的意识，学生也失去了重新构建知识的机会和动力。在日常教学中，教师只专注于自己所教授的学科，缺乏关于如何在学科之间进行有意义整合的意识。跨学科教学有利于将学生的学习与有真实意义的世界相联系，更符合学生学习的心理逻辑，更能提高学生的学习能力和核心素养。

三、怎样在"Lian课堂"中进行横向的"联"

在教学中，将多学科从横向上形成关联，这对于各学科知识是一种拓展与辐射，因为从经验、知识、社会价值观来讲它们都是融通的，存在诸多内在联系。所谓学科融合，从层次、途径、品质三方面入手，分别对应着知识与能力、过程与方法、情感态度价值观，多学科知识相互交叉、相辅相成，以知识的三维目标为依据进行合理的知识融合，共同塑造学生知识世界和完备价值观。学校基于教

---

① 刘家呈，庄玉昆.新课标背景下跨学科教学的动因、困境及路径［J］.教学与管理，2023（19）：1.

研组的力量展开了多学科间知识与认知层面的融合实践研究。比如，我校综合教研组，曾先后开展以下几项研究：

综合教研组（含物理、科学、地理、历史、政治、信息等学科）各学科教师首先，以备课组为单位对学科内容进行梳理，形成该框架图能清晰表现出学科，能清晰表现出学科重要的学习内容。其次，利用教研组活动时间，由学科教师分别介绍本学科知识体系，提出可能与其他学科衔接的知识点。其他学科根据自身学科知识框架图遴找出能够衔接、融合的知识。最后，汇总后构建多学科知识点关系图，直观展现各知识点间的联系。

表5-3　以七年级第二学期地理学科为基准的多学科知识融通点对照

周次	章节标题	主要知识点	学科链接
1	1.1 世界农业大国	农业与"衣食住行" 农业发展成绩显著 耕地的保护 现代农业	（历史）河姆渡遗址及中国农业发展历史 （历史、思品）新中国成立后农业的快速发展 （思品）可持续发展理论 （科学）食物链
1-2	1.2 农业的分布	农作物的分布（水稻、冬小麦、春小麦） 重要经济作物的分布（棉花、甘蔗、橡胶等） 三大林区（东北、华北、东南） 四大牧区（新疆牧区、西藏牧区、青海牧区、内蒙古牧区）	（物理）气压、气温的影响 （历史）遗址，主要作物的原产地
2	1.3 因地制宜发展农业	四大农业区（南方水田、北方旱地、西北干旱、青藏高原）	（历史）河姆渡遗址
3	2.1 持续增长的工业	工业与生活息息相关 工业的发展 现代工业	（历史）新中国工业改造
	2.2 重要工业部门的分布	煤炭工业与采油工业 钢铁工业大国 电子工业和汽车工业	（历史）新中国成立前后相关行业的对比 （物理）钢铁冶炼
4	2.3 东部与中西部地区工业的差异	发达的东部和崛起的中西部 西气东输和西电东送 东西联动，互相促进	（思品）西部大开发战略

续表

周次	章节标题	主要知识点	学科链接
5	3.1 交通运输与通信的重要性	与生活的关系 与生产的关系	（历史）通讯手段的变革
	3.2 铁路运输与公路运输	铁路运输 公路运输 高速公路	（思品） （历史）中体西用，中国的铁路建设、詹天佑
6	3.3 水路运输、航空运输与管道运输	内河运输及海洋运输 航空运输 管道运输	（历史）京杭大运河
7	4.1 国内贸易	商业中心的分布 国内贸易的地区差异	（历史）车马互市
	4.2 国际贸易	进出口商品结构的变化 贸易对象 对外贸易的地区差异	（历史）闭关锁国的弊端 （历史）茶马古道
8	5.1 城市的环境问题及环境优化	水污染和水问题 大气污染和南北差异 垃圾治理 城市环境治理	（科学）环境保护
	5.2 农牧区的环境问题及其治理	农村的环境污染 生态农业 水土流失 退牧还草、退耕还林	（科学）环境保护
10	1.1 北京市	思品、文化、交通中心 悠久的历史 古都新貌	（历史）北京城的发展 （思品）首都的重要意义
	1.2 中国香港和中国澳门	回归祖国、一国两制 国际贸易中心——中国香港 海上花园——中国澳门 与祖国的联系	（历史）回归时间、一国两制 （思品）一国两制的意义
11	1.3 黄土高原地区	黄土广布、土层深厚 水土流失、沟壑纵横 治理	（科学）黄土形成 （历史）黄土高原的悠久文明
	1.4 沪宁杭地区	河海相通 经济发达 上有天堂、下有苏杭	（历史）京杭大运河、租界
12	1.5 珠江三角洲地区	基塘农业 飞速发展的经济 "花城"广州 对外开放的窗口——深圳和珠海	（历史）改革开放

在形成关系图基础上，进行多次递进的多学科知识衔接课堂实践，将之前无意的教学形式转换为带有研究目的的教学研究探索。同时，多学科关系图出现后，各学科进行主线式深入，辨析自身学科知识的关键点，并以关键知识点作为切入口，多学科共同关注学生素养培养，将课堂教学从知识传授上升到认知转化层次。

以"环境保护"为关键知识点的多学科的学习项目，以环境保护问题为例，从各学科的三维目标和教学内容来看，存在大量共同内容：污染的分类、污染的治理等；但也可以看出各自的偏重点差异。

表5-4　历史课中的环境保护知识

课　题	第24课　和平与发展	课型	新授课	教　时	1
教学目标	1.知道环境问题是全球性问题，"温室效应"、臭氧空洞、森林破坏和环境污染等构成了全球性的生态危机 2.通过分析材料，懂得人与自然应该和谐相处、协调发展的现代文明理念				
重点	环境问题是当今世界全球性的问题，如何处理好"经济的发展"与"环境的破坏"这一矛盾，世界各国都面临着挑战 联合国从其成立到现在，一直在为人类的和平与发展努力，且取得了一定的成效，故为重点				
难点	经济全球化。经济全球化对于初中学生而言较难理解，故为难点				

历史课中从历史事件入手，更多地强调人类世界对环境保护的认识过程和所做的努力，并引导学生认识到全球通力合作的重要性，淡化对环境污染的具体原因、分类的处理。

表5-5　思品课中的环境保护知识

课　题	保护环境需要道德和法律	课型	新授课	教　时	1
教学目标	1.知识与技能：懂得公民应该遵守保护环境的道德规范和法律规范，学会保护环境的一些具体方法和技能 2.过程与方法：通过各互动环节，对遵守环境保护的道德规范与法律规范有直接或间接的体验 3.情感态度价值观：增强环保意识，自觉遵守环保的道德规范与法律规范，能够以自己的实际行动保护我们的家园				
重点	环保意识薄弱是环境问题的原因之一；自觉遵守环保的道德与法律				
难点	增强环保意识				

思品课则是强调道德规范，介绍环境保护法律法规，增强学生的环保意识。

表 5-6　地理课中的环境保护知识

课　题	环境污染及其防治	课型	基础型	教　时	1
教学目标	知识与技能：知晓环境污染的危害、环境污染的一般类型以及各种污染产生的主要原因；了解环境污染转移的主要途径；理解环境污染的主要防治方法和途径，明确自己在环境保护过程中所承担的责任				
	过程与方法：通过日本"水俣病事件"和我国"电子垃圾进口"等实例，用视频、文字、图片资料，让学生对环境污染和防治的相关知识有一定的了解				
	情感、态度、价值观：明确"环境保护，人人有责"的思想，增强学生的环境保护意识				
重点	水污染的危害及其产生的主要原因				
难点	环境污染的防治				

地理学科则是将重点放在环境污染的地区差异上，并引导学生思索地区差异的原因，最终了解环境保护的必要性。

而科学课则重点介绍环境污染的污染物及对人类的影响。不同的学科上课时，都会使用这些素材，如近期环境污染事件、环境公害事件、环境污染的大体分类；同时都会倡导学生关注环境问题，从自身做起，为环境保护做出应有努力。

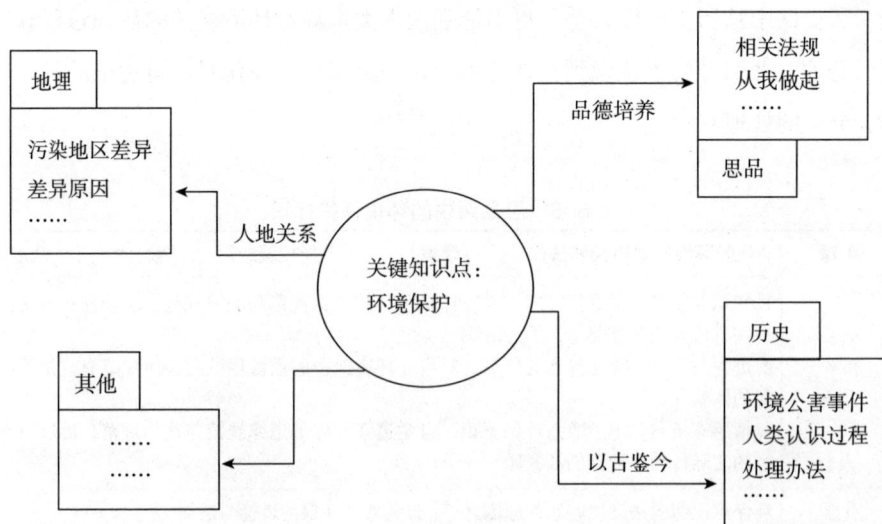

图 5-1　围绕"环境保护"知识点的各科配合图示

在此过程中，各学科教师反思自己学科的教学行为特点和内容构成，并在对比中加深对学科核心价值的理解，在教学中凸显学科核心素养，探索教育本真，完善学生对多学科的认知体系，提高学生的学习能力和核心素养。

第三节 "敛"：内化的深度学习

一、什么是"敛"

（一）"敛"（liǎn）的阐释

在中国汉字中，"敛"字的基本含义有三种，分别是：一是收起、收住之意，如敛容、敛足、收敛；二是收集、征收之意，如敛钱、横征暴敛、把散乱的东西敛到一起；三是约束、隐蔽之意，如敛迹、内敛。

我们的课堂教学范式的"敛"，是"内敛"这个词迁移而得。"内敛"原意可以指向（性格、思想感情等）深沉，不外露；也可以指向（艺术风格）含蓄，耐人寻味。

（二）"敛"：内化的深度学习

源于"敛"字的丰富含义，我们希望在"Lian 课堂"的互动学习中，通过教师的设计引导，能让学生充分调动所学知识，在新知的学习过程中学会收集、聚焦核心知识，并在学习的过程中逐步内化成更扎实、更灵活的新知识。

深度学习是以发展高阶思维为目标，学习者基于内在学习动机批判性建构学科核心知识，通过信息关联整合、迁移应用、问题解决和反思等加工方式，把握学科本质和学科思想方法，促进知识灵活运用、举一反三、融会贯通的学习方式。[①]

我们期待的内化的深度学习是学生在教师引领下，围绕具有挑战性学习主题，

---

① 程林青. 河北省初中生深度学习水平及影响因素研究［D］. 石家庄：河北师范大学，2020.

全身心地积极参与，体验成功，经历能获得发展的有意义的学习过程。[①] 在这个过程中，学生掌握学科核心知识，把握学科本质和思想方法，形成积极的学习动机、优良的社会情感、正确的价值观念，发展综合素养。

二、为什么要进行深度学习

（一）深度学习的时代价值

在互联网、AI高速发展的时代，知识和信息是交流的、共享的，随时都可获取，学生的简单知识性学习已经跟不上时代的发展，学生需要提高自主学习能力和知识加工能力，信息大爆炸的时代需要学习者对知识信息进行深度加工，通过整合零散的知识，不断将新知识融入已掌握的知识框架中，注重理论知识与实践相结合，逐步提升真实问题解决能力。最终成为具有高阶思维并且能不断提升自身学习能力的符合时代发展要求的时代新人。[②]

（二）深度学习的学校实践现状

深度学习注重挖掘知识背后的意义，强调在理解的基础上对知识进行深度加工。浅层学习以知识的简单记忆为主，注重记忆知识的细节。两种学习方式本身没有优劣之分，但随着学生年龄的提升，学习任务的增加，学习压力的加大，对于初中生来说，在学习过程中更多地将浅层学习转化为深度学习更有利于学生学习能力的提升。

目前大部分基础教育学校的课堂现状基本有如下两个特点：

首先，从教师的组织方式看，教师讲，学生听过多，而独立学习、合作学习不够。教师的教学以书本上的理论、方法为主，在相对固定的教学环境中展开的教学活动进程，教学模式仍旧以教师为中心，教师依然是利用讲解、板书、部分多媒体等作为教学手段和方法向学生传授知识，学生则被动地接受教师传授的知识。[③]

其次，从学生的认知方式上看，文本学习，间接知识获得过多，而实践性

---

① 宋晶晶.融合信息技术的美术课程教学创新实践［J］.教育传播与技术，2021，（05）：77.

② 程林青.河北省初中生深度学习水平及影响因素研究［D］.石家庄：河北师范大学，2020.

③ 王士栋.建构主义与高中生物教学［J］.中学生物学，2008（05）：36.

学习，直接知识的获得不够。接受性学习过多，而研究性、探究性学习不够。[①]学生处于被动接受状态，教师满堂灌，学生满堂记，强迫着学生去学习很多东西，学生缺乏必要的积极性、主动性，忽视了学生主体地位的发挥，束缚了学生动脑、动口、动手的参与作用，其中的很大一部分的学生是不知道为什么而学的。[②]

三、怎样在"Lian 课堂"中进行内化的深度学习实践

小升初正是处于浅层学习向深度学习转化的关键期，在学习方式的选择与转变上具有一定的自主性，小升初阶段也是运用深度学习方式的关键期。到了初中阶段学生采用的学习方式将影响其未来整个学生阶段的学习效率和学习结果。

例如，写作教学一直是语文教学的重点及难点，也是需要教师以内化的深化学习为前提，充分了解学生学情，设计出符合学生需求的单元教学设计。以下单元设计就是教师采取小组合作方式，通过主题式学习，创设驱动性问题，提供明确的学习路径，有效落实学习共同体的"深度学习"课堂实践案例。

表 5-7 "学习共同体"深度学习单元设计

单元或主题： 发现"瞬间"的精彩（3课时）	年级学科： 八年级语文（第二学期第二单元）
对应的 课程标 准	能在习作中熟练运用记叙、描写、抒情、议论等方法 能从平常的生活中发现不平凡的事例，并通过细节描写刻画人物个性，凸显人物内在魅力
单元过 程概述	本单元的课文选了古今五位人物，时代不同，环境有异，经历有别，但都闪现出动人的人格光辉，而这些人物鲜活的个性又往往是通过一些细节，或是一场对话、一次会见、一个动作、一句承诺加以展现的，可以称得上是"瞬间"出精彩，细微见精神。所以教师设想通过主题单元的学习，让学生共同学习，合作探究，学会发现和他们朝夕相处的老师们的瞬间的精彩。 基本问题 / 驱动问题：你觉得哪位老师最容易成为你笔下的主人公？ 单元问题：假如你是一名颇有成就的作家，请你回到母校，用回忆的笔触记录下这位老师的精彩瞬间，以此展现老师的魅力。
目标	通过观察、讨论，提炼某位老师最具特征的一些细节，并以此为切入点，回顾老师和同学们之间发生的故事，完成一篇叙述完整，描写生动，议论恰当的文章

---

① 高燕. 劳动技术教学改革的新探索［J］. 现代教学，2019（09）：12.

② 李少华. 试谈如何在初中语文教学中实施素质教育［J］. 读书文摘，2015（14）：263.

	问题	内容
	单元问题是什么？	假如你是一名颇有成就的作家，请你回到母校，用回忆的笔触记录下这位老师的精彩瞬间，以此展现老师的魅力
	学生在主题中的角色是什么？	在这种学习过程中，我们把学生设定为作家
	他们将承担什么任务？	1. 讨论、观察，小组合作确定记录人物 2. 提炼人物最具特征的面貌、动作、服饰、言行、喜好等细节 3. 故事交流，提炼写作素材
以学生为中心的活动	具体活动的过程是怎样的？	以《发现"瞬间"的精彩》为例描述活动的过程（3课时） 第一课时：师生共同回顾第二单元的五位人物魅力。 夏衍，通过9件日常小事，展示人物多角度个性，突出人物敏捷透彻的智慧，对待名誉和权力、工作的态度以及对生活的热爱。 钱钟书，通过白描，用5件事提炼出钱先生淡泊名利、学识渊博。 冼星海，通过典型事例，想象中、长谈时、记忆中的冼星海，凸显人物坚强的意志和伟大的魄力，以及崇高的音乐理想等。 花木兰，通过故事情节的变化，详略的变化展现人物命运，颂扬花木兰勇于担当、克敌建功的英雄气概。 巢谷，通过三件事，表现巢谷有情有义言出必行的美德。 第一轮：合作小组展开讨论，确定写作对象，并通过故事交流聚焦人物个性特点（10分钟）。 1. 前期的师生回顾是十分必要的，指导学生借助课文所学，提炼出一些人物写作的方法技巧。 2. 小组成员每人必须讲述一个和这个人物之间发生的小故事，或者小组成员目睹的，这个人物与其他学生、同事的小故事。 第二轮：小组交流学习成果 引导小组用"我们小组确定记录＊＊老师的故事，并设想通过＊件小事来表现老师＊＊＊的特质 "的句式展示交流（25分钟左右）。 以下是摘录的各小组提炼出的老师的特质： 英语老师：温婉耐心，从不发火，心中充满对学生的爱；嗓子不好但从不请假，有一次还昏倒在课堂里，可是休息了一天，又坚持来上课。 数学老师：高效，做事井井有条，说一不二；严肃，偶尔露出笑容。

问题	内容
	语文老师:爱穿高跟鞋,爱穿民族服装;喜欢讲故事,冒金句;作业布置最少的语文老师;细心的老师。 体育老师:漂亮、健康;体育专业强,对学生要求高;工作中是一个高标准严要求的老师,生活中是一个温柔慈爱的妈妈。 道法老师:火眼金睛,任何事都逃不开她的双眼。道理专家,口才超级好,没有人能与她对抗。 交流中学生普遍以叙述故事为主,但是提炼不了人物的特质;而且选择的故事,不是雷同就是不具有典型性。 交流中的学习增长点: 1.每位成员都发表了自己的见解,因为这些写作的对象都是他们熟悉的老师; 2.每个小组都能从其他小组的交流中找到与自己小组学习中的异同,及时补充调整。 如在有3个小组都准备记录语文老师的故事,三个小组刚好从三个不同的侧面切入:服饰特征、语言风格,以及与学生相处的方式,所以经过小组交流这位语文老师的形象就比较完整。 师生课堂小结(5分钟)布置小组作业 1.选材要点:选典型,不重复。 2.表现方式:直接、间接。 3.人物个性尽量全面。 小组作业:完善人物特质,为第二课时写作打好基础。 第二课时:学生现场写作。 第三课时:开展合作学习,小组交流个人文章,互评。 在第三课时中,每位小组成员交流自己的文章。因为是同一人物,不同的写作角度,每位成员对写作对象的了解比较全面,对人物的刻画理解较深,所以交流后的建议很有针对性。
活动中能体现的高阶思维能力是什么?	1.学生主动发现问题并共同解决问题的能力。 2.学生通过小组讨论,能挖掘出人物不同侧面的不同特质,指导学生从多角度看待问题。 3.第3课时的交流互评无疑是学生比较认同的一种学习方式,在合作互评中达到共同提高。

第四节 "炼"：外显的实践能力

一、什么是"炼"

（一）"炼"（liàn）的阐释

在中国汉字中，"炼"字的基本含义有三种，分别是：提炼，用加热等方法使物质化并趋于纯净或坚韧；修炼、锻炼、造就；比喻下苦功以求其精。

我们的课堂教学范式的"炼"，是取其"修炼、锻炼、造就"的本义，并延伸到通过学习学科知识逐步实现与现实世界的迁移，即用所学知识去解决真实问题，并在实践中逐步形成外显的实践能力，通过知识迁移，不断下功夫以求其精，真正达到学以致用的效果。

（二）"炼"：外显的实践能力

"Lian 课堂"希望通过"锻造与磨炼"，实现"学科"与"现实世界"的转化，下功夫以求其精，用所学学科知识来解决真实问题。所以这个学习过程，既要达成知识的巩固，通过作业练习活动的多元和整合，还要实现"学习"与"生活"的打通，将知识转化至生活情境中，不断操练，将学习技能转变为发展能力。

二、为什么要进行实践能力的培养

（一）实践能力培养的时代价值

当今世界，实践能力被认为是个人生存应具备的关键能力之一。对学生而言，实践能力，指的是其运用知识、技能顺利解决实际问题时所具备的生理特征和心理特征的综合。由于其生理特征、心理特征和学习内容差异，学生在不同的发展阶段所表现出的实践能力又呈现出阶段性的特征。对学生实践能力的培育是学科核心素养落地、深化课程改革的重要抓手。同时，实践能力的培养有利于提升学生的智力水平、增进学习兴趣、培育创新精神、发展社会化水平乃至提高其自立能力。所以，现代学校和家庭都把学生实践能力的培育，放在极其重要的位置，以保证学生能运用今天所学的知识，更好地适应未来社会生活。

（二）实践能力培养的学校实践现状

在 2009 年国际学生评估项目（Program for International Student Assessment，缩写 PISA）上，中国上海的学生与其他参评国家的学生相比，中国的学生在阅读素养、数学素养和科学素养等三个项目均名列第一。可见，我国目前的基础教育在培养学生的应试能力和解题能力方面有着明显的优势。然而，这种优势并没有给我们带来更多尖端的创新型人才，也没有让我国教育走向世界教育强国的行列。相反，我国学生自理能力差、缺乏动手和创作能力等问题却在国内外媒体上频繁爆出。我国学生较弱的实践能力与自身优越的语文、数学及科学素养形成了鲜明的对比。

三、怎样在"Lian 课堂"中培育学生的实践能力

1996 年，联合国教科文组织国际 21 世纪教育委员会提出青少年应该"学会求知，学会做事、学会共处、学会生存"。其中最为重要的就是广大青少年的实践能力，因为他们能够求知、做事、共处和生存都要以实践能力为基础。现代教学理论提倡的"做中学"就是要让学生在亲身的实践过程中去学习，在生活中"做"知识。由于学生的身心发展和学习内容呈现出一定的阶段性，故而各个学段的学生应该达到的实践能力水平也相应地呈现出一定的阶段性和差异性。

结合靳玉乐、张铭凯、郑鑫所著的《核心素养及其培育》中的观点，[①] 我们按照学生实践能力的表征、实践能力所作用的领域（自然、社会和自我）对学生在三大活动领域中所需要的能力进行培养（表 5-8）。

---

① 靳玉乐，张铭凯，郑鑫著. 核心素养及其培育［M］. 南京：江苏人民出版社，2018：165-189.

续表

表 5-8 学生在三大活动领域中所需要的实践能力

	自然领域	社会领域	自我领域
小学阶段实践能力表征	初步形成关爱自然、保护环境的意识；能够进行初步的自然环境调查，并分析得出一些简单的结果；具有一些简单的野外生存技能	初步形成集体主义价值观；能够进行初步的社会调查，并分析得出一些简单的结果；初步的合作能力，初步的组织、管理和协调能力	欣赏自我，发展自我；能选择合适工具，并根据需要来操作，制作简单的手工作品；具备衣、食、住、行等方面基本的生存能力，能做好个人卫生，按时以健康的生活方式作息
中学阶段实践能力表征	能够认识到自然遭到破坏对人类带来的严重影响，以及认识到人与自然和谐相处的重要性；能够进行野外调查，并根据所学专业知识进行初步分析并得出正确的结果；具有一定野外生存技能	与他人和谐友好相处，尊重和理解多元文化；能进行社会调查，并能利用初级的数据统计方法得出正确的结果；能单独安全出行，能分辨危险环境，并能做出及时有效的判断和行动，保护自己或他人；能根据兴趣爱好选择相关职业的意识，具有一定的就业、职业知识；具有基础性的语言表达能力、能与别人进行积极有效地合作，能单独组织小型活动，以及对相关活动和人员可以做到协调	欣赏自我，发展自我，及其德智体美的全面发展；能选择合适工具，并根据需要选择适当的材料，制作简单的手工作品；能做到基本的自立，比如能洗自己的衣物，能缝补自己的衣物，能做简单的饭菜

第五节　基于"连""联""敛""炼"的目标设置

在上面四节里，我们分门别类地阐述了"Lian 课堂"的目标设计。那么在平时的教案中，教师需要把它们组合起来考虑，从而完整地体现基于"连""联""敛""炼"的教学目标。表 5-9 呈现的是一节语文课的教案设计。

表5-9 "别人赏天上月，我赏我心中明月"一课的"Lian课堂"范式设计

所属单元	八年级语文上册第三单元		单元大概念	
课题名称	别人赏天上月，我赏我心中明月—— 《记承天寺夜游》			
一、教学分析				

<table>
<tr>
<td rowspan="1">目标
设定</td>
<td colspan="4">

连（纵）联（横）敛（内）炼（外）

简要阐述：

（一）连

1. 连接语文八年级上册新闻单元的内容，将创设制作《记承天寺夜游》微信公众号推文新闻宣传的情境贯穿于课堂始终。不仅有助于新闻单元知识点的串联和运用，而且紧扣新课标，与时俱进，将课堂与实际生活中的语言应用紧密联系，提升语文课堂获得感，提升语文学习获得感。

2. 承接第二单元回忆性散文单元，从文中人物的生平事迹中汲取精神营养，丰富自己的生活体验，体会作者情感。文言文阅读相较于现代文阅读，难度更高，这也是学生深入体会作者情感的进阶式体验。

（二）联

1. 跨学科联动。本课时教学可以联动美术、信息技术、媒体技术，把学生对于文章的理解和想法转化为信息传播的方式，换一个角度把北宋的美文呈现在当今时代学生们喜闻乐见的形式里。创意的审美排版，还有与时俱进的信息技术下的媒体宣传都可以将学生带入语文素养新高地。

2. 借助其他学科知识。本课时教学可以借鉴历史、地理的有关知识。历史背景有助于了解作者的境遇、心情与感受。地理知识有助于了解文中描述的月夜环境。

（三）敛

1. 情境助推体验。本单元所选的诗文人文主题为"山川美景"，都具有情境交融的共性特点。如何带领学生发现独到的审美趣味，感受寄情山水，排遣人生的种种苦闷与无奈？本节课基于媒体宣传的大情境，在品读赏月环节创设了"澄澈之水体验"创新课堂情境，帮助学生更直观地感受语句之美；在悟读悟闲环节，深入品析文中"闲人"内涵，设置"穿越时空我来说""创作背景大家看""苏轼诗词欣赏"等丰富的课堂情境。这种情境式教学较之传统教学，可以让学生获得更多元的课堂体验。

2. 凸显价值引领。以文化人的视角，深入理解作者的情感及其价值观，将正确价值观逐渐内化到学生的人生发展中。

3. 明确任务要求。设计公众号《记承天寺夜游》宣传任务，明确推文的设计要求，比如标题需引流、重点内容突出、语言形式新颖、排版美观以及阅读量的评价反馈等，带领学生们深入文本，走向生活。

4. 内敛语文素养。义务教育语文课程培养的核心素养，是学生在积极的语文实践活动中积累、建构并在真实的语言运用情境中表现出来的，是文化自信和语言运用、思维能力、审美创造的综合体现。

（1）从文化自信的角度：《记承天寺夜游》由文豪苏轼所著，本文虽只有短短85字，却韵味悠远，千百年来为世人传颂。苏轼的文学作品是宋代文学乃至中国文学的一座丰碑，经典文学作品更是文化瑰宝，值得自信地徜徉；

</td>
</tr>
</table>

（2）从语言运用的角度：既有月夜美景的描写，也有关乎"闲"而引发的字斟句酌的韵味，更有与时俱进的公众号语言形式的创新与尝试；

（3）从思维能力的角度：本堂课设计层层深入，"寻月—赏月—寻情—悟闲"逐步深挖文章内涵，提升思维的深度，并设置多种形式的课堂支架启发思维、发散思维；

（4）从审美创造的角度：带领同学们领略文言的精炼之美、蕴藉含蓄之美、回味无穷之美，与此同时，通过制作公众号推文的形式，激发学生的审美创造，将作品的文字之美转化为媒体推广的宣传效果。

（四）炼

1.精进合作学习的能力。《记承天寺夜游》是一篇短小精炼的经典文章，意蕴丰富。同学们通过分组设计制作《记承天寺夜游》公众号宣传页面，需要对标题的设置、内容排版、页面美化、重点内容的选择、阅读热度预期等多方面进行合作与交流，可以提升八年级学生的合作探究学习能力。

2.提升青少年社会性情感能力（理解他人的情感和表达自己的情感）：课堂设置了"增添语气话闲人——表达出苏轼以闲人自嘲时的心境""反问语气我来谈——体会反问语气表达出的精神内涵""穿越时空我来说——穿越时空与苏轼对话""创作背景大家谈——重回苏轼的人生谷底""苏轼诗词欣赏——畅言朗诵，感受苏轼之豪迈达观"等丰富的课堂口头表达等学习支架，旨在让学生既能够体会作者抒发情感的方法，又能够将自己对于文章内涵的思考和理解以多种形式表达出来。深切感受到苏轼内在豁达的心胸与乐观的心态，这也是社会情感能力的内化，提升共情力，站在他人立场理解对方的想法。

3.内化阅读能力。本课时设置围绕"闲"字展开，通过设置"情感变化心电图"直观且全面地分析作者内心的情感变化；并通过"文中闲人我来找"逐步带领学生慧眼识闲，感受娴雅之景、悠闲之举、赋闲之嘲以及娴静潇洒的人生态度带来的多层次意蕴，由外在浅表阅读转为内在深入阅读。

4.提升写作能力。课后设置"我是小作家：发挥想象，将《记承天寺夜游》改写成一篇白话散文"的实践性作业，锻炼学生写作的语言表现力和想象力；与此同时，公众号推文的写作形式要基于阅读受众的阅读习惯，编辑吸引人眼球、读者爱看的《记承天寺夜游》推文，这对于学生的写作与实践能力亦是一次有效的提升机会，且富有一定的社会实践性和趣味性，有利于提升写作能力。

5.磨炼心理承受力。在课内，本文作者绝妙的文笔值得学生们品读和学习；延伸到课外，其豁达的心胸和面对人生挫折时的那份豁达和洒脱更值得师生们去提炼和感悟。苏轼胸怀大志却仕途坎坷，之所以能在困境中坚持下来，主要原因在于他有着一颗澄澈超然达观的心，才能无论到哪里，都能在生活中领略风清月白的美景。在漫长的人生道路上，我们或许会遭到逆境，身处低谷。到那时，请你记住苏轼，记住《记承天寺夜游》。不管顺境还是逆境，我们都要炼出精彩的人生。

学习任务	一、朗读，积累文言知识。 二、品读，赏析月夜美景。 三、悟读，理解东坡其人。
学习重点	品读，赏析月夜美景。
学习难点	悟读，理解东坡其人。

	二、教学策略
设计 思路	本堂课基于大概念，以及"Lian课堂"构建的设想，进行相应教学环节设计和组织。教学目标与课标要求紧密相连，首先通过品析语句，发现、感受和表现语言文字的魅力；其次通过创设真实情境，并加之层层递进、由表及里的课堂教学设计和丰富的课堂支架，引发学生深入思考，体会作者情感，激发审美创造，提升思维品质。
教学 流程	情境导入—品读美景—悟读情感—梳理路径—提炼方法

三、教学过程

（一）情境导入

校园媒体公众号正在约稿，本次的主题是"宋代苏东坡《记承天寺夜游》推荐阅读"公众号推文，那么这篇美文有哪些值得向同学们推荐的呢？快来尝试制作吧！

（二）品读，欣赏月夜美景

1. 寻月

（1）请同学们找一找原文中描写月亮的句子。

（2）"澄澈之水体验"——直观感受月色之美、月夜之清冷。

2. 赏月

如果把这句改为"庭下月色空明，竹柏之影如藻荇交横。"你觉得怎么样？请同学们小组合作，对比阅读，说说你更喜欢哪句，为什么？

（三）悟读，理解东坡其人

1. 寻情

皓月当空，夜游赏月，此时苏轼的心情怎样？结合文章内容谈一谈。

（1）学生绘制苏轼心情变化图并作具体分析。

（2）教师补充。

2. 悟闲

（1）慧眼识闲

①文中闲人我来找：娴雅之景—悠闲之举—赋闲之嘲—娴静潇洒的人生态度。

②增添语气话闲人："_____！但少闲人如吾两人者耳。"

③如何理解"但少闲人如吾两人者耳"中的"闲"字？

（2）穿越悟闲

穿越时空，如果你穿越回元丰六年十月十二日夜，见到了苏轼和张怀民，面对天上的那一轮明月，你会对他们说些什么呢？请大家写下来。

（3）品诗知人

①创作背景大家看。

②欣赏苏轼的诗词，进一步了解东坡其人。

（四）课堂小结

1. 本文短小精悍，意蕴丰富。其绝妙的文笔值得学生们品读和学习，其豁达的心胸和面对人生挫折时的那份豁达和洒脱更值得师生们去学习和感悟。在大家漫长的人生道路上，我们或许会遭到逆境，身处低谷。那时，请你记住苏轼，记住《记承天寺夜游》。不管顺境还是逆境，我们都要活出精彩的人生。正如同今年中秋红极一时的微信文案："别人赏天上月，我赏心中明月"。每个人的心中都应该有属于自己的澄澈之月，正如苏轼那般，赏出悠闲，赏出闲情，赏出属于自己的那一段超然快意的人生。

2. 各小组公众号推文设计初稿现场展示，进行评价与交流。

续表

四、作业与拓展学习设计
（一）基础性作业：完成语文练习册《记承天寺夜游》（必做） （二）拓展性作业（三选一） 　1. 我是小作家：请发挥想象，将《记承天寺夜游》改写成一篇白话散文。 　2. 我是小画家：请发挥你的才能，为本课设计一幅插图。 　3. 我是小小活动家：通过本课的学习，将拟设计发表的《记承天寺夜游》推介设计修改完善，经评选后，发布在校园或班级媒体或信息公众号上。

第六章 "Lian 课堂"教学范式建构：教学要素

指向大概念教学的"Lian 课堂"教学范式的教学四要素是：知识理解、兴趣激发、行动经历、相异新生。四者相对独立，又相互补充，辩证统一，相辅相成，共同促进大概念教学"Lian 课堂"教学范式的构建与形成。

图 6-1 "Lian 课堂"教学范式的教学四要素构成

第一节 "L"（Learn）：知识理解

"L"即"Learn"，指"知识理解"。在大概念教学下，学生能更好地获得、学习和理解知识。大概念教学能帮助他们建立知识框架，促进跨学科综合思维，并培养他们的创新能力。这些方面的影响共同作用，能够提高学生的学习效果和学习动力，使他们更好地适应现实生活和未来的挑战。

一、拓宽学生的知识视野

大概念教学是一种以概念为基础的教学方法，通过引入广泛的主题和概念，让学生超越传统的学科界限，建立知识链，能有效帮助学生拓宽知识视野。

（一）鼓励学生在融汇与综合中学习

传统的教学方法往往局限在学科的范围内，不同学科之间的知识难以融汇。而大概念教学通过引入广泛的主题和概念，促使学生将知识进行交叉和联系，建立起知识之间的连接。就学习的方式而言，要强调学习的综合性，即在解决问题或探索主题的过程中，需要综合运用不同学科的知识和技能。例如，当学习一个特定的主题时，学生可以同时涉及科学、历史、语文等多个学科的知识，并在学习过程中发现不同学科之间的关联和相互作用。这种学习有助于学生全面地认识和理解知识，从而拓宽他们的知识视野。

例如，当学校的展馆装修完毕后，同学们对场馆的内部布局与装饰产生了浓厚的兴趣。于是历史备课组以"我是小小策展人"为主题设计了将学校文化建设与古代历史的学习结合起来的作业——"我最爱的藏品展"，学生需要制定特展主题与内容、设计具体布展方案并选择十件以上的藏品进行布展。有一组同学以"中国历代帝王权力的象征"为主题，以"军事专权：商—秦""政治专权：汉—清"两个板块入手，选择了体现不同时代的军事专权的"司母戊鼎""战国杜虎符""秦兵马俑"等藏品，以及体现不同时代的政治专权的"汉皇后之玺玉印"、宋代《千里江山图》、"清金銮殿龙椅"等藏品，并对选择的十个藏品做了明确的解释，有理有据地体现了自己对"历代帝王权力的象征"这个主题的认识。不仅如此，他们还对展览地点等信息进行了安排，并绘制地图，根据搜索到的资料确定了这十个展品的展览信息。（如图6-2）

03 计划的展览地点与其他信息

展览地点：故宫太和殿

故宫开放时间：
旺季（4月1日—10月31日）：8：30—16：10，16：00停止售票，17：00清场
淡季（11月1日—次年3月31日）：8：30—15：40，15：30停止售票，16：30清场

展览开放时间：
2021年4月1日—2022年3月31日

门票价格：
旺季（4月1日—10月31日）：10元
淡季（11月1日—次年3月31日）：6元
（持学生证半票，65岁及以上老人出示身份证后半票）

展览面积：1584平方米（太和殿总面积为2377平方米）

最大承载量：100人

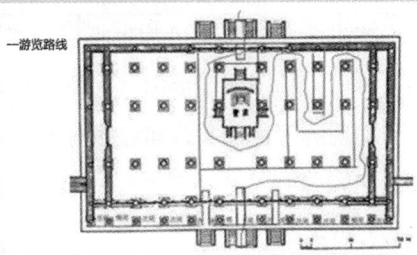

图6-2 跨学科作业"我最爱的藏品展"展览地点、参观路线等设计

大概念统领下的作业设计需要有更强的学习目标结构设计，并与其他学科呼应，从而综合实现学科课程的素养目标。学生选择某一个自己感兴趣的主题，运用历史、数学、艺术等学科知识，将真实问题转换为对历史文物的分类研究，并运用分类标准遴选十个最具代表性的展品、对展品进行介绍、为展品选择合适的宣传图、提出可行的展览策划、设计参观路线等。在历史学习过程中，学生关联到不同学科的知识，有助于他们全面地认识和理解知识，拓宽他们的知识视野。

又如，在研究环保问题时，学生可能需要结合科学、政治、经济等多个学科的知识，以制定综合的解决方案。通过这样的综合性学习，学生可以更全面地了解问题，深入思考和分析，并培养批判性思维和综合素养。这种学习方式有助于学生开阔思维，拓宽视野，促进创新和培养解决复杂问题的能力。

再如，在地理学科"西双版纳"一课的学习中，热带雨林的板状根、一木成林等特征与当地气候的关系，就需要用到生命科学的知识，才能更好地理解板状根能够支撑巨大树干、吸收更多水分、让根部更透气，进而理解热带雨林气候区的气候特征、土壤特征。地理和生命科学两个学科联系紧密，初三中考的跨学科案例分析就是对学生综合思维能力的评价。除此之外解决地理问题还需要用到历

史知识，比如黄土高原上的植被覆盖率从春秋时期到清代的变化，新疆的丝绸之路的分布，北京作为五朝古都在地理位置上的优越性等。多学科知识的综合运用对于学生养成系统、动态、辩证的综合思维方式具有重要意义。

（二）鼓励学生在实践与应用中学习

大概念教学强调知识的实际应用和实践。学生不仅需要了解和记忆知识，还需要通过实践和应用将知识运用到实际情境中。例如，在研究一个社会问题时，学生可以进行调查、采访、实地考察等实践活动，通过实际操作和体验来加深对知识的理解。这种实践和应用有助于学生将理论知识转化为实践能力，并增加对问题的洞察力。通过实践，学生不仅能够更深入地理解知识，还能够拓宽自己的知识视野。

例如，结合九年级道德与法治学科"立志向、报国家"的相关内容，可以与中考出征仪式的主题教育相关联，设计主题为"砥砺奋进一百年，昂首阔步新征程"出征活动方案，把教材中的内容与学校举办的各类仪式活动相融合，把理论内容十足的课堂搬到户外，既让学生在仪式活动中充分践行理论，又能增强学生的仪式感，陶冶学生的情操。在仪式活动过程中，不断调动学生参与的积极性，培养学生的协调能力，锻炼学生的交往能力。在这个仪式活动过程中，学生不仅全程参与其中，而且在全校师生和九年级家长们的见证下，开启了又一段人生旅途的新征程，信心满满地迎接未来的挑战。如果说让学生们在传统的课堂中去表达这样的情感，可能说起来很容易，但少了很多真情实感，更不会在内心深处留下刻骨铭心的记忆。活动后甲同学说"与其让我们以他人励志的故事来激励自己，不如让我们在这样有切身体验的活动中去感受和实践来得更实惠些"；乙同学说"在爸爸妈妈和全校师生的见证下，鼓舞我们中考前的士气，这必将是刻骨铭心的一次记忆，我们永远无法忘怀"；丙同学说"从整个活动的前期准备，到中期谋划，再到仪式活动的顺利开展，无不见证着我们的成长，更是打造着我们美好的未来梦"……可见这种形式的道德与法治课程，让同学们受益匪浅。

（三）鼓励学生在交流与合作中学习

在大概念教学中，学生被鼓励积极参与讨论、分享和合作。学生可以与他人交流自己的观点、经验和理解，借助他人的思维和洞察力来拓宽自己的知识视野。

通过与他人的交流和合作，学生可以接触到不同的观点和观念，开阔思维。此外，学生之间的交流和合作还有助于培养有效的沟通能力、团队合作精神和社会责任感，为他们未来的学习和工作打下良好的基础。

七年级探究学习的主题是"君子品性"和"君子学识"，引导学生关注自然、社会、生活中的现象，深入思考并提出有价值的问题，将问题转化为有价值的研究课题。运用问卷、访谈、实验、考察等方法，分析和解决问题，达到"运用所学知识理解与解决问题，并作出基于证据的解释，形成符合规范的研究报告或其他形式的研究成果"的要求。学生的课题研究以小组合作形式开展，课堂上进行各个环节的分享，其他小组进行论证；课后小组合作开展实践。例如，在学生课题"校园流浪动物调查"中，教师充分引导学生合作实践，参与讨论、分享成果。在实施问卷调查的实践中，一开始，小组很快进行了问卷的设计与分发，却漏洞百出。经过询问，指导老师得知问卷是组长一个人设计的，并未充分集中团队的智慧。问卷的质量可想而知，而将这样并不能达到探究目的的问卷分发出去，不但无法应用到论文的撰写中，导致白费力气，也难以落实计划先行意识，实践活动的无序开展正是没有明确好计划导致的。于是，指导老师在课后对小组存在的问题一一指出，并一再强调小组合作的重要性和意义。之后，每位小组成员都针对调查目的设计了问题，整合问题后形成了问卷初稿，在课堂进行展示，其他小组成员进行论证。在整合同学和老师建议的基础上，小组终于完成了一份合理的问卷设计。

经过问卷的设计和完善，小组也意识到了计划与合作的重要性。于是，他们在老师的指导下重新制定了一份详细的进度安排表，不但细致地落实了研究内容和获取途径，还对人员分工进行合理地安排。在开题论证中，小组在课堂上汇报展示了完整的研究方案。他们的表现令人欣慰，一方面，方案非常详细，体现出了他们经过问卷设计的锻炼后，初步掌握了科学的研究步骤。另一方面，研究计划能够呈现较为合理的实践规划和人员分工。毫无疑问，经历了本次实践后，他们对小组合作的有效性有了更为深入的理解。

大概念教学通过跨学科的整合、综合性的学习、实践和应用以及交流和合作等方式，拓宽了学生的知识视野。这种教学方法不仅有助于学生跳出传统的学科限制，建立跨学科的知识连接，还能够引导学生进行综合性学习和实践应用，培养学生的批判性思维和解决复杂问题的能力。

二、帮助学生建立知识框架

大概念教学通过引导学生理解和掌握大概念，帮助他们建立与完善知识框架。

（一）形成整体认知

大概念教学强调将知识看作一个有机的整体，而不是零散的知识点。通过引导学生理解和掌握大概念，可以帮助他们建立起对整体知识结构的认知。具体来说，大概念教学通过对知识进行分类、归纳和总结，将零散的知识点组织成结构清晰的知识体系。这有助于学生理解知识之间的关联和联系，形成对知识框架的整体认知。相比于传统的点对点教学，大概念教学更能够帮助学生理解知识的整体结构，提高学习的效果和效率。

如"小数的大小比较"是四年级下册第二单元中的内容。本课是在学习了小数的意义、小数的读写法和小数的性质的基础上进行教学的，是系统学习小数的延续。在"小数的初步认识"中，学生已初步了解小数的大小比较方法。小数的大小比较是在学生学习了整数大小比较的方法，对小数的有了初步认识的基础上进行教学的，目的是使学生掌握小数大小的比较方法。小数的大小比较的大概念就是位值的思想，在教学中改变演绎的方式，用归纳生成的方式让学生经历和体验"操作感知—观察比较—猜想验证—归纳对比"的知识形成过程。本课利用"卡牌猜想"，使学生建立起"小数的大小比较"和"整数的大小比较"的联系和区别；最后利用"抽数卡摆小数比大小"的游戏，使学生体会到"位值"的数学思想。不是"牵"着学生走，而是尝试让学生自己学会发现，深度探究，自己归纳方法，通过自觉探究理解大概念，自主构建对整体知识的认知。

（二）培养归纳思维

大概念教学注重培养学生的归纳思维能力。归纳是从特殊到一般的思维过程[1]，它可以帮助学生将零散的知识点整合、概括和总结，形成具有一般性的大概

---

① 薛剑刚.小学数学心育艺术［M］.长沙:湖南人民出版社,2002:137.

念。通过大概念教学，教师可以引导学生从具体的实例或案例中总结出一般性的规律和原则，帮助他们形成对知识的归纳性理解。这种归纳思维能力的培养有助于学生更好地理解和掌握知识，从而建立起知识框架。

统编版四年级上册第三单元中的语文要素是：体会文章准确生动的表达，感受作者连续细致的观察。单元中安排了叶圣陶的《爬山虎的脚》和法布尔的《蟋蟀的住宅》这两篇重点讲读课文和观察日记的撰写。我们尝试围绕单元语文要素和篇目，梳理出本单元的大概念和核心问题串（见表 6-1）。核心问题串作为总支架，帮助学生形成由观察获取到表达输出的思维逻辑，形成概念。

表 6-1　统编版四年级上册第三单元的大概念与核心问题提炼

单元大概念	1. 连续观察可以丰富关于周围事物的写作素材，有助于把事物特点写清楚
	2. 要将连续细致观察所得准确生动表达出来离不开丰富的语言积累
核心问题串	1. 名家是如何进行连续细致观察的
	2. 怎么做好连续细致观察过程中的记录
	3. 如何把观察所得准确生动地表达出来

基于四年级学生对观察的学习经历，能从事物的不同方面进行观察并记录描述，但按一定顺序进行连续细致观察的能力比较薄弱，在如何把自己的观察所得说准确、说生动方面存在困难。因此在本单元的教学中，先为学生创设真实的情境，进行"小小观察家，记录表达我在行"的活动任务，引导学生通过学习运用大作家的观察和表达方法，观察教室植物角里的绿萝，完成单元习作"观察日记"。

在课文教学中，老师们围绕核心问题串，设计了相应的教学流程（见图 6-3），逐步引导学生在丰富而有趣的语文实践活动中感受观察发现的乐趣；在阅读每篇课文的过程中归纳出"在不同位置看，看得细、看得久、动动手"等观察方法；在利用图表的绘制中学习了做观察记录；在反复朗读中发现并体会哪些字词句是准确生动的表达，感受连续细致观察与准确生动表达之间的关系，促进形成"连续细致的观察可以丰富对观察对象的写作素材，有助于把观察对象的特点写清楚"

以及"要将连续细致观察所得准确生动表达出来离不开丰富的语言积累"的大概念。这样的学习过程，不仅落实了单元语文要素，丰富了学生的学习经验，还为学生后续的观察、思考、写作提供了支撑，在思维框架中构建起观察类文章的阅读和写作模式，逐渐提升有序观察的能力和准确生动表达的能力，推动学生良好习惯的养成与核心素养的培养。

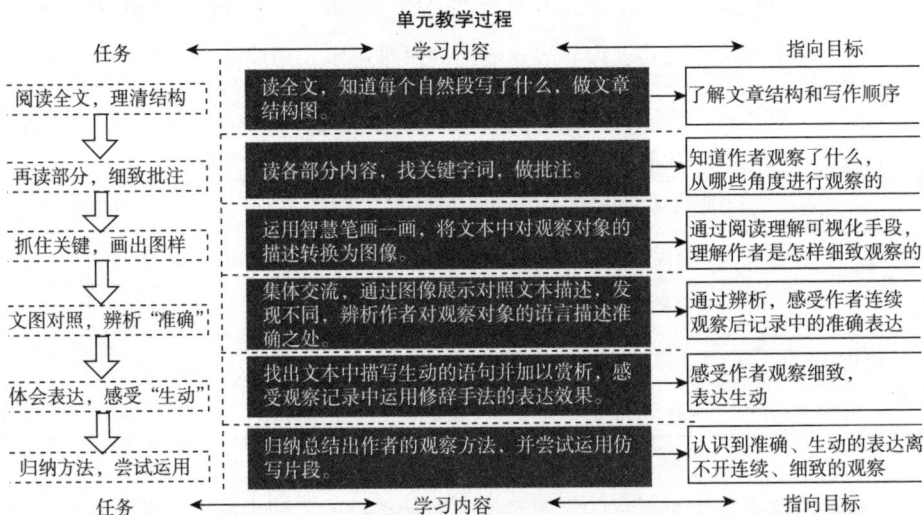

图 6-3　教学流程

（三）促进知识迁移

大概念教学可以帮助学生形成更为抽象和通用的知识框架，从而促进知识的迁移。知识迁移是指将学习的知识应用到新的情境中解决问题的能力。[①] 在传统的点对点教学中，学生往往只能将知识点运用到具体的例子和题目中，而很难将其迁移到其他领域。而通过大概念教学，学生可以理解知识之间的内在联系和共同点，将学习的知识迁移到更广泛的领域中。这种知识迁移的能力可以帮助学生更好地应对复杂的问题和新的情境，提升他们在实际应用中的能力。

小学部基于学校探究型课程实施方案以及学生认知水平及特点，融合"莲文

---

① 仇学春 . 研究性作业：培育学生核心素养的有力抓手［J］. 江苏教育，2022（73）：37.

化"系列课程建设，设计校本探究活动主题"莲宝的秘密"。旨在活动中能够通过学习运用感官和简单工具等不同方法进行观察、比较；尝试提出问题、开展调查、实验；初步感知小组合作、探究的乐趣；在活动中初步感知"莲"的特性。活动过程中，教师逐渐激发孩子们探究事物的好奇心和兴趣，为他们将来继续发现生活中的"莲"创造、"莲"智慧，自信表达自己对"莲"的认知和感受打下基础。

例如"不会下沉的莲蓬"一课中，从"莲蓬浮在水面上"这一现象引入，教师引导学生猜测为什么莲蓬会漂浮在水面上。从孩子的问题出发走近并探究莲蓬，尝试应用自我感官进行观察、学习运用放大镜进行观察等不同的观察方法和经历从莲蓬的外部到内部的观察顺序，感知观察事物是有顺序和不同的方法的。通过猜测、观察，学生初步了解莲蓬内部和外部的特点，拓展了解不会下沉的秘密是莲花播种的智慧，激发了愿意观察、研究自然植物的兴趣与探究欲、培养了对周围事物和现象的好奇心和乐于尝试、主动探索、尊重事实的科学精神，同时也养成了在研究过程中能专心致志、耐心细致、有始有终的行为习惯。

通过设计观察活动引导学生经历从发现问题、尝试探究、初步解决问题到成果展示和交流的研究过程，获得相应的各种研究活动的体验和经验。本节课中学生主要通过两次观察活动探究莲蓬不会下沉的秘密：首先是运用感官进行外部观察，学生在初步猜测莲蓬漂浮的原因后，教师引导学生可以先从莲蓬的外部开始观察，通过看一看、捏一捏、掐一掐等观察方法，初步感知莲蓬的外部特性，并对观察的结果做记录，进行简单的分析；其次是利用放大镜进行内部观察，在进行外部观察后，学生发现莲蓬很轻还可能与内部的结构有关，于是再次通过小组合作运用放大镜观察莲蓬的内部结构，发现莲蓬内部的特点，并将研究的结果用图画形式进行初步的表达和展示。

通过多次观察活动，让学生学会"由外到内"的探究观察方法，感受（删除）在观察活动中正确使用放大镜等工具，会对观察的结果做记录，进行简单的分析。同时在活动中引导学生与同伴以小组的形式进行合作研究，倾听别人的意见，发表自己的看法，相互交流。

（四）激发探索意识

大概念教学强调培养学生的探索和创新意识。传统的点对点教学往往只注重知识点的传授和记忆，导致学生缺乏主动性和创造力。而大概念教学注重引导学生发现和探索知识，解决问题和面对挑战，他们可以更主动地构建和拓展自己的知识框架，更好地学习和应用知识，同时也为他们的创新能力的培养奠定基础。

比如在上海教育出版社九年级物理7.3"串联电路"单元内容的复习中，串联电路的特点及简单应用是电学知识的基础及基本应用，实验"用电流表、电压表测电阻"是初中电学知识的综合应用。串联电路中，通过电路中电阻的变化，改变电路中各物理量的动态变化问题是串联电路应用的基础。学生自己进行了身高仪的设计和操作，他通过身高仪电路的设计和分享、电路的搭建、电表表盘的改装和实现这几个活动，联系了串联电路的动态分析、滑动变阻器取值范围、串联电路的计算和应用以及基于真实情境的拓展计算这些内容，归纳出串联电路的特点，在积极探索和创新实践中进一步提升综合应用知识的能力，感悟到电学知识与生活、生产的紧密联系。

总之，大概念教学通过形成整体认知、培养归纳思维能力、促进知识迁移和激发探索创新意识，可以更好地帮助学生建立知识框架。

三、促进知识的深度理解与应用

大概念教学旨在帮助学生更好地理解和应用知识。它强调知识的探索性、交际性与实践性，鼓励学生通过探索、讨论和应用来促进认知的不断深化。

（一）强调知识的探索性

教师在大概念教学中扮演的角色是引导者和指导者，而非简单的知识传授者。学生通过自主探索、实践和合作学习的方式来获取知识，并通过参与问题解决和项目实践等实际活动来应用所学的知识。

比如六年级第二学期数学"6.5 不等式及其性质"一课，借助日常生活中常见的标识，引入不等式的概念。教学过程中，首先通过类比等式性质，猜想不等式性质，教师成功预设学生会把性质中的等式直接改成不等式，师生一起研究5>4的情形，不等式两边同时加上同一个正数、负数，通过计算，填写不等号，初步感受不等号的方向不变。从而将结论修正成"不等号方向不变"。接着，学生用小于类型的不等式进行变形，计算验证结论，归纳得出不等式性质1，并转化为符号语言。性质探究过程中，学生由等式性质2再次类比猜想得到一个命题，这次的结论可写成不等号方向不变。通过小组合作学习，对指定不等式类型进行验证，从而归纳得出不等式性质2和3。

积极主动的学习方式有助于培养学生的问题解决能力、创造力和批判性思维能力，提高他们的知识运用能力和学习动机。

（二）强调知识的交际性

知识的交流和分享是知识构建过程中至关重要的环节。大概念教学鼓励学生在学习过程中进行合作学习、小组讨论和展示等活动，促进学生之间的交流和合作。通过与他人讨论和分享，学生可以从教师那里获取知识，还可以从他人的观点和经验中获得启发和新的理解。这种交际性的学习环境有助于学生深入理解知识，并将其应用到实际情境中。

比如，在一年级唱游课"小雨沙沙"中，老师创设情境表演，小朋友先采用小组合作表演的形式，分别扮演小雨、风、太阳和种子。小朋友们表演种子喝水、钻土、发芽、长大等动作，表现种子健康苗壮成长的过程，同时感受到种子的成长离不开阳光的照耀和雨露滋润的道理。最后通过小组讨论、设计小组综合表演，以歌唱、律动，以及用小乐器为歌曲伴奏等合作形式，来感受音乐的丰富表现力以及合作带来的快乐。

（三）强调知识的实践性

知识的实践是知识深度理解和应用的关键环节。大概念教学通过提供具体的实践环境和任务来帮助学生将所学的知识应用到实际中去。例如，学生可以通过实验、案例分析、模拟情境等方式来实践所学的知识。这种实践性的学习方式可以帮助学生巩固知识、发现问题和解决问题的方法，并将知识应用到具体情境中去。

比如，九年级化学学科有这样的课堂练习：向装有二氧化碳气体的 A、B、C 三个软塑料瓶中分别加入等体积的水、氢氧化钠溶液和石灰水，迅速拧紧瓶盖，振荡软塑料瓶，观察现象。要求学生表述观察到的现象、得出的结论，以及延伸实验，向倒入澄清石灰水的软塑料瓶中，继续通入二氧化碳气体，观察现象。通过对比实验呈现的二氧化碳与水、石灰水、氢氧化钠的不同反应，引发学生去思考、探究现象背后的内在原因。

课堂教学实际表明：强调知识的探索性、交际性和实践性，有利于促进学生对知识的深度理解和应用，提高他们的问题解决能力和知识运用能力。

第二节 "I"（Interest）：兴趣激活

"I" 即 "Interest"，指 "兴趣激活"。传统的课堂教学常常以知识点为中心，学生只需要被动地接受和消化知识，缺乏对整体认知和学习兴趣的激发。大概念教学强调学生的自主学习和自我发现，通过提供开放性的学习环境，鼓励学生主动探索，努力发现和理解知识。这种自我发现的过程给予学生成就感和乐趣，激发了他们对学习的兴趣。学生们在自我探索和发现中感受到学习的乐趣，从而更加主动地投入学习中。

一、目标明确激发学习动力

（一）明确学习方向与提升自我动力

传统教学中，学生只是被动地接受与练习不同的知识点，缺乏明确的学习方向和目标。大概念教学注重提出明确的学习目标，帮助学生理解知识的整体框架和核心概念。这样的学习目标有助于激发学生的专注力，使他们更有动力去探索和学习。

比如初中语文小说阅读，要求学生掌握小说三要素之一人物，对于人物形象的把握就可以借助大概念，建立知识框架，通过人物称呼的改变，学习小说的途径（见表 6-2）。

表 6-2　小说阅读中的人物称呼变化

篇目	人物	前称呼	后称呼	改变原因
故乡	"我"	迅哥儿	老爷	封建的等级观念
我的叔叔于勒	于勒	母亲：好心的于勒	母亲：这个贼那个讨饭的这个流氓这个东西	于勒有没有钱的变化
范进中举	范进	中举前胡屠户：现世宝、穷鬼、烂忠厚没用的人张乡绅：无	中举后胡屠户：贤婿老爷、贤婿、我女婿、姑老爷张乡绅：世先生、世弟兄、年谊世好、至亲骨肉	身份地位的变化

　　小说通过人物称呼的变化，使得人物形象更鲜明，同时通过这三篇小说，可以看到称呼变化的原因皆是由人物身份、地位、金钱的改变而改变的，更有利于揭示小说的主旨，解读人物社会悲剧命运。

（二）掌握知识关联与培养学习兴趣

　　大概念教学强调建立知识的关联，使学生能够理解不同知识点之间的联系和应用。学生通过掌握知识的关联性，能够更好地理解知识的意义和价值，从而增加学习兴趣和动力。

　　比如小学英语 3A M3 U1 My school 第二课时"I'm happy at school"教学中，教师在导课过程中设计运用拍照复习旧知的环节，通过 Ask and answer 问答形式进行游戏，按下快门打印出 Mike 所拍摄的照片进行对旧知的复习。此环节的设计不仅是与第一课时进行知识的联结，检测学生对本单元核心句型"What's this?""It's ...""Is this...""Yes, it is./No. It's ..."是否能理解并尝试运用外，也是帮助学生借助已有知识经验建立起与学习主题之间的关联，形成学习期待。单元是建构大概念的有效载体，教师要将零散的知识融于整体教学中去，所以本课结合了本单元教材中的"Learn the sound"板块，在教授 classroom 环节中，Mike 要完成其中一项任务——read the rhyme。故将本来割裂于主题和话题之外的语音板块，融于教室打卡集章活动中去，帮助学生在此环节中学习语音知识，认识学校教室及在此开展的活动，体会到学校教室之趣。

在教学中，引导学生乐学善学，关注学生是否"喜欢学"，是否在学习过程中将知识进行联结运用。教师要根据学生的认知特点，让学生在丰富有趣的情境中，围绕主题意义，通过感知、模仿、观察、思考、交流和展示等活动，感受学习的乐趣。

二、综合认知提升学习兴趣

（一）综合学科知识与拓宽学习视野

大概念教学有助于学生深入理解学科之间的关联并进行综合学习。学生不再局限于单个学科，而是通过跨学科的学习来了解多个学科的知识，拓宽学习视野。这样的综合认知过程能够激发学生对知识的好奇心和渴望，提高学习兴趣。

比如初中英语学科利用《上海学生英文报》中的材料上过拓展阅读课。一次有关华南虎，一次是章鱼老师。这两篇课外阅读材料都是在讨论"人与自然"的关系，不仅要提高学生对于阅读文本的理解，还需要引发学生对于自然现象的思考，对于人与动物相处之道的反思。比如8A的课上让学生就"2050年的华南虎生存情况"进行辩论。8B则提出了更为严峻的问题：是否应该打破自然规律，拯救和自己朝夕相伴的章鱼？从单纯阅读文本信息、到能够对现实生活中的自然现象进行跨学科思考、再到用英语流利地表达出来，不仅激发学生的学习兴趣与动机，还有效提升学生的思维品质和文化意识。

（二）培养批判思维与思考问题能力

大概念教学强调综合思维和批判思维，培养学生的分析问题的能力。学生在课堂上通过综合和批判地思考，能够更好地理解知识，并且能够发现问题和解决问题。这种主动参与和积极思考的学习方式能够提升学生的学习兴趣。

在初中科学七年级第一学期第11章"感知与协调"第一部分"视觉"的教学中，通过"太阳穿过树叶的缝隙形成什么形状的光斑"这一有趣问题的引入，引导学生展开思考。绝大部分学生没有观察光斑的经历，会根据自己的理解回答"光斑形状与树叶缝隙形状一致"，这时展示光斑的照片，引发学生对已有认知的批判性思考。再通过探究活动，带领学生在实验室认识小孔成像，从而理解光斑的产生过程及原理，认识到光斑的形状取决于发光体的形状，而非"缝隙"的形状。在此基础上，介绍眼球的结构，理解眼球成像原理及视觉形成过程。

当已有认知与实际现象发生冲突，引发学生批判性思考时，能够极大地调动学生的科学探究兴趣、展开综合性学习，从而理解科学原理，解决实际问题。

三、问题导向促进主动学习

（一）诱发好奇心理，增强能动学习

大概念教学注重问题导向的学习方式，通过提出激发学生好奇心的问题，引领学生进行自主思考和学习。学生在解决问题的过程中，不仅需要在尝试、探究和实践中学习和掌握知识，还需要学会思考和运用知识解决问题。这种问题导向的学习方式能够激发学生的主动参与学习的热情，有助于保持好学的状态。

就二年级美术课堂而言，对二年级学生来说画大树已不再是什么难题。树是人类生存不可缺少的植物，因此，学生对大树太熟悉了，可能并不新奇。如何运用正确的方法去观察树、了解树的结构、发现树的特征？我们可以在课堂上通过一系列能够激发学生好奇心的问题，激发学生的思考。例如：今天我们要来画一位大自然中的大个子，他可以成为安放小鸟的家，是小猴子们的乐园，也是小松鼠们蹦蹦跳跳玩乐乐的地方！请同学们猜一猜这位大个子是谁。在观察、了解树的结构的基础上，还可以向同学们提出问题：我们可以用什么替换树的枝干创造出一棵神奇的树呢？选用替换想象的方法，创造神奇的树，使学生再次返回到自然中去寻找、去发现，在思考中发现，在发现中思考。树，由树干、树枝和树叶组成。树干树枝由下向上生长，并由粗到细，逐步变化，树枝逐层分叉，树叶长在树枝上形成树冠，使整棵树越来越大。通过提问、替换想象激发学生好奇心，通过类似物体的联想和迁移的思维方法的想象，提升美术创作的能力，这是一种能力迁移的方法，更是发挥学生想象的有效途径。

（二）联系生活经验，培养创新思维

大概念教学注重培养学生的创新思维。学生通过思考和解决启发性问题，能够培养自己的创新思维和探索能力。这种启发性问题导向的学习方式能够激发学生的主动学习的热情，让他们充分发挥自己的想象力和创造力，主动探索新知。

"水到哪里去了"是上海科技教育出版社《自然》三年级第一学期第八单元"水的三态变化"第二课时。本单元以探究物质状态的变化为主线，以水的三态变化为载体，通过探究实践使学生初步了解水的相关科学知识，培养学生设计实验、动手操作、从现象中分析数据和归纳结论的能力。从科学观念上，学生通过三年的学习以及日常生活经验，对水蒸发现象具有初步的感性认识，知道水会通过蒸发和沸腾两种方式从液态变为气态。联系学生湿衣服变干这样的生活场景，通过问题引入，启发学生结合生活主动思考。从能力水平上，三年级大部分学生已经具有观察记录、设计对照实验、实施实验的能力，在实验过程中，让他们充分发挥自己的想象力和创造力，进行实验设计。但在他们独立设计实验自主探究的过程中，教师应通过启发式思维来引导他们在验证实验的针对性和科学性方面给予一定的帮助。

在教学过程中，学生对于从日常生活经验出发而提出的问题具有极大的兴趣，例如"影响水蒸发快慢的因素可能有哪些""湿衣服怎么晒干""为什么晾衣服要把衣服摊开""还有什么方法可以让衣服干得更快"等诸多问题。这些问题大多是学生自己提出，自己思考，表现出他们学习的积极性和热情。在教师的指导下，学生充分发挥自己的想象力和创造力，设计对照实验验证猜想，选择合适的材料开展探究活动，搜集证据影响水蒸发快慢的证据，从而感悟水蒸发的奥秘。

实践说明，以问题导入和探究活动为路径，推进学生的学习过程，对于激发学习兴趣、培养创新思维、形成科学观念、训练探究方法具有明显的作用。

（三）搭建渐进阶梯，提升思维品质

要持久地保持学生的学习兴趣，需要教师通过设置问题链给学生搭建足够的思维阶梯，利用"现象"作为已知"命题"层层递进展开教学，逐步分析得出清晰的概念。在这个过程中帮助学生澄清思路，建立思维过程，挖掘学生的思维深度，提高学生的思维品质。

如初中生命科学学科，在学习相对性状时，抛出问题情境"可以根据哪些特征区分图片中的两个人物？"学生纷纷给出答案，根据"眼皮的单双""有无酒窝""有无耳垂""头发的直和卷"，然后进一步引导学生分析"这四对性状有什么共同特点？"引导学生层层分析得出这四对性状的相同点是同一种性状的不同表现类型。再追问"人的双眼皮和单眼皮是一对相对性状，狗的直毛和卷毛也是一对相对性状，请总结一下什么是相对性状？"学生很容易得出相对性状是指同种生物同一种性状的不同表现类型。

大概念教学的课堂建设对学生的学习兴趣有极大的激发作用。通过明确学习目标、培养综合认知、启发问题思维和问题导向学习，学生可以在学习中体验到知识的乐趣和价值，从而激发学习兴趣和动力。

第三节 "A"（Act）：行动体验

"A"是"Act"，指"行动体验"。行动体验是一种通过实践、探究和反思来进行学习的过程，它让学生从亲身经历中获取知识和理解，深化对大概念的理解和掌握。

在指向大概念教学的"Lian 课堂"教学范式建构中，行动体验有着非常重要的实践意义，强调学生在实践、探究和反思的过程中实现"做中学"。为此，教师的课堂教学设计就需要关注基于大概念的"做中学"的设计与落实，强调教师在指导学生的时候须指向学生的行动体验，学生在做的过程中须增强实践、体验的力度，实现能力的迁移与深化。

一、丰富学生学习经历

指向大概念教学的"Lian 课堂"教学范式中的行动体验，旨在丰富学生的行动体验，强调在实践、探究和反思的过程中实现"做中学"。

（一）关注活动设计的梯度性和操作性

指向大概念教学的"Lian 课堂"教学在教学设计之初要关注活动设计的梯度和可操作性，能根据学生的实际情况对教学活动的梯度和可操作性进行前期设计，意在为学生搭建适度的阶梯，设计具有可操作性的教学活动，以保障学生在丰富的课堂活动中实现知识与能力的迁移。

例如，在初中七年级的音乐课堂中，教师设计了"中华少年颂国风，古韵陶笛奏民谣"一课。以教材中的器乐教学课《中华民谣》为素材，结合我校陶笛特色，根据学生的实际演奏能力，设计了不同程度的演奏乐谱，提出不同的演奏要求。在课程开始时，以音阶练习复习指法，随后用《五声音阶练习》进行音准训练。这首练习曲是老师专门为演奏基础薄弱的孩子从《中华民谣》的第二声部提取的乐谱。在最后的合奏环节，学生就可以根据自身的演奏水平选择自己的演奏乐谱。既可演奏已经学习过的二声部，为歌曲伴奏，也可选择较有难度的一声部，也就是乐曲的主旋律。在这样的教学中，我们会发现，孩子们无论演奏水平如何都可以参与到课堂中，音阶、二声部、主旋律都可选择演奏，课堂的可操作性得到了保证。

（二）关注行动体验过程中的实施情况

在"Lian 课堂"活动进行过程中，我们要关注行动体验过程中的执行情况，即学生在活动进行中的实践、探究和反思是否助益于学生自身的理解和内化获得，以及对课堂教学中教师所提出的大概念是否被学生所理解和掌握。

以八年级体育为例，教师在篮球主题课上先后设置现场或书面知识问答、技能挑战练习和教学比赛等形式，如课堂问答、运球绕障碍、传球击打目标数字、不同距离的投篮等，以考查学生在学习体验过程中每个阶段的技能掌握情况，并根据反馈的情况调整教学策略；通过关注不同阶层的学生以实现相互帮助、共同达标的教学要求。

（三）关注行动体验结果的可视化呈现

在"Lian 课堂"活动进行过程中，我们还要注重成果的可视化思维的呈现，通过一些可视化的工具，将学生的思维得到进一步的激发，以获得在实践中探究、在探究中思考、在反思中提升的效果。

在六年级信息科技课中，教师设计了主题为"图表的制作与交流"一课。学生通过对比分析表格与图表，发现在数据的呈现上图表能够更加清晰直观地显示数据之间的关系。于是，学生根据实际情况，选择合适的图表类型，如圆饼图、柱状图、折线图等，借助数据的可视化呈现，分析研究数据之间的关系，得出相关结论与建议。

二、拓展学生学习方式

指向大概念教学的"Lian 课堂"教学范式中的行动体验，旨在通过适切的、多样的学习方式，让学生经历实践应用、体验式学习、问题解决、实时应用、情境模拟、社会互动和自我反思等学习体验，促使学生建立对知识的大概念的整体认知和综合素养的培育，培养出更加全面和实用的能力，为未来的职业和生活打下坚实的基础。

（一）实践应用式学习

实践应用是学生通过实际操作、实践来学习和掌握知识、技能的方式。这种教学方式可以帮助学生更好地理解抽象的概念和理论，同时提高其实践能力和操作技能。实践应用还可以帮助学生发现自己的不足之处，从而更好地改进自己的技能和知识。

小学三年级信息技术的"浏览器和搜索引擎"一课，首先让学生了解浏览器是一种用于访问互联网上各种信息资源的软件工具，它可以打开网页展示网页内容，浏览网页中的文字图片视频等多媒体资源。并结合当下让学生知道目前常见的浏览器有谷歌、火狐、safari、Edge 等，每种浏览器都有自己独特的特点和功能，学生可以根据自己的需求选择合适自己使用的浏览器。从学习浏览器的地址栏入手引出网址的概念。在地址栏输入已知网址即可浏览网站，这些都需要学生亲自操作达成。

经过以上的操作，学生发现网络上有很多资源，但是有些学生想看的却不知道网址，有些只知道一些片段的信息——那如何能完整地了解，学生有了这些疑问和求知的欲望，从而衍生出一个工具——搜索引擎。为了让学生能够更高效地利用搜索引擎，教师指导学生掌握以下搜索技巧：（1）使用准确关键词；（2）使用引号限制搜索范围；（3）使用排除字；（4）使用高级搜索功能。

学生通过掌握搜索引擎的技巧，可以高效地获取所需的信息，教师应该引导学生对搜索结果进行评估和筛选，培养他们的信息素养和批判思维能力。通过浏览器及搜索引擎的应用，可以提升学生的自我学习和创新意识，培养他们的信息技术能力，为未来的学习和工作打下坚实的基础。

（二）自主体验式学习

在"Lian 课堂"的教学过程中我们倡导体验式学习，这是一种基于亲身经历的学习方式。在这种学习中，学生通过亲身体验来学习和理解知识，这种教学方式有助于学生更好地记忆知识，提高理解和应用能力，同时帮助其发掘自身优势和潜能。

以六年级第一学期"感悟色彩与情感"单元为例，《初中美术教学基本要求》中提到：能根据创作需要，将所表达的思想、观念或情感等信息进行提炼，确定创作主题；能根据主题和创作对象构思作品。了解绘画的基本知识和艺术特点有创意的表现造型，理解在绘画过程中色彩的基本规律，并了解色彩的表现性。"绘画色彩的表现"单元包含色调的概念和构成，以及固有色彩、条件色彩、表现性色彩、装饰性色彩等内容。由于六年级已经学习过色彩的三要素等相关知识，所以本单元最终目的是学生能深刻体会"绘画色彩是如何表现的"。

在本单元中学习了概念色彩的常识、概念和情感特征，并具有了一定的认知基础，能够对课本和课外的美术作品的抽象原理进行理解；具备了一定的色彩感受和色彩表现的经验，对色彩的运用也有了一定的基础和能力。在本单元教学中，需要运用色调的规律对画面色彩进行组织和协调，引导学生根据自己的生活经验和积累的色彩体验与表现经验，发散思维，联想想象，运用不同的色调塑造一个全新的视觉形象。

（三）情境模拟式学习

情境模拟是一种基于情境的教学方式，学生需要在模拟的情境中学习和应用所学知识。这种教学方式可以帮助学生更好地理解和应用所学知识，同时提高其应对复杂情境的能力。

以一次三年级学生短跑复习课为例，按照体育课的教学常规，教师先宣布了教学内容和教学任务。

当一切准备活动就绪，便开始讲解并示范了短跑（30 米）的动作要领和技术，其练习方法是：（1）蹲踞式起跑 15 米 ×2，（2）30 米 ×2，针对第二种练习要求某些同学 2 次跑的成绩均要达到 7 秒以内。教师话音刚落，就看到站在第三排队伍中的一位学生高高地举起手，急着要发言，学生说："老师，我想今天的 30 米跑是否能设成 7 秒钟跑？"教师问："为什么呢？"学生接着说："把过去的 30 米跑变成了 7 秒钟跑，这实际上就是让我们自己跟自己比，每个人都想在 7 秒钟内去努力，跑得快和跑得慢都有自己的目标。再说，评价一个学生 30 米跑几秒和 7 秒钟跑多少米，是一个有限和无限的差别，我们可能在每次的体育课上都会有小小的进步，每次能多跑 1 米、2 米，甚至更多米，而且还能看到自己的努力结果。反过来设立 30 米跑几秒钟，由于跑的距离设定好了，就不可能有那么多的发展性、差异性，也很难提高我们的学习积极性"。

教师觉得学生说得很有道理，并想尝试一下，在后来的田径和球类课中教师都采用了他的建议，果真提高了他们练习的积极性，原本单调、枯燥乏味的体育课变成了互相竞争的愉悦课。课后教师也总结了自己的感受，认为学生的思维反应才是有创新的。看来，谁的思维敏捷，应变能力强，行动果断，谁就能"捷足先登"。正因为这样，教师原有的思维定势被打破了。这个例子也说明，在具体的模拟性学习中，学生解决问题的思维会显得更加活跃。

第四节 "N"（Novate）：相异新生

"N"即"Novate"，指"相异新生"。更替，迭代与创新。相异新生是指学生在解决问题的过程中，通过不同的思维方式、经验背景等，提出新的观点和方法，产生出不同的解决方案。它是一种创新思维的表现，能够激发学生的创造力和想象力，培养学生的创新精神和实践能力。

大概念教学强调培养学生的高阶思维和解决问题的能力，而相异新生则是这种能力的一种具体体现。通过相异新生，学生可以在解决问题的过程中不断探索、尝试、反思，逐渐形成自己的大概念认知框架，提高自己解决问题的能力。

一、在鼓励灵感与创意中体现"相异新生"

在指向大概念教学的"Lian 课堂"教学范式中我们鼓励学生有新的"灵感"

的迸发，通过不同的方法、理解的角度、创意的方案实现问题的解决，以构建学生形成自我能力的提升及价值体认。

（一）不同的解题方法

在指向大概念教学的"Lian 课堂"教学过程中学生可以通过不同的方法解决同一问题，如数学中的多种解法、科学实验中的不同实验方案等。

《义务教育数学新课程标准》指出："数学教育要面向全体学生，人人都能获得良好的数学教育，不同的人在数学上得到不同的发展。"练习的设计亦如是，我们所面对的学生思维、能力的层次是不同的，练习题中就可以给予不同水平、不同方法的学生表达自己的数学思想的机会以及选择不同解题策略的空间，从而使不同的学生在数学认知上得到不同的发展。如下题：

某糖果有三种不同包装规格（如下图所示），如果要取出个数最多的一袋糖，应该要从哪一个箱子里取出？请写出思考过程。

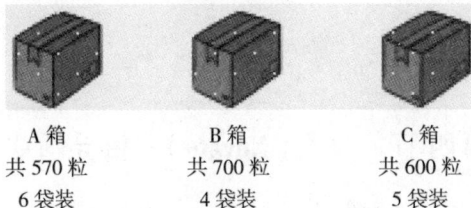

A 箱	B 箱	C 箱
共 570 粒	共 700 粒	共 600 粒
6 袋装	4 袋装	5 袋装

图 6-4　糖果不同包装的三种方式

要在这三个箱子里选出"每份数"最多的一袋糖果，一般在"总数不同，份数不同"的情况下，我们的第一印象就是直接算出"每一袋的数量"来比较，这也是大部分孩子的做法。但是如果仔细观察这些数，就会发现本题存在"总数越大，装的袋数越少"的特征，那么高阶思维的孩子只要通过"除数相同，被除数越大，商越大""被除数相同，除数越小，商越大"这两条规律就能直接进行判断，不需要进行计算。

（二）不同的创意方案

在指向大概念教学的"Lian 课堂"教学过程中，我们要鼓励学生在观点与方法上相互碰撞，相互启发。学生可以在设计、艺术等领域中提出不同的创意方案，如建筑设计的多种方案、美术创作的不同风格等。

小学五年级"木质制品"单元学习活动载体都来自生活。在小学五年级劳技教学中，"木质制品"单元学习是劳动技术学科核心素养——技术素养培养的重要一环。技术是设计的基础，而设计是技术的灵魂，通过设计可以把技术的潜在价值发挥出来，让学生的"莲元素"作品更贴近生活、丰富生活。

以五年级"笔架"教学为例，当播放各种笔架视频时，学生发现原来笔架可以做成这么多造型。课堂上，从日常生活中放毛笔的方式导入，引导学生思考，通过交流提升学生观察生活的能力，使其了解各种笔架产品及其设计思路，为学生自制木质笔架做好知识铺垫。课堂中，教师又以不同莲元素造型引导学生思考，"哪些莲元素可以运用到笔架设计中？"有的说莲花花瓣的造型，有的答莲叶的边缘有弧度可以利用，有的发现一节一节的莲藕也可以设计在笔架中。把生活中的莲元素进行艺术加工创意设计，引发学生对莲元素笔架设计草图的造型进行比较探讨，让学生感知原来同样是莲元素，要成为笔架，首先造型要符合搁笔的需要，造型可以根据需要艺术加工调整。对于学生而言，知其所以然为之，设计草图时就能较好地解决笔架的造型问题。

图6-5　莲元素笔架的样式照片

设计好了莲元素的笔架草图，不代表学生就能加工制作出作品。加工制作中还会遇到各种各样的问题，例如如何让笔架更加稳定有什么好的解决办法。和以往课堂中一样，不少学生会想到可以做支撑，但做出的作品如何体现莲元素的艺术美还需要进行探讨。在课堂中出示笔架不稳定的视频后思考，如何融入莲元素创意笔架的支撑。有的说，用小木块垫在笔架背后；有的表示想把木块锯成莲叶的造型形垫在莲笔架下面增强稳定性。最后，老师给出作品设计要求——结构稳定、造型美观。大部分学生在启发下能根据笔架的功能、外形、结构稳定等需求，分析能融入的莲元素来产生自己初步的设计方案。通过试用后反思设计制作中存在的不足，并加以修改和完善。整体上学生莲元素笔架作品如图，呈现造型多样，并能体现关注笔架的设计技术要点的特点。

二、在支持性学习环境中促进"相异新生"

（一）营造宽松的课堂氛围

教师需要营造一个宽松、自由的课堂氛围[①]，鼓励学生提出自己的想法和创意，让学生感受到安全和自由。

二年级道法课中第 5 课"我爱我们班"第二课时，教材内容第三和第四版块展示班级中的理解包容和协作配合，引导学生自觉维护班级荣誉，学会爱集体。

在跳集体舞的活动中，集体学习过兔子舞之后，设计了男同学先跳舞。男同学跳得不整齐，教师引导学生思考跳不整齐的原因及解决方法。同学们自行探究跳不齐的原因后，女生第二次跳时运用总结的方法，跳得整齐多了。在教师的引导下，学生在轻松的氛围中不断反思，探究解决问题的方法，从而探知在集体活动中团结的重要性，引出本课时"团结协作"的主题思想与课时目标。

（二）组织小组讨论

在指向大概念教学的"Lian 课堂"教学过程中，教师可以组织小组讨论，让学生互相交流和分享自己的想法和解决方案，通过互相启发和借鉴，产生更多的创意和思路。

---

① 刘晓明，高志学．教师专业能力培养与训练［M］．北京：国家行政学院出版社，2013：43.

以小学三年级 STEM 课程"制作防水再生纸"中的第二个模块"纸的循环利用"主题单元活动为例,本单元是以项目式探究学习的方式,探究如何让纸能进行循环利用的过程。主要通过自主探究活动收集和整理可再利用的废纸,尝试根据流程图将可再利用的废纸制成再生纸,随后根据流程图中的制作工艺,在某一环节中添加材料,完成进阶版再生纸的制作实验。目的是希望学生通过本单元的学习完成了解流程图、制作流程图、根据流程图进行试验等一系列活动,培养学生做事情前要想清楚了再行动的计划先行意识。

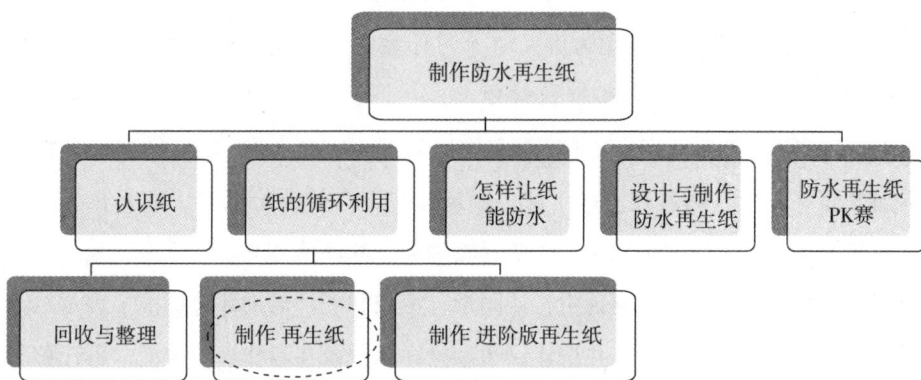

图 6-6 制作防水再生纸流程

在上一单元的学习中,学生认识了纸、了解了纸的发展、通过探究发现了不同纸张的特性,但对于如何将废纸变成再生纸这一过程还不是很了解。如何制作一张再生纸,其操作的路径、实验的配方是多样化的。

在本主题活动的设计中,学生在教师指导下制作再生纸。在真实任务的驱动下,学生经历小组讨论、头脑风暴,探究制作再生纸过程。在这个过程中对于"制作再生纸"这一任务,形成在原有认知基础上的新认识;在随后的设计制作流程图环节,同学们通过充分讨论、分享灵感等方式,触发新的想法,不断完善实验方案,从而获取新的观点、想法。最后,根据流程图制作再生纸、发现问题、改进流程图、再次进行试验等一系列探究活动,在发现问题和解决问题的过程中,根据实际需求,改进流程图工艺步骤,以达到能够制作出合格的再生纸的目标。

三、在多元化评价过程中实现"相异新生"

（一）建立多元融合的评价体系

在指向大概念教学的"Lian 课堂"教学过程中，注重建立多元融合的评价体系，促进学科与跨学科深度学习，为学生的认知架构提供客观评价的保障。

以小学语文五年级的作文评改为例：改变单一的作文评价方式，是进行有效作文教学的需要，也是强化学生写作动力的需要。新课标指出："义务教育语文课程评价要有利于促进学生学习，改进教师教学，全面落实语文课程目标。……注重评价主体的多元与互动，以及多种评价方式的综合运用。"[①]

以五年级上册习作单元为例。单元习作教学"介绍一种事物"，我们首先要做到评价内容多维化。根据教材要求，在评价学生习作成果的时候要求从"写清楚事物的主要特点""试着用上恰当的说明方法""可以分段介绍事物的不同方面"三个方面展开。基于此，制定此次习作的评价标准（见表 6-3）：

其次是评价主体的多元化。改变以教师为主的评价方式，让学生、家长、教师共同参与到学生习作的评价中，让同学、家长和老师借助评分标准（表）对孩子的习作进行互评、参评，并把建议和意见详细记录在习作评价表上，再让孩子根据习作评价表，进行习作修改。评价主体的多元化和有效参与对调动孩子的积极性起到很大的作用，让孩子在习作这个"纸老虎"面前不再是孤军奋战，从而有了自信。尤其作为同学能参与到别人的习作评价中，对于自己的表达能力、思维能力也是一种很好的锻炼。

表 6-3　作文习作评价标准

评价内容	习作评价细则	自评	互评	家长评	师评
选材：写什么	1.选材积极向上，符合生活实际 2.选择印象深刻的事情；按一定的顺序把这件事情写清楚；写之前要按事情的起因、经过、结果列好提纲				

[①]　中华人民共和国教育部.义务教育语文课程标准（2022 年版）[S].北京：北京师范大学出版社，2022：3.

评价内容	习作评价细则		自评	互评	家长评	师评
组材： 怎么写	1. 开头用一两句话介绍对象 2. 写清楚事物的主要特点。在概括和具体描写中，用一句中心句来介绍某个方面的特点，然后具体写写这个特点，最后再使用过渡句介绍另一个内容 3. 试着用上恰当的说明方法。用上合适的说明方法能让文章更准确、生动。本文说明方法有：（　） 4. 可以分段介绍事物的不同方面，如外形、颜色、味道、习性，写作之前可以先排排序 5. 习作以 3—7 个自然段为宜，本文共（　）自然段					
语言： 写得怎么样	1. 用词准确，学习使用平时积累的好词、佳句 2. 至少使用 2 种恰当的说明方法，如列数字、举例子、打比方、下定义等 3. 加分项：写好后，与同学交流分享。如果别人对你介绍的事物产生了兴趣，获得了相关知识，你就完成了一次成功的习作					
创意： 有新鲜感	遣词造句有新鲜感、文章结构有新意、叙述有创意 本文的创意点是（　　　　）					
其他	字数	五年级作文不少于 400 字				
	错别字	誊写作文时不写错别字，不用拼音代替不会写的字				
	标点	正确使用标点符号、如有修改正确使用修改符号				
	书写	使用黑色水笔，卷面整洁，不涂改或少涂改				

另以初中英语学科为例，2022 年 11 月，在"教—学—评一体化视域下的英语听说教学实践研究"区级研讨活动前，英语教研组磨课团队结合陶孟雪老师的一节六年级英语听说课，有针对性地制定了听课评价量表。分别从教学设计、课堂实施、教学效果、课堂评价四个维度进行评价。评价目标与教学目标是否保持一致、评价是否贯穿教学活动始终、评价内容与方式是否多元、是否引导学生进行自评和互评。这些是本次版本修订的聚焦点。老师们认为，此次修订与英语家

常课堂需要达成的效果对接，主线明确、落地性强并操作方便，值得应用。在磨课过程中，教研组的老师们致力于帮助学生参与课堂评价，甚至成为评价主体。尽管目前有些方法可能还不够成熟，但老师们一直在积极尝试。当前，学生存在输出话语词汇量少、评价方式单一等问题，这些都对评价质量产生了不良影响。不过，令人欣喜的是，即便是在普通公办学校，老师们也发现学生能够积极参与到课堂评价中来。今后，我们将把学生参与课堂评价落实到每一节日常课中，通过评价来促进教学，并且不断改进评价方式。

（一）尊重个体差异客观评价

在指向大概念教学的"Lian课堂"教学过程中，秉承学校"君子风范 莲花品格"校风校训，秉持"尊重教育"理念，需尊重学生的差异，尊重学生的个性化和多样化，鼓励学生在解决问题的过程中发挥自己的特长和优势，开展客观评价，呵护学生的灵感及创新。

以小学英语学科中的评价为例，评价应采用多种评价方式和手段，尊重学生的个体差异。在互动的过程中，教师也要树立"教—学—评"的整体育人观念。在教学过程中，教师应多用"Well done!""Great！""You have sharp eyes！""Good idea!"等评价性语言来肯定学生的回答，强化学生对这一问题或这一环节的认识。除了整体性反馈，也要给予具体的反馈。例如，在 3A M3 U1 My school 第二课时的 Listen and choose 环节中，学生听音频选择 Mike 下一个要去的场所。对于选错的学生，教师可通过提问 'Children, can we run in the library?' 引导其思考，进而认识到 Mike 要去的是 playground。"

此外，教学评价也应关注和发挥学生的主体作用，在英语课堂中，让学生们也成为各类活动的评价者，帮助他们学会开展自我评价和相互评价，主动反思和评价自我表现，从中取长补短，总结经验。例如，在学生回答问题出现语法错误时，教师可以提问 "Here is a mistake, who can help him?"，让其他学生发现问题并帮其纠正，强化该语言内容；也可以通过调整教师的语调和重点重复，引导学生意识到某一处用错了，并立刻作出自纠，鼓励学生把正确的表达再说一遍，以评价学生是否理解并学会使用该表达。

（二）注重评价反馈助推能力提升

在指向大概念教学的"Lian 课堂"中教师需要注重评价和反馈，对学生的不同解决方案进行客观评价，并给予积极的反馈和指导，让学生更好地发展和提高自己解决问题的能力，在不断碰撞、激荡的过程中实现自我认知的更新、能力的迁移和素养的提升。

在中学篮球自主拓展型课程中，老师对不同的运球过人技术动作进行组合设计，通过设置有指向和引导性的障碍物和无指向的简单障碍物等方式，对阶段性的篮球学习进行评价考核，学生可以用不同的动作运球过障碍后完成上篮。评价的方面也是多元的，面对有指向性的障碍物做出合适的技术动作的给予加星和课堂展示机会，对完成过障碍上篮的学生依据完成度给予合格至优秀的评价。设置的目标适宜大部分学生，对不同完成程度和技术动作变化使用给予第一层统一的评价标准和第二层额外肯定评价及展示等。

相异新生是大概念教学的重要组成部分，它能够激发学生的创造力和想象力，培养学生的创新精神和实践能力。实施相异新生需要有一定的方法和步骤，教师需要注意课堂节奏、尊重学生的差异、注重评价和反馈等问题。只有这样，才能更好地实现大概念教学的目标，帮助学生掌握具有迁移价值的重要概念，提高其解决问题的能力。

第七章 "Lian 课堂"的学科实践研究

第一节 文科学科"Lian 课堂"的范式建构

一、语文学科

（一）语文学科的特点、功能

根据语文课程特点，注重丰富的人文内涵，既要弘扬和培育民族精神，又要尊重理解多元文化，以适应时代发展的需要。新课程标准对语文课程基本特点的界定是："语言文字是人类社会最重要的交际工具和信息载体，是人类文化的重要组成部分。""工具性与人文性的统一，是语文课程的基本特点。"[1] 此外，语文课程还具有基础性、综合性、实践性和选择性的特性。这些特点表明：语文学科对于促进学生均衡而有个性的发展具有重要作用。依据语文学科特点，语文"Lian 课堂"应突出师生的共同主体作用。为此，要构建有序、开放且有活力的教学范式，夯实基础，灵活选文，注重实践，倡导学习方式转变，培养学生创新思维和自主探究能力。同时，强调以课程目标为基准进行评价，实现评价主体多元化，采用多种评价方式，发挥教 — 学 — 评一体化功能。

（二）语文学科大概念教学的思考

---

[1] 中华人民共和国教育部.义务教育语文课程标准（2022 年版）［S］.北京：北京师范大学出版社，2022：1.

大概念教学以学生为主体，着力于提升学生的核心素养，重视学生思维品质的提升，学生可以学以致用，将知识内化为解决问题的能力，这也正是语文"Lian课堂"研究的价值所在。

在宏观层面，学生仅有知识和技能是不够的。教学时，教师要引导学生对知识和技能进行意义建构，尤其注重与实际生活相关的问题，以促进知识和技能的迁移。语文教学能够通过任务化和情境化的教学活动使学生获得更好的学习体验，促进能力的进一步提升。与此同时，语文学科也要积极探索大概念在跨学科教学中的应用。

在中观方面，大概念统筹下的语文教学设计包括语文单元教学设计、以终为始的逆向设计、情境教学设计和项目化学习设计四个部分。

从微观方面，大概念语文课堂教学内容，比如单篇短章的咀嚼式学习、课本剧教学模式、语文教学与信息技术结合等，通过具体教学案例的实施探索大概念在微观教学方面的实践。

（三）语文学科"Lian课堂"的具体范式

1. 确立以学生为主体的语文"Lian课堂"

任务和目标：从提高教师教的质量到提高学生学的质量；

成功标准：从"灌输学生的教学的质量"到"激发学生的教学的质量"；

教学结构：从"上了多少教学内容"到"特定的学习成果"；

学习理论：从"学习是渐进式的、线性的"到"学习是套嵌式的，是知识框架的互动互通"；

生产力和成本投入：从以"每学生每小时教学成本"计生产力到以"每学生每单位的学习成本"计生产力；

教师角色的性质：从"教师主要作为讲解者"到"教师主要作为学习方法和学习环境的设计者"。

2. 建构大概念引领的语文"Lian课堂"

语文学科教学首先确定内容领域和单元主题。教师须认真研读课程标准，思考大单元对应的语文核心素养，聚焦人的发展，在教材原有单元内容的基础上进行梳理和整合，确定内容领域和单元主题。

开展以大概念为引领的单元教学设计，其操作的基本流程为：分析单元背景，提炼核心关键词，分析单元课文之间的相同点和不同点，基于教材、目标、学情和生活实际制定单元目标，设置单元学习任务群，选择评价方式并分解任务与安排课时。

课时的教学目标、学习任务和学业评价都是对单元计划的分解，而教师的支持与教学策略的采用则是对教师角色和责任的明确，即不同课时的学习中，学生需要教师多大程度的支持，教师使用怎样的教学策略帮助学生达成学习目标。

【案例 7-1】

八上第六单元"感悟理想担当，传承信仰力量"

1. 单元内容分析

本单元设计选取了统编版教材八年级上册第六单元其中的三篇，即《〈孟子〉三章》《愚公移山》《周亚夫军细柳》，围绕"感悟理想担当，传承信仰力量"这一主题进行大单元设计。选取的这三篇涉及诸子百家和《史记》中的传记散文，都是我国古代的经典文言名篇。

（1）单元课文的相似之处

从主题上来看，本单元文言文都与人的品格、志趣、情怀、抱负有关。例如，《〈孟子〉三章》以睿智雄辩论述人生理想，《愚公移山》以奇特想象寄寓不凡追求，《周亚夫军细柳》以生动事迹彰显人物品格。每一篇作品都是厚重的中华优秀传统文化的代表，是对学生进行情感、态度、价值观教育的优秀材料。

从写作手法来看，本单元的三篇课文都运用了"对比"的写作手法。例如，《〈孟子〉三章》中孟子用正反对比来推行其"仁政"的理想，《愚公移山》中愚公与智叟言行的对比；《周亚夫军细柳》中细柳营与霸上、棘门军营的对比。

（2）单元课文的不同之处

虽然这几篇文言文都在讨论人的品格与志趣，理想与担当，但是在主题上侧重的方向与强调的具体品质是有区别的。

《〈孟子〉三章》中的《得道多助，失道寡助》借讨论战争强调行仁政、得人心的重要性，体现了孟子"得其民，斯得天下"的思想；《富贵不能淫》记述了孟子与景春关于"何谓大丈夫"问题的探讨，孟子借由对景春的反驳，说出了自己心目中"大丈夫"的标准;《生于忧患，死于安乐》则通过举例、归纳、对比等手法，论述了造就人才和治理国家的问题。

《愚公移山》是《列子》中一则带有神话色彩的寓言，讲述了愚公不畏艰难，挖山不止，终于感动了天帝，"移山"成功的故事。我们从中能够感受到愚公的聪明智慧、坚忍执着。

《周亚夫军细柳》是《史记》的选段，讲述了汉文帝在霸上、棘门、细柳三处军营劳军的故事，勾勒出了一个治军严明、刚正不阿的"真将军"形象。

同时，三篇课文的语言风格各有千秋:《〈孟子〉三章》以说理为主，论述严谨，逻辑严密，论据充分，说服力强，其中《得道多助，失道寡助》以及《生于忧患，死于安乐》是通过说理的形式来阐述孟子的观点;《富贵不能淫》通过孟子与景春之间的辩论的形式来阐述观点，文章大量使用排比句、对举句，气势非凡;《愚公移山》以寓言的形式讲述"金诚所致，金石为开"的故事，通过形象化的表达来塑造人物形象、阐述道理，很好地体现了寓言故事形象生动，富有趣味而又能引发读者深思的特点;《周亚夫军细柳》是以历史故事的方式刻画人物形象，是《史记》"春秋笔法"的典型代表，语言生动，人物形象鲜明，文章在冷静准确的叙述之中暗含褒贬。学习这三篇课文，有利于学生积累丰富的语言素材。

2. 单元目标设置

（1）课标分析

《义务教育语文课程标准（2022年版）》第四学段（7-9年级）的课程目标，在"阅读与鉴赏"中要求引导学生"随文学习基本的词汇、语法知识，用以帮助理解课文中的语言难点"，"诵读古代诗词，阅读浅易文言文，能借助注释和工具书理解基本内容。注重积累、感悟和运用，提高自己的欣赏品位"，并"能对作品中感人的情境和形象说出自己的体验，品味作品中富于表现力的语言"。[①] 在指导学生在学习文言作品时，应关注文言梳理、写作手法和人物形象三个方面的

---

① 中华人民共和国教育部. 义务教育语文课程标准（2022年版）[S].北京:北京师范大学出版社，2022：14-15.

内容。

（2）教材分析

根据单元导语，结合教材选文内容，备课组提炼出的关键词为"品格与志趣""担当与理想"，即学习人物表达的观点与其方式，以及人物提出或反映出的精神品质是本单元的重中之重。

（3）学情分析

八年级的学生已经正式学习过文言文，有了一定的文言文基础。大部分学生有一定的文言文语感，但对特殊文言现象缺乏敏锐的感知。不少学生无法深入文本细致地分析写作手法；大部分学生对所阅读的古文仅停留在翻译复述的层面上，缺少对古文所表达人物精神及主题的细致分析。另外值得一提的是，虽然在议论文方面，学生已初步掌握了议论文的文体知识，但是接触文言议论文还是首次。《孟子三章》是文言文中的经典议论文，且部分语句比较晦涩，这就给学习课文带来一定困难。

（4）目标制定

习近平总书记所提出的"心中有信仰，脚下有力量""立大志、明大德、成大才、担大任"的期望与本单元课文所体现的观点或人物形象高度吻合。

结合上述分析，本单元对于古人的理想担当不能仅仅停留在感悟的层面，更需要在理解的基础上，做到发自真心的认可接受，进而身体力行地传承，最终转化为实际行动，为祖国做出贡献。

综上所述，本单元的学生学习目标是：

①语言运用：通过反复诵读，培养文言语感，了解并积累重要的作家作品及相关文学常识，做到能利用注释和工具书自主阅读文言文；

②思维能力：了解文章大意，识别文章的情感、观点、立场，体会作者运用的思维方法，分析文言文、古诗词中含义深刻的句子，掌握特殊文言字词及句式的用法；

③文化自信：通过感受古圣先贤的智慧与胸襟，继承和弘扬中华优秀传统文化，具有比较开阔的文化视野和一定的文化底蕴；明确文言文中传达出的精神在今天的价值和意义，古为今用，获得有益启示，树立远大的理想目标。

④审美创造：通过感受、理解、欣赏和评价文学作品，获得丰富的审美经验，初步具备感受美、发现美、用语言文字表现美和创造美的能力，并能通过文字表达。

本单元学习目标的设计充分体现了语文学科工具性与人文性的统一，重点在于对文言文字词大意的理解掌握（体现工具性）以及对精神内涵的学习与传承（体现人文性）

3. 单元任务布置

（1）任务一：诵读文本，培养语感，感知事理

"读得熟，则不待其说，自晓其义也。故书不厌百读，熟读深思子自知。"本单元选文妙语连珠，韵律优美，朗朗上口，易于成诵。俗语云："书读百遍，其义自见。"在不断诵读中，我们能收获对人生的新感悟。让我们一同诵读经典，感受圣贤的智慧。

表7-1　朗读评价量表

评价内容	评价标准	评价等级
重音	重音朗读得当，抑扬顿挫，充分表达文章的思想内涵。	☆☆☆☆☆
停连	能恰当把握停连，停连适宜，节奏分明。	☆☆☆☆☆
语气语调	语气语调符合文本的风格特色。	☆☆☆☆☆
感情	朗读情真意切，能让听者舒心悦耳、心随声动。	☆☆☆☆☆

（2）任务二：疏通文意，掌握手法，品析语言

引导学生疏通文言文大意，把握重要字词含义，明确特殊文言现象，理清写作思路，学习各篇文言文的语言特点。

表7-2　文意手法语言评价量表

评价内容	评级标准	评价等级
文意	能利用注释和工具书自主阅读文言文，理解文章大意。	☆☆☆☆☆
手法	能明确文言文中使用到的写作手法与论证方法，并掌握其作用。	☆☆☆☆☆
语言	能分辨几篇文言文之间语言特点上的不同，了解文体特点。	☆☆☆☆☆

（3）任务三：归纳人物形象，寻找信仰内涵

信仰指某人自发对某种思想或追求的信奉与敬仰。从课文中我们可以看到每一位作者或是人物都是有信仰的人，这些信仰是支持他们继续前进的力量，是中华民族宝贵的民族精神，直到今天依然值得我们学习与传承。试着归纳文言文中人物的形象，找到每一位人物的信仰具体内涵是什么。

（4）任务四：感悟理想担当，传承信仰力量

1945 年中共七大召开期间，毛泽东曾多次提到"愚公移山"的故事。特别是在 6 月 11 日的中共七大闭幕会上，毛泽东再次借"愚公移山"的故事，号召全党和全国人民"下定决心，不怕牺牲，排除万难，去争取胜利"。他把帝国主义和封建主义比作压在中国人民头顶上的两座大山，中国共产党就是要挖掉这两座大山的愚公。在新的历史方位下，重温《愚公移山》，领悟与时俱进的"愚公精神"，仍然具有重要的现实意义。随着时代的不断发展，"愚公精神"必然会有新的时代内涵；随着前进道路越走越远，我们也会遇到新的拦路"大山"。但是，只要我们传承、发展、弘扬好"愚公精神"，无论多高的"大山"，都会被我们挖走。不断放射时代光芒的"愚公精神"，将永远是我们夺取伟大胜利的精神力量。

表 7-3 "传承信仰力量"——信仰提炼

本单元的人物	篇目	人物的信仰
孟子	《得道多助，失道寡助》	
	《富贵不能淫》	
	《生于忧患，死于安乐》	
愚公	《愚公移山》	面对移山的困难毫不畏惧，勇往直前。
周亚夫	《周亚夫军细柳》	

表 7-4 "传承信仰力量"——学习反思

学习完本单元，你对信仰有了什么新的理解？	
这些信仰在我们这个时代有什么意义？	
我们可以做些什么来传承这些信仰？	

（5）任务五：结合读与写，创作倡议书

结合本单元对应用文写作"表达要得体"的要求，引导学生创作倡议书，号召他人学习本单元人物的精神，树立自己的信仰。

表7-5　倡议书评价表

评价内容	评价标准	评价等级
内容	包含详细的计划、可行的方法，以及可接受的证据和结论。	☆ ☆ ☆ ☆ ☆
文字表达	表达清晰、有条理、语言规范，要有逻辑性和连贯性。	☆ ☆ ☆ ☆ ☆
思路构思	构思独特而有效，有较强的创新性和可行性。	☆ ☆ ☆ ☆ ☆
主题立意	倡议主题立意要深刻。	☆ ☆ ☆ ☆ ☆

4.单元课时安排

根据设计的五个具体任务，共安排 6 个课时。其中，任务一和任务二共 3 课时，用于解决学生文言文学习问题，通过朗读与翻译提升学生文言文阅读和理解能力。

任务三、四共 2 课时，在学生理解文章内容的基础上，引导学生深入思考，归纳人物形象，分析寓言道理，梳理作者观点，探寻人物的信仰体现，并结合现实生活，更进一步加强学生对信仰的认同感，引导学生传承信仰力量。

任务五共 1 课时，引导学生通过读写结合的方式将自己的感悟进一步内化，并通过撰写倡导书的形式，呼吁身边的人传承中华民族的优良精神品质，提高文化自信。

3.倡导创设真实情境的语文"Lian 课堂"

真实、富有意义的实践活动情境是学生语文学科核心素养形成、发展和表现的载体。创造这样的学习情境凸显了语文学习的实践性，这也是《义务教育语文课程标准（2022 年版）》的重要内容。"Lian 课堂"的情境创设应具有适切性，具体而言，教学情境要基于学情和学生的最近发展区，顺应学生心理需求，能调动和启发学生的思维。情境中所蕴涵的问题要具有一定的思维容量和思维强度，难易适中。如教学《苏州园林》,文章虽然从主到次、先整体后局部地说明其特色,但并未具体介绍某一座典型的园林,很容易脱离情境陷入抽象。如果创设情境让学生扮演导游,对苏州园林的"假山池沼的配合"或"花草树木的映衬"进行解说,来体现苏州园林一文"用词典雅、用句形象、评价有情"三大特点,并且由此拓展到对本校校园文化的解说,这样既紧扣学习内容,又契合学生年龄、心理、认知和思维特点,能取得明显教学效果。

【案例7-2】

《苏州园林》情境教学设计

1. 教材分析

(1)课文背景

苏州之所以能拥有"天堂"的美称,很大程度上是由于它拥有一批全国以至世界知名的古典园林。这些园林可分为宅地园林、市郊园林和寺庙园林三大类。苏州园林多为宅地园林。

最早的苏州园林建在东晋时期,之后历经了宋、元、明、清四代,并且在每个时期都具有不同的自然、历史、文化和艺术特色。被称为苏州四大古典园林的沧浪亭、狮子林、拙政园和留园分别代表着宋、元、明、清四个朝代的艺术风格。

(2)课文结构

纵观全文内容,共有10个自然段,可分为3个部分:

第一部分(1):总领全文:揭示了文章的写作意图,让大家用艺术的眼光去鉴赏苏州园林,并突出苏州园林在园林艺术中的地位。"标本"一词确切地说出了苏州园林在中国园林艺术中的地位和影响。

第二部分(2—9):抓住苏州园林图画美的共同特征,分别从各个角度介绍说明。这里又有三个层次:

第一层(2):概括苏州园林的共同点:图画美。苏州园林的总特征是"务必使游览者无论站在哪个点上,眼前总是一幅完美的图画,即'处处入画','图画'是贯穿全文的线索。'完美的图画'具体体现为四个'讲究'——讲究亭台轩榭的布局、讲究假山池沼的配合、讲究花草树木的映衬、讲究近景远景的层次,以及一个'一切'——一切都要为构成完美的图画而设计,这也是下文说明的总纲。"

第二层（3—6）：从四个方面说明苏州园林在景物的布局、配合上是如何体现图画美的。第 3 自然段介绍布局时，用苏州园林的建筑布局与古代宫殿和住房作比较，突出苏州园林不讲究对称的建筑特点。第 4 段通过对假山池沼的形象说明，让读者对苏州园林的山水既有画意又有诗意的特点留有深刻印象。第 5 段第一句是中心句，第二、三两句从正面概括说明栽种上"着眼于画意"。第四句从修剪和栽种方面说明"着眼画意"。第五、六两句举例说明苏州园林树木的画意美。介绍花草树木时与外国式的花园作比较，写出中国传统的审美观点。第 6 段主要用解说方法，突出了巧妙的设计和安排，能给游人以画意实感。

第三层（7—9）：从小处、细部进一步说明苏州园林的图画美。第 7 自然段，为了说明苏州园林每一个角落都注意图画美。第一句既是本自然段的中心句，又是本层次的总说句；在结构上起承上启下的作用。然后举了几个有代表性的例子加以说明"阶砌旁边栽几丛书带草……"这样就使要说明的事物具体化了，人们容易领悟和理解。第 8 自然段说明门和窗简朴而别具匠心；第 9 自然段说明苏州园林的彩绘"自出心裁"。并与北京园林作比较，突出苏州园林色调能给人以安静闲适的感觉这一图画美的特点。总而言之，这一层是紧紧围绕说明中心来说明的，而且巧妙地照应了第一段中"一切都要为构成完美的图画而存在，决不容许有欠美伤美的败笔"之句。

第三部分（10）：结尾。这一段交代说明是不可忽视的结语。它总结了全文，再次激起了读者急于一游苏州园林的强烈欲望；也使行文缜密，引人回味。

2. 教学目标

（1）通过抓中心句，梳理文章段落的思路结构，学会准确地说明事物的特点。

（2）通过品味重点字、词、句，品味文章语言的文艺美，学会在说明事物时增强语言的生动性。

（3）通过感悟文章背后的情感与文化内涵，学会在说明事物时融入情感，增进文化认同感。

3. 教学重点

通过比较改文与原文在遣词造句上的不同，品味原文语言的生动性，学会在说明事物时增强语言的生动性。

4. 教学难点

该文是对苏州园林特色的概括性说明，缺乏对具体园林景致的描述，对于没去过的学生而言，缺乏感性认识。所以，创设生动情境并补充相关资料，对学生深入理解苏州园林特色、感悟文章情感与文化内涵、在说明时融入情感以及增进文化认同感有重要作用。

5. 教学过程

（1）情境导入：同游某一苏州园林，初步感受游览体会，交流对苏州园林的印象。

（2）基于情境的问题提出：让学生结合文章的浏览，在情境感知的基础上提出各种问题。

（3）研读文章：①梳理其思路结构，掌握说明方法和用词特点，学会准确地表达。②逐层分析2—9自然段，品味语言的文艺性，从用词典雅、用句形象、评价有情三个方面，学会如何生动地表达。③结合材料，挖掘苏州园林背后的文化内涵，学会如何深刻地表达。

（4）情境式任务1：播放另一苏州园林，让学生尝试做小导游，进行园林特色介绍。

（5）情境式任务2：播放反映校园景色与校园文化的短片，学生根据语言的准确性、生动性、深刻性三个方面的要求，撰写一篇说明文体裁的短文"我们的校园"。

6. 作业布置

继续修改短文。

4. 创设以课本剧为特色的语文"Lian 课堂"

有效的语文教学支架，可以将学生的学习变得更高效、更快乐。传统语文课堂通常借助现场提问、课堂练习等形式，学生往往处于被动学习的状态，很难做到充分激发学生语文学习的内驱力。而在语文"Lian 课堂"上，教师努力创设更多的教学支架来助推学生的能动学习，除小组合作学习、课堂辩论、小老师上讲台等形式之外，尤其是课本剧这一教学支架已经成为语文教研组的一张闪亮的名片。

（1）紧扣新课标，课本剧带动"读写演评"全过程

"要根据学生身心发展和语文学习的特点，保护学生的好奇心、求知欲，鼓励自主阅读、自由表达，激发问题意识，引导他们体验发现问题、解决问题的过程。"[①]课本剧教学既是语文学科教育，又是美育、情操教育和心灵教育。它非常符合党的十八届三中全会所强调的"改进美育教育，提高学生审美和人文素养"的要求。

课本剧教学彰显了"以语文实践为中心"的学科理念。课本剧活动让学生在积极的语文实践活动中积累、建构并在真实的语言运用情境中表现出来，是文化自信和语言运用、思维能力、审美创造的综合体现。

《卖油翁》选自笔记小说集《归田录》，文章通过对比烘托刻画了卖油翁和陈尧咨两个性格迥异的人物，言短而意无穷，其多元主旨值得深入探究。将文本中那些故事情节生动、集中的内容改编成剧本，然后组织学生进行表演和评价，这样会提高学生学习语文的兴趣，会让初中语文教学更快乐，更高效。通过"以读促写，以写促演，以演促评，以评促读"，学生充分参与"读、写、演、评"课本剧教学四环节，获得连续且丰富的学习体验。

点评是课本剧教学的重要环节，是提高语文核心素养的重要途径，给出评价的支架，让学生能够有理有据地点评。基于文本，演员们可以自评，深入探究人物形象；观众们更是可以畅所欲言，找出文本中表演的关键点。同学们收到了"表演带动阅读理解，点评促进写作表达"的效果。教师的课堂预设是同学们可以从结构、修辞、描写、作用、表达方式等方面去点评人物形象。在点评环节中，同学们分析出陈尧咨自大骄傲、卖油翁淡定谦虚的人物形象，也关注到陈尧咨"尔安敢轻吾射"反问语气之强烈，以表气氛；对于卖油翁的动作，比如"释担而立""但微颔之""徐以杓酌油沥之"等能够准确点评其含义，学生创编的剧本加入了侍卫、百姓、卖油翁之妻来衬托主要人物的形象，极大地拓展了同学们

---

① 中华人民共和国教育部.普通高中语文课程标准（2017年版2020年修订）[S].北京：人民教育出版社，2022：42.

的创新思维。但是对于需要深入挖掘与思考的内容，仍然需要教师进一步的引导，比如"汝亦知射乎？""尔安敢轻吾射？"两个人称代词的变化背后的态度变化、"但微颔之"的"微"的表达效果、陈尧咨"笑而遣之"笑的内涵与原因、"睨之久而不去"中"久而不去"的作用等。

（2）激趣互动，课本剧为学生发展助力

课前：锚定兴趣点，增强互动教学。以班级同学创作《卖油翁》剧本为例，为了选到自己喜欢的角色，为了让自己的台词更精彩，为了展现人物形象配合更合适的动作……学生们主动且欢乐地走进文本，理解课文，分析人物形象。老师也指导同学们快速提高剧本的质量：给角色"取个有意思的名字""整个不简单的身份""设计个不一般的性格""安排个特殊点的关系""虚拟个有故事的经历"……好戏没有开演，学生们已然是热火朝天，无形中加深了对《卖油翁》这篇课文的理解。

课中：生生互动，师生互动，贯穿课堂。在《卖油翁》的课本剧教学过程中，生生互动和师生互动贯穿于课堂的始终。在课本剧表演的过程中，学生演员们之间同台互动，既有陈尧咨与卖油翁之间精彩的互动表演，也有配角演员们出彩的衬托；观众与演员们之间也有着非常频繁的互动。与此同时，基于文本的课本剧表演的评价，既有学生之间激烈的评价与探讨，也有老师与演员和观众之间的教学互动与交流。这些互动与交流围绕教学目标，紧扣文本，有利于学生对《卖油翁》一文的深入探究。

课后：善思辨，重积累，促进语文素养的提升。义务教育语文课程标准（2022年版）中，辩证思维涵盖在语文核心素养的内涵"思维能力"之中。思辨性阅读与表达的学习任务群旨在引导学生在语文实践活动中，通过阅读、比较、推断、质疑、讨论等方式，辨析立场态度，养成勤学好问的习惯，培养理性思维和理性精神。《卖油翁》选自笔记小说集《归田录》，文章通过对比烘托刻画了卖油翁和陈尧咨两个性格迥异的人物，言短而意无穷，其多元主旨值得深入探究，借此抓住契机，紧扣新课标，提升学生思辨能力。课后我们可以引发学生们多元的思考，提升思辨能力。一是敢于质疑：卖油翁因"熟能生巧"千百年来被人们津津乐道，而陈尧咨就一无是处吗？"笑而遣之"意味深长，陈尧咨看到卖油翁"善酌"却不"自矜"及时自省，心生敬佩又无地自容，只能化为那尴尬自嘲的一笑。这"笑"既是对卖油翁倒油技术的赞叹，又是对卖油翁提出的"熟能生巧"这一道理的认可，可谓知错就改。两人体格、地位差别很大，如果康肃公真的骄矜自负，不可一世，那卖油翁的后果岂不可怕？还能最后化"忿"为"笑"？可见陈尧咨亦是不拘一格，能容人之人。二是学会逆向思维：熟，真能生巧吗？我们或许有过这样的体验：有些事情我们明明反复做，可最后还是未能达到期许。比如，"题海战术"是否真能提高成绩，"反复投篮"是否总能保证更高的中球率。可见，熟并不是一定都能生巧。技：技能、手艺，指能力。术：方法、策略，指修养。因此，"熟能生巧"的前提是方法得当，"熟能生巧"的条件是长期坚持的锲而不舍与百折不挠。三是结合时代背景思考问题：在宋朝，实行了"重文轻武"政策，通过杯酒释兵权剥夺了中央及各地的节度使兵权，武官不再受到重用，朝廷中几乎所有官职都由文官担任，导致当时武官的地位低下，文官总是趾高气扬的。那么欧阳修写这篇文章是否在讽刺当时的政策？

总之，人人参与、精彩纷呈的课本剧课堂，是学生写作素材的后花园。无论是剧本创编、现场表演，还是台前幕后的精彩花絮，学生的点评体会等，学生们有话说，从不同的角度也有许多的话想要表达。这里可以引导他们积累难忘的时刻、精彩的画面、自己独特的体会等，造就一篇篇真实且富有真情实感的习作，也是同学们学习经历的见证。

5. 打造信息技术赋能的语文"Lian 课堂"

信息技术是教育的工具和手段，是为教育教学服务的。信息技术赋能是信息时代发展的必然趋势，其高效和与时俱进的创新模式可以弥补传统教学和培养模式的不足。媒体技术与中华语言文字的深度融合有利于提升学生的学习内驱力与核心素养。

（1）用希沃传屏，实现以评促教

希沃传屏是一种有效的学习评价路径，便于开展学习实践活动期间进行更具针对性的评价。如语文课堂教学中，在学生完成圈画、笔记、课堂练习任务的时候，教师常常实时手机拍摄，将学生学习成果上传至大屏做出实时展示，增强了教师对学生课堂学习评价的准确性和针对性，与此同时便于教师及时调整课堂进度安排。传屏方法的使用在作文教学中显得尤其高效与精准。结合教师的点评与现场的修改，一篇学生的作文评价过程就能够高效实时地呈现出来，提升了学生课堂获得感。传屏对于缺乏主动思考的学生而言，也起到了一定的监督作用。除此之外，希沃白板还具有遮挡拉幕功能，借助这项功能，语文教师既可以导入恰当的图片等作为主题背景，完成情境创设工作，又可以配合课堂教学进度，把教学重点以答案揭晓的方式依次呈现给学生。

（2）创建自媒体，拓展学习场域

《义务教育语文课程标准（2022年版）》提出要增强课程实施的情境性和实践性。如何激发学生语文学习的内驱力？如何设置语文学习的情境性，拉近学生与语文的距离？语文教学还可以有哪些创新的形式？既然是以学生为主体，那就先从同学们课余时间的爱好入手。

部编版七年级语文上册第三单元的单元目标：学习小人物身上的闪光点，引导学生向善、务实、求美。这个单元主要由文言文《卖油翁》，现代文《阿长与山海经》《老王》三篇文章构成。将学生们从传媒的受众群体中抽离出来，转而成为自媒体的传播者，这种角色的转变可以凸显出学生的主体地位。导演式的主人公思维更像是以终为始的逆向设计，可以打开学生们语文学习的新天地。

【案例7-3】

运用技术手段，提升语文素养

1. 推敲文字内涵

同学们通过创立班级自媒体，集思广益，反复推敲媒体宣传文案，推敲其文字的内涵，积极迁移语文课内外知识。

2. 构思新颖题材

基于七下第三单元单元目标：学习小人物身上的闪光点，引导学生向善、务实、求美。教师和同学们商量，自媒体的第一个作品应该出片快、反响好、技术高。关于拍摄的题材，学生们讨论得很激烈，大家用所学的语文知识期望探寻到"流量密码"。与以往不同的是，这一次清洁工、消防员等一些不够创新的题材第一时间就被同学们否定了。学生主动生成"观察要仔细、题材得新颖"的要义。在商讨的过程中，学生们化身为导演的视角，积极拓宽思维，对于作品题材众说纷纭，挖掘出许多生活中的亮点小人物，有热情、不计得失的包子铺老板；有上海街头努力生存的外卖小哥；有怀揣梦想、打造极简生活的平凡吉他手……

3. 声情并茂配音

"剪映"等自媒体制作软件针对画面后期增加配音具备简单易学的特点，电脑、ipad、手机均可以操作。音量的高低、语速的快慢、背景音乐的选择、配音内容的实时更改都可以后期自如地切换。例如学生基于单元目标，创作的小人物文学作品《如此默契》涉及多位演员的台词和朗诵，配音的学生在此之前仔细揣摩人物形象，为了使人物更有表现力，故事更生动，负责配音的同学们声情并茂，富有感情。

4. 后期精心制作

自媒体技术的加入，给语文教学提供了一个高效的支架，不仅提升了学生语文学习的内驱力，更让语文教学与更多的学生产生深度的联结，有的负责字幕，还有的负责视频特效剪辑，导演更是拉入了场外同学赞助灵感……厘清内容结构，才能在恰当的视频位置安排转场；明确重点人物、情节和情感，关注关键语句，才能适时增加恰当且应景的特效；基于分明的主次，合理的详略安排，学生们完成视频的剪辑，哪个情节应该重点表现、特写渲染；哪里需要走场略过、镜头精简；哪些特效、音效可以烘托出人物的情感与品质……看似简单的特效剪辑，无形中牵引着学生深入地理解文本情感。自媒体作品呈现的背后是同学们语文核心素养的全面提升。

5. 作品引人入胜

有趣而又富有成就感的自媒体支架，使学生逐渐与语文教学产生了深厚情感。七下第三单元课文《卖油翁》是一篇言简而意无穷的文学作品，为了加深同学们对于文本中重点字词的理解，并深入地体会卖油翁和陈尧咨两个鲜明的人物形象，我们尝试让学生们自主使用视频剪辑软件自编自导自演了自媒体作品《卖油翁》，学生们自主探究文意，将《卖油翁》这篇文言文改编成了一个生动的剧本。在自媒体技术里，文言文中需要识记的重点字词内化到台词文字的编辑，字幕的呈现中，人物形象也通过演员们精彩的演绎在屏幕之上，为了让自媒体作品更加引人入胜，学生们结合《卖油翁》的时代背景，配合特效剪辑让《卖油翁》的故事深入人心、引人深思。

从演绎作品到多种形式的呈现，自媒体技术与初中语文教学深入连结。应用自媒体技术创新支架，锚准学生学习的内驱力，引导学生自主学习，合作共赢，与此同时，也是更换一种创新方式，让学生从虚拟的网络世界中转换到与现实连接的语文学习中，提升学习的获得感和信心。自媒体技术软件背后凝结着学生们对文本内容和单元目标的理解、积极的文学创作能力、审美创造的热情，以及内心深处对文字的另一种解读和表达，潜移默化地提升了学生的核心素养。"Lian 课堂"语文教学的探索中，将持续进行技术赋能的尝试。

表 7-6 "Lian 课堂"初中语文教与学之自媒体创新学习项目设计

项目主题："Lian 课堂"自媒体技术赋能语文学习——以部编版七年级语文上册第三单元为例	学科＆年级：语文／信息技术＆初中七年级
项目实施时间：2023 年 3 月—9 月	
项目概述：本项目源于部编版七年级语文上册第三单元，其单元目标是，学习小人物身上的闪光点，引导学生向善、务实、求美	
对应的课程标准： 义务教育语文课程标准（2022 年版）：增强课程实施的情境性和实践性，促进学习方式变革。从学习语文的生活实际出发，创设丰富多样的学习情境，设计富有挑战性的学习任务，激发学生的好奇心、想象力、求知欲，促进学生自主、合作、探究学习；充分发挥现代信息技术的支持作用，拓展语文学习空间，提高语文学习能力	
项目目标：激发学生语文学习的内驱力，引导学生向善、务实、求美	
项目具体过程	
活动一：熟悉技术软件，统筹整体制作	
活动模式（校内、线下）	自媒体技术应用
学习目标：熟悉自媒体技术软件，增强语文学习自主性 活动内容：（1）总导演选拔：安排平时学习有潜力，较有个性，自主学习能力不强的同学担任，不仅点燃其内心不服输的小宇宙，也增加了其学习的内驱力。（2）教师先行，辅助网络学习，系统学习剪映、PS 等软件的基础技术	应用的信息技术：剪映、PS 软件 技术应用目的：积极探索新技术背景下学习环境与方式的变革
项目准备	

活动二：创编剧本	
活动模式（课堂内、校内、线上、线下）	自媒体技术应用
学习目标：深入理解单元目标，提升创编与写作能力，增进班级同学之间的互动 活动内容：剧本组10人，其中5人负责依据七下课文《卖油翁》改编剧本；另外5人以"疫情期间闪光的小人物"为主题，创编剧本	应用的信息技术：腾讯在线文档、闵智作业上传、小管家App传输 技术应用目的：提升学生创编剧本的效率，增加学生线下、线上互动的频次
项目实施	
活动三："剪映"连通语文学习	
活动模式（课堂内、校内、社会、家庭、线上、线下）	自媒体技术应用
学习目标：学习软件核心技术，齐心协力完成视频作品 活动内容： （1）技术支持5人：负责剪映制作中的特效制作（安排喜爱写作，擅长写作的同学参与其中，灵动的思维以及对文字的热爱，可以呈现出精彩且吸引人的文学作品） （2）演员组10人：负责剧本的演绎（安排活泼好动，热爱表演的能量型学生加入） （3）后期配音8人：负责视频中主、配角的后期配音（安排有语言表现力，虽然有些内向但依旧有展现自我愿望的同学加入，从而展现小人物的闪光点） （4）字幕生成2人：负责生成和校对作品字幕（安排给班级学习困难的同学进行校对，既潜移默化地夯实了其基础知识的素养，也无形中融入了语文的集体项目化学习之中） （5）形成作品：项目中，组织学生成立班级传媒，挖掘课本和生活中的小人物的闪光点，制作视频剪辑作品。最后成果展示	应用的信息技术：剪映软件制作（特效、配音、字幕、背景音乐、剪辑、渲染、转场、片头片尾、美帧） 技术应用目的：（1）学生分工合作，取长补短，增加学生参与度。（2）丰富学生语文学习经历，提升语文学习核心素养，学以致用
成果展示	
活动四：自媒体技术赋能，学生成果展示	
活动模式（课堂内、校内、线上、线下）	自媒体技术应用
学习目标：展示成果，提升语文学习内驱力和学习获得感 活动内容：以视频作品的形式在课堂上展示，学生互评成果，并总结与反思	应用的信息技术：钉钉线上平台、希沃白板、自媒体播放平台 技术应用目的：语文项目化学习成果展示
项目实施后	

活动五：自媒体技术赋能，语文学习持续发热	
活动模式（课堂内、校内、社会、家庭、线上、线下）	
学习目标：积极探索新技术背景下学习环境与方式的变革 活动内容：《如此默契》作品呈现了之后，学生们又陆续创作了《卖油翁》《天价口罩》《半夜里的守候》等多部线上正能量作品，展现了日常生活中涌现出拥有独特亮点的小人物，作品后期均使用剪映、PS等自媒体制作软件。作品的播放热度还可以通过播放量和点赞数量实时显示，学生们很有成就感，语文学习的获得感有了很大的提升	应用的信息技术：剪映 技术应用目的：软件背后凝结着他们对单元目标的理解、文学创作能力、审美创造的热情，以及对文字的另一种表达

二、英语学科

（一）英语学科的特点、功能

英语是一门全球通用的语言，是人与社会与国际接轨的重要工具，可以帮助人们与世界各地的人进行交流和合作。具体而言，英语是科学研究的重要工具，许多重要的学术论文和研究成果都是用英语发表的；它也是国际上科技、商业、文化等领域的通行语言，学习这门语言可以提升语言表达能力和思维能力，培养学生跨文化交流能力和综合竞争力。对于学生来说，学习英语不仅仅学习简单的日常口语对话，通过学科英语的学习，可以帮助孩子将英语知识转化为英语能力；英语也是职场中必备的技能，能够提升就业竞争力；学习英语可以拓宽视野，了解不同文化和思维方式，还可以接触到丰富的英语资源，如英文原版书籍、电影、音乐等，丰富自己的知识和娱乐生活；英语教学为口语、外交、文化、旅游外语、商务外语等实践类课程奠定一定基础，满足了应用型人才培养中语言应用能力培养和跨文化意识培养的需要。总之，英语作为一门优势学科，具有广泛的应用领域和丰富的学习资源，对个人发展和职业规划都有着重要的意义。

（二）英语学科大概念教学的思考

1.英语"Lian课堂"教学设计要以英语大概念为引领

在英语教育中，大概念包括对英语语言本身的认知，对英语文化和思维的了解，以及对英语在实际生活中的应用等。"大概念"的提出要求学生们要从知识点学习转向对内容和方法的学习，从碎片化学习转向整合关联的、结构化的学习，也要求学生从事实和观点看到事物背后的本质，整合分散知识，提高学习效能。

大概念体现的是英语学科本质的思维方法和观念。大概念具备以下特性：统摄性——在学科或者单元知识中位居核心地位，其反映学科本质；持久性——学生走上工作岗位，进入社会后，忘却了知识本身，但仍然留在脑海中的学科思想或学科理念，能解释生活中遇到的问题的知识及原理；迁移性——掌握大概念，有助于培养学科核心素养，提高学科教学质量的同时，实现学以致用，可运用于现实问题的解决。

大概念是一种以概念为基础，以探究为过程，以理解为目标的教学理念。它强调学生在探究和理解概念的过程中，发展语言。在大概念的引领下，教师需要将单元整体作为教学的基本单位。单元教学是通过连续多个课时的主题教学，促使学生完成学习任务的教学模式。以大概念为中心的单元教学设计，遵循素养导向、学生本位、整体统筹和层次递进等原则。基于大概念的单元教学具有结构化、问题化、情境化、活动化、迁移化等特征。

建构主义理论为以大概念引领的单元教学设计提供指导。在教学设计中，要体现以学生为中心，认真分析学情，从学生已有经验出发，合理设置单元目标，创设真实的问题式情境，设计多种教学方法和评价方式。在教学过程中，要调动学生积极性和主动性，使他们参与到知识的建构过程中，树立主动思考的意识，促进对大概念的持续性理解和迁移运用，提高教学效率。

开展以大概念为引领的英语单元教学设计，其操作的基本流程如图 7-1 所示。

```
┌──────────────┐       ┌──────────────┐       ┌──────────────┐
│ 确定单元主题  │  →    │ 厘清概念层级  │  →    │ 梳理单元内容  │
│ 研究课标教材  │       │ 组建学习框架  │       │ 编写教学目标  │
└──────────────┘       └──────────────┘       └──────────────┘
                                                       │
                                                       ↓
┌──────────────┐       ┌──────────────┐       ┌──────────────┐
│ 编制单元作业  │  ←    │ 多样评价结合  │  ←    │ 创设单元情境  │
│ 落实教学反馈  │       │ 构建评价体系  │       │ 设计问题探究  │
└──────────────┘       └──────────────┘       └──────────────┘
```

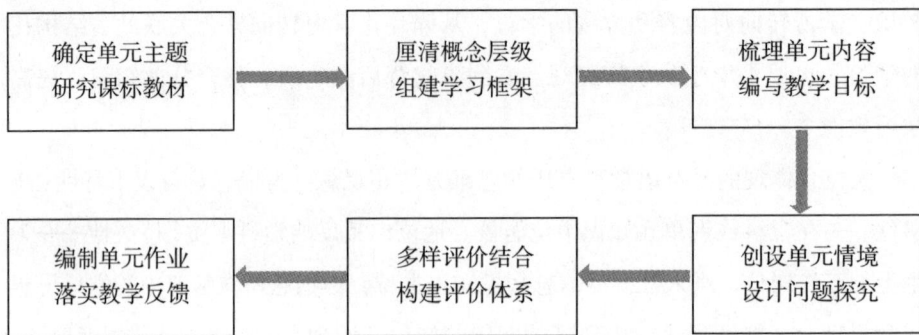

图 7-1　以大概念为引领的英语"Lian课堂"单元教学设计操作流程

2. 英语"Lian课堂"教学过程要以学科核心素养为导向

英语课程的大概念教学从本质上讲，就是要培养学生的核心素养，包括语言能力、文化意识、思维品质和学习能力等方面，语言能力是核心素养的基础要素，文化意识体现核心素养的价值取向，思维品质反映核心素养的心智特征，学习能力是核心素养发展的关键要素。核心素养的四个方面相互渗透，融合互动，协同发展。英语核心素养的培养需要理解和运用大概念，因此在单元教学中围绕大概念设计学习任务是落实英语核心素养的重要路径。

每节英语课一般都会设计几个学习任务，而这个任务的目标是什么务必明确。有的英语教师往往赋予一个任务较多的目标，这样就会分散学生的注意力。因此，任务目标的适当聚焦有利于突出重点，有利于更好地落实核心素养培养。比如，牛津英语7A U7 Signs around us 第一课时的课时目标定为 At the end of this class，students are expected to 1. learn some new words about signs：direction，warning，instruction，information，silence，useful，camp，go camping；2. know different kinds of signs and understand how to express the meanings of different signs；3. use modal verbs and "there be" structure to express the four kinds of signs；4 . realize the importance of obeying the signs around us. 第一节课上下来，时间不够用，几个目标平均实力，最后目标的达成度较低。后来，这位教师调整了策略，认为贪多求满往往适得其反，于是将任务目标锁定在观察和辨析思维的培养上，

从 4 个目标改成 2 个目标，At the end of this class, students are expected to 1. learn some new words about signs : direction, warning, instruction, information, silence, useful, camp, go camping ; 2. know different kinds of signs and understand how to express the meanings of different signs. 在设计输入部分的教学活动时设计了更多的活动进行操练，使学生学习得更扎实，掌握得更牢固。学生在输出部分，能很清晰地分辨四种不同种类的标志，并解释它们的含义。本节课的两个目标达成度很高。

（三）英语学科 "Lian 课堂" 的具体范式

1. 创设情境 "问" 起来

英语课程标准关于 "教学与评价建议" 部分，强调对英语核心素养的落实，并解决英语教学中的重要问题，进而提高英语教学育人效果的导向作用。由此看出，问题教学是课堂转型的重要路径。英语 "Lian 课堂" 的显著特征就是在教学活动中以 "问题" 为驱动，启发学生发现问题，提出问题，从而学会思考、学会学习、学会创造，促进学生核心素养的发展。

教学中，按照学生的认知规律组织教学，包括创设情境、提出与分析问题、提出解决方案以及展示评价四个部分。在教学实践中，教师创设情境，提供实例，然后由学生自主思考并提出相关问题，供全班同学或分组讨论；教师依据课堂情况组织教学，或引导或启发或解惑或设疑等，让学生自主分析问题，并以自主学习、合作探究等方式围绕问题，提出解决方案；在整个问题教学活动中学生自我引导、主动建构，充分发挥问题教学的针对性、实效性，推动课堂教学中英语提升核心素养的落实。

【案例 7-4】

8B More Practice : Forget about the architect

1. 创设问题情境

Lead-in 部分是 Look at the picture and talk about the famous buildings. 通过看世界上的一些著名建筑引入话题，提供丰富实例，激发学生兴趣，创设后面学生提问的情境。

2. 自主提出问题

在 Pre-reading 部分，教师让学生看拓展阅读语篇的题目和插图自主提问，教师把学生自主提问的问题板书在黑板上，这个环节激发学生的思维，培养学生的自主学习能力。

Forget About the Architect

It's every architect's dream to win the Pritzker Prize, the highest **honor** in architecture. If you were a young architect, how would you make your dream come true? In other words, how would you make yourself stand out from all the other architects?

You would first probably want to develop a distinctive style. And you know you've succeeded in doing so when people are able to easily **recognize** your buildings. They will directly see how special you and your work are. To some degree, you are on the right track. The Pritzker Prize has often gone to architects with distinctive styles. But this year's winner, David Chipperfield, is praised for exactly the opposite. "A great architect can sometimes almost disappear," said the prize's judges. "We cannot immediately recognize a David Chipperfield building. There are different David buildings in different places."

If you've spent your **spare** time exploring the city of Shanghai, you've probably seen something designed by the architect. The West Bund Museum by the Huangpu river is a work of his. The British architect and his company have also completed many other museums, libraries and **art galleries** around the world. Most of these buildings look "ordinary" on the surface.

David says he does not have the talent to create

图 7-2　More practice：Forget about the architect

通过仔细阅读语篇的题目和语篇中的插图，学生提出了以下一些问题，其中不乏质量较高的问题。

（1）Who is the architect?

（2）What happened to him?

（3）What are his famous works?

（4）Why is the title called "forget about the architect"？

（5）What's the text type of the article?

3. 进行合作探究

在 While-reading 部分，第一个教学活动是 Read the article and answer questions in groups. 阅读语篇，思考问题（前面通过看图和标题学生自己提出的问题），通过小组讨论，探究后回答问题。这个环节是在 Pre-reading 的基础上设计的，问题由学生自己提出，解决也是学生通过小组合作自己探究。

4.成果展示评价

各小组将讨论结果形成文字，各组代表在班级展示或解答。小组与小组之间展开评价，互相补充或质疑。教师适当点拨与小结。本节课的课堂效果良好。

2.观察采访"说"起来

在英语教学中，教师要引导学生掌握读图技巧，以一双英语锐眼观察英语文本中的图片与捕捉信息，用心思考并准确回答老师的问题。

【案例7-5】

6A M3 U9 Picnics are fun（Listening & speaking）

图7-3　6A M3 U9 Picnics are fun 中的插图

在 Pre-listening 部分，教师设计了 Talk about the pictures 的环节，让学生们仔细观察图片，用英语表述看到的内容，目的是引入课题，激发学生的思考，提高学生的思维品质。

在 While-speaking 部分设计了一个活动，In pairs, make a dialogue. 要求学生根据图片、前面所学的句型和要求做一个对话，让学生观察图片，不仅"读"起来而且"说"起来。这个活动不仅帮助学生巩固新学的句型，还通过生生互动，提高学生的语用能力、观察和创新思维能力。

【案例7-6】

6A U4 Listening and speaking

片段一：教师给学生呈现各种职业的图片，要求学生们进行 Pair Work，根据一些提示的句子说出这种职业具体做一些什么工作。通过生生互动让学生操练本课时的重点句型和重点词汇，让学生们观察图片"说"起来，通过11幅图片的操练，更加巩固本课时的重点。

片段二：教师设计了采访的教学活动，让学生用以下核心句型进行采访，并完成表格。

图7-4 案例中11种职业的图片

S1 : Would you like to be a /an ...

S2 : Yes, I would. / No, I wouldn't .

S1 : Why? / Why not?

S2 : I'd like to be a /an ... because I ... / I wouldn't like to be a /an ... because I ...

表7-7

Name	Job	Reason

通过设计采访教学活动，学生主动地去采访自己想采访的同学，并根据采访的实际情况写下来，当学生们置身于采访情境之中时，他们主动地"说"英语所产生的学习效果是出乎意料的。

3. 具身认知"动"起来

具身认知理论明确了身体活动在学习认知中的重要作用，强调身体与环境互动，进而达成身心合一。具身学习对传统身心分离的教学活动起到必要的补充与促进作用。英语存在于我们生活的世界中，这使得英语知识具有真实性、客观性、生活性等特征，由此可见，英语具身教育的空间广阔。将具身认知理论与英语学习活动融合，有利于促成理论与实践的有机统一，而用做英语社会调查、英语表演、英语小报制作等，是英语实践活动实施的有效渠道。因此，我们依据具身认知理论，创设"具身"情境、组织"具身"活动、进行"具身"反思等。

【案例 7-7】

6A M2 U7 Rules around us（Reading：Rules and signs）

在牛津英语 6A M2 U7 Rules around us（Reading：Rules and signs）中，教师认识到学生参与活动的重要性，在教学过程中多处让学生"动"起来，从而获得比较好的课堂效果。

1. 以歌曲激发兴趣

在本课时 Pre-reading 部分，教师设计了 Sing a song《On our way to school》的环节，既能起到引入话题的作用，又让学生们"动"起来，"唱"起来，很快进入课堂的学习状态，激发学生们的兴趣。

2. 以互动巩固所学

在 While-reading 部分，教师设计了 Work in pairs 的环节，学生们通过看不同的标志，用本课时所学的重点句型 A：What does this sign mean? B：It means "We must not..." A：Where can we find it? B：We can find it on/in/at...

进行两两对话，通过创设的情境进行两两互动，通过表达和对话，巩固当天所学的句型。

3. 以合作制作小报

图7-5　做一张我们城市规则的海报

在 Post-reading 部分，通过小组合作，制作 Rules at school/on the road/in the cinema/in the park 的海报，一个学生负责写下来，一个学生负责画标志或修饰海报使海报更加漂亮，其他学生负责提建议和查看是否写正确。此活动效果良好，通过小组活动，让班级所有学生"动"起来，提高了课堂效果。

4. 抒发见解"评"起来

围绕学习目标与教学主线，让学生表达体会，总结反思，参与评价，是落实表现性评价的重要策略。它不但弥补了终结性评价的不足，而且让英语核心素养的提升路径具体化、全面化、落地化，以此培养学生自主学习、合作学习、主动探究的学习精神，以及语言表达、沟通交流、抒发见解的能力品质。

【案例7-8】

让学生成为习题讲评课的主人

1. 缘起

以往的英语习题讲评课，一般都是教师一讲到底，学生被动听讲，效果较差。一次专家在听完英语模拟考试讲评课后，建议教师能不能改进一下方法，在另一节课上完全由学生来讲评。专家的理由是，讲评课既不是新课，也不是复习课，学生应该有基础来自主讲评的，再说如果是新课、复习课，也可以让学生尝试着表达；要充分相信学生的能力，习题再难总有一部分学生做对的，他们可以结合自己的解题体会做讲评的小老师。做错的学生也可以讲，讲自己解题思路中存在的问题。这位老师在专家鼓励下表示可以尝试。

2. 改进

在接下来的一节课中，他改变了讲评课的模式：①不是题题都讲，而是重点讲评问题较多的题目；②教师坚持不先讲，每题都由学生来讲评。开始学生不太适应，对做小老师信心不足。但在老师的鼓励下，学生慢慢开始放开；③讲评不仅要讲评解题的过程，而且要讲解知识的逻辑关联与思维过程。学生有的讲得很连贯，有的还有缺陷，但这些差异的存在是很正常的；④讲评采用多种形式。有的就在座位上讲，有的被请到讲台上讲，有的还在黑板上边写边画边说；⑤讲评后教师一般不马上讲，而是通过生生互评，进行补充与完善。比如在讲到英语83题开放题的时候，举例：What do you think of the woman? Why? 描述 the woman 的形容词很多，但是根据语篇内容精准地描述并讲出适当的原因，每个学生的想法是不一样的。通过学生们各抒己见，有的学生认为 The woman is helpful because she made a difference to starfish on her own. 有的学生认为 The woman is kind because she saved some starfish. 有的学生答案是 The woman is great because she saves some starfish's lives. 部分学生考虑不全比较容易产生疏漏，而学生的相互帮助就可以加以弥补；⑥改变教师总结的惯例。原先一道题讲评完后，最后总要由教师总结"一锤定音"，现在学生讲评到位了，教师不会再重复发声。当然，在重要之处教师适当还是要强调的。

3. 收获

这样的讲评课模式坚持一段时间后，学生反映：收获很大，进步不小。（1）自主学习的能动性体现了，讲评课"被动听""对答案""重结果"的倾向消除了；（2）成果表达与分享的意识增强了，学生敢讲、善讲、乐讲，表达能力明显提高；（3）在生生互评中学会了反思，也学会了评价，学生在讲评的过程中，发现自己的问题，并找到解决问题的路径。

5. 深度学习"思"起来

《义务教育英语新课程标准》明确指出要以学科核心素养为导向，在教学中注重对学生思维品质的培养。教育发展的当下，思维是核心驱动力，学生核心素养的形成依赖于积极主动的思维。思维品质是区分个人思维层次和智力水平高低的重要指标，思维品质的培养是教育的重要目标之一。英语深度学习的关键就是培养学生的思维品质。教师应引导学生通过观察、比较、分析、推理、概括、评价、创新等思维活动，有效提升其思维品质。[①]

【案例 7-9】

7A U4 Jobs people 第一课时 Reading 学习中的多元思维

这是一堂体现深度学习与思维培养的英语课。教师调动了各种思维方法，引导学生探究英语问题，获得了很好的效果。主要亮点如下：

在 While-reading 部分的一个活动是 Identify the topic and supporting details and get to know their functions. 这个活动主题是引导学生了解这篇文章的结构。学生可以通过观察与辨析：能辨识信息之间的相关性，把握语篇的整体意义。

在 While-reading 的第二、第三个活动中，Find the similarity in the paragraphs of the body part. Identify three aspects in each body part：name of the job, workplace and things people do. 教师引导学生用观察、辨析、归纳和推断的思维方法，让学生通过阅读短文辨识段落之间的逻辑关系；发现同类型语篇的相似之处；提取、整理、概括稍长语篇的关键信息，判断各种信息的异同和关联。

在 After-reading 部分，学生活动是 Make a dialogue about asking occupations and make comments on others' dialogue. 这个活动的目的是帮助学生巩固和检查他们对语篇每个部分的理解，这里教师通过设计这个教学活动让学生能用批判与创新的思维根据语篇内容或所给条件进行改编或创编。

在这个课时的教学过程中教师通过不同的教学活动来锻炼学生的各种思维能力，提高学生的思维品质。

---

① 沈艳. 在初中英语阅读教学中培养学生思维品质的实践——以 Unit 13 We're trying to save the earth! Section B Reading（2a-2b）为例 [J]. 英语教师, 2019（11）：96.

【案例 7-10】

U9 Sea water and rain water

以牛津英语上海版六下 U9 Sea water and rain water 该单元的其中一个语篇 What will happen if there is no rain? 为例。这个语篇从 at home 和 at work 两个角度说明了水的重要性，其主要句型是"If there is no water, sb. will /will not."该语篇课堂教学的最后一个环节是让学生去创设一个思维导图，用于总结或拓展水的作用。

教学环节：

Task1：

Read the passage and make a mind-map about the importance of water in our life.

Task2：

Describe your mind map by using the key words and expressions in oral.

最后，要求同伴相互观摩对方的思维导图，相互交流，提出进一步修改完善的建议。

本课时教师通过设计让学生自己创设思维导图的环节，激发了学生的想象思维与发散思维，培养了解决问题与创新的能力。在最后通过互相观摩和交流提出改善建议，培养了学生观察、比较、评价等多方面的能力。

三、道德与法治学科

（一）道德与法治学科的特点、功能

2019 年 3 月 18 日，习近平总书记在学校思想政治理论课教师座谈会上的重要讲话中指出："我们办中国特色社会主义教育，就是要理直气壮开好思政课，用新时代中国特色社会主义思想铸魂育人。"[①] 当前，置身于百年未有之大变局、中华民族实现伟大复兴的关键时期，道德与法治课程责任重大、使命在肩。道德与法治课程以立德树人为根本任务。立德树人，铸魂为要。道德与法治课程必须引导青少年学生自觉地把个人与社会、小我与大我、个人理想与社会理想、青春梦

---

① 习近平主持召开学校思想政治理论课教师座谈会强调：用新时代中国特色社会主义思想铸魂育人贯彻党的教育方针落实立德树人根本任务［N］.人民日报，2019-03-19.

与中国梦结合起来，坚定理想信念，厚植爱国主义情怀，增进对伟大祖国、中华民族、中华文化、中国共产党、中国特色社会主义的高度认同，把爱国情、强国志、报国行自觉融入坚持和发展中国特色社会主义事业、建设社会主义现代化强国、实现中华民族伟大复兴的奋斗之中，努力培养担当民族复兴大任的时代新人。铸魂育人的功能定位，要求道德与法治课程必须强化政治性、方向性，突出价值引领作用，表现为对人的发展的影响上。道德与法治课程要引导学生形成坚定的理想信念。道德与法治学科具有政治性、思想性和综合性、实践性。初中道德与法治课程涉及心理、道德、法律和国情四大领域的知识。

（二）道德与法治学科大概念教学的思考

道德与法治"Lian 课堂"应以大概念为引领，以学科素养为导向，努力实现教—学—评一致性。

强调以大概念为指引，就要在课堂教学设计中，突出课程的目标性。要将社会主义核心价值观作为道德与法治教学的目标，并一以贯之。在落实单元教学设计中，我们需要将爱国、敬业、诚信、友善等公民个人层面的价值准则落实到教学设计的每个环节中，落到实处，落到细节，落到每个课例之中，促使价值观的内涵能够内化于心，外化于行，将立德树人目标真正融入课堂。

强调以大概念为指引，就要在课堂教学过程中，体现素养的导向性。道德与法治课堂的五大核心素养分别是政治认同、道德修养、法治观念、健全人格、责任意识。在课堂的教学过程中，授课教师要有机整合心理、道德、法律、国情等方面的内容，帮助学生站在学科思想的制高点，运用学科知识内容来发现、理解社会中的各种现象以及背后存在的原因，并学会处理和解决有可能遇到的社会问题与个人成长问题，将课程的有效性发挥到最大功能。

强调以大概念为指引，就要在课堂评价环节中，关注师生的成长性。道德与法治课堂评价不仅要从学生、教师、教学以及课程等多个维度展开，而且要兼顾过程与结果的一致性、定性与定量的互补性、多种评价手段的结合性以及多方评价者的协作性。总之，教师要慢慢摸索建立一套兼具动态性、成长性、有效性、整体性的评价模式，促进师生共同成长。

（三）道德与法治学科"Lian课堂"的具体范式

道德与法治学科作为一门立德树人的德育课程，需要我们的学生要勤于学习、敏于求知，注重把所学知识内化于心，形成自己的见解，既要专攻博览，又要关心国家、关心人民、关心世界，学会担当社会责任。为此，道德与法治学科在落实"Lian"课堂中明确要求做到"4有"：有真活动，联系生活；有真参与，激活思维；有真收获，感同身受；有真反思，教学相长。

1. 有真活动，联系生活

道德与法治学科的教学设计要立足于学生的真实生活，并且这些活动的设置要与学生的日常生活相契合，符合学生的成长规律，能够展现学生的主体地位和作用，增强学生活动的兴趣。如教学九年级"共圆中国梦"一框，在突破"实现中国梦途径"这一个重难点的同时，授课教师设计了以下课堂活动：

【案例7-11】

中国梦实现的力量所在

课例片段：中国梦的核心目标也可以概括为"两个一百年"的目标，具体表现是国家富强、民族振兴、人民幸福。面对如此宏伟的梦想，我们应该依靠哪些力量呢？

出示材料：相关外媒对于2023年杭州亚运会的不实报道。面对这些负面宣传以及质疑，作为网民之一的你，会如何进行回帖自证呢？

任务要求：

结合理论材料，举例说明我国举办亚运会的优势和实力。

小组合作完成回帖的撰写，并派出代表进行发言。

回帖要求：体现理性思考，表达有礼有节、有理有据，展现自信中国人。

"共圆中国梦"这个内容的理论性较强，对于学生理解有点难度。利用时政热点为引入，展现真问题，让学生通过书本材料搜索以及课外时事材料补充、小组讨论合作探究，帮助学生更好理解课本的内容，了解杭州举办亚运会与实现中国梦有着紧密的联系，它是展现中国大国形象、弘扬国人自豪感的一个重要窗口。在活动中，教师能够感受到小组讨论中洋溢的爱国热情与民族精神，同时大家都有话可说，有言可发，课堂氛围十分热烈。

2. 有真参与，激活思维

在道德与法治课堂中，最令人担忧的就是教师的一言堂，老师讲得口干舌燥，学生听得昏昏欲睡。这样的教学模式与授课方式必须打破，取而代之的是课堂中有老师的慷慨激情和学生的真实参与。如果学生参与度能得到极大提升，思维的活力就会很快被激发出来。这样，对于增强学生的思维能力、促进课堂的有效性，都是极为有利的。如教学七年级"异性朋友"一课，在突破"异性情感"这一个重难点的同时，授课教师设计了以下课堂活动：

【案例 7-12】

异性相处的经历

课例片段：走进青春期，基本上每一个同学都会有一种特殊的情感体验，这是青春期的心理萌动。你曾经是否有一些特别难忘的经历呢？愿意以自白的方式与同学分享吗？

任务要求：

可以写一写，你与异性同学之间真实发生的故事；

可以写一写，你欣赏的异性是个怎么样的人，不用写名字，可以列举他（她）身上的三个特质；

可以写一写，你曾经有无误会异性同学或被误会及后续处理的实例。

限时 8 分钟，不记名，完成之后请投入"我的故事箱"，之后抽取幸运故事并全班进行头脑风暴，聊聊与异性相处的那些事。

"异性情感"话题属于青春期一个非常重要的内容，无论对于学生当下的发展，还是成人之后的幸福都有着举足轻重的意义。对于学生而言，如果记名的书写故事，大家都会有所介怀，所以授课教师采用了无记名的方式，更好地让学生参与其中。学生既可以成为故事的讲述者也可以成为参谋者，大幅提升了学生的参与度，学生的思维被激发，不光是个人体验感增强，同时也会换位思考，对于社会性情感能力的提升也有实质性的帮助。

3. 有真收获，感同身受

道德与法治学科作为立德树人的学科，除了基本的知识讲解之外，授课教师需要站在高位，将心理健康、道德规范、法律常识、国情等有机融合，增强课程的感染力和吸引力，让学生在课堂中直击心灵，感同身受，有真收获。如教学九年级"党的根本宗旨"这一重点内容时，授课教师并没有简单用"全心全意为人民服务"这几个字一笔带过，而是重新将2023年度中国发生的大事件进行了混合剪辑，通过视频的播放，让学生更加直观了解：在大灾大难面前，我党将人民的生命安全放在首位，将人民的利益放在至高无上的位置，在视频的最后，引用了习近平总书记的一段话"我们有坚强的领导核心、有勤劳勇敢的人民群众、有英雄辈出的军队、有世界上最广泛最紧密的爱国统一战线、有中华民族不屈不挠的民族精神"。视频结束之后，班级掌声不断。生在红旗下、长在春风里的学子，由衷地致敬党和国家，深切感受到：人民有信仰，国家有力量，民族有希望。在课堂潜移默化的过程中，学生的政治认同以及责任意识逐渐增强。这对于学生坚定未来的人生发展方向奠定了坚实基础。

4. 有真反思，教学相长

对于老师来说，道法课结束之后，一个重要的任务就是课后的反思以及重构。没有完美的课堂教学，只有精益求精的反思重构，所以在"Lian"课堂的范式中，课堂反思是授课教师需要重点关注的教学环节。教师课堂反思的方面有很多，比如"导入环节是否激发了学生兴趣？""授课过程中，学生对于提出的问题是否存在回答困难，具体原因是什么？""教师所用的学科知识用语是否精准到位（因为道法学科涉及法律条文的深究，不容许有半点差池！）""结尾环节是否进行了有效总结和提升，学生的接纳度如何，是否真能导言导心导行？"。我们始终相信，作为"立德树人，培根铸魂"的道法学科教师，在一路真反思的坚持之下，一定可以促进教学相长，和学生共同进步。

四、历史学科

（一）历史学科的特点、功能

义务教育历史课程是学生在马克思主义唯物史观指导下，了解中外历史发展进程、传承人类文明、提高人文素养的课程，具有思想性、人文性、综合性、基础性特点。历史课程具有鉴古知今、认识历史规律、培养家国情怀、拓宽国际视野的重要作用。

（二）历史学科大概念教学的思考

历史学科要以大概念为引领，就要围绕培养目标去寻找教学制高点。历史课程要培育的核心素养目标主要包括唯物史观、时空观念、史料实证、历史解释、家国情怀五个方面。与此对应的教学制高点表现为理论、观念、方法、思辨与精神，它们组成了我们所说的"大概念"。正是这些大概念引领着历史教学践行在核心素养培养的道路上。

唯物史观：唯物史观是历史学习的理论指引，是其他素养得以达成的理论保证。人类对历史的认识是由表及里、逐渐深化的，要透过历史的纷杂表象认识历史的本质①。可以说，唯物史观是使历史学成为一门科学的理论内涵。在义务教育阶段，历史教学就是要让学生在唯物史观基本理论的指导下正确看待历史。

时空观念：时空观念是历史学科本质的体现，是其他素养得以达成的基础条件。它也是在特定的时间联系和空间联系中对事物进行观察、分析的意识和思维方式。在义务教育阶段，可能要学生记忆与理解大量历史知识，但要求学生学会在具体的时空条件下考察历史是最基本的要求。

史料实证：它是指对获取的史料进行辨析，并运用可信史料努力重现历史真实的态度与方法。史料是认识历史的主要依据。要形成对历史的正确、客观的认识，必须重视史料的搜集和解读，并在学习和探究活动中加以运用。

历史解释：历史解释是指以史料为依据，客观地认识和评判历史的态度和方法。所有历史叙述本质上都是对历史的解释，即便是对基本事实的陈述也包含了陈述者的主观认识。只有通过对史料的搜集、整理和辨析，辩证、客观地描述历史，揭示历史表象背后的深层因果关系，才能不断接近历史真实。在义务教育阶段，要求学生初步学会有理有据地表达自己对历史的看法。

家国情怀：它体现了历史学习的价值追求，是其他素养得以达成的情感基础和理想目标。家国情怀是学习和探究历史应具有的人文追求与社会责任。在义务教育阶段，要求学生形成对家乡、国家和中华民族的认同，并具有国际视野，有

---

① 翁迪晓.核心素养下历史课堂的构建［M］.长春:吉林大学出版社，2022：170.

理想、有担当。

上述五个方面是不可分割的有机整体。它们都需要在大概念的引领下得以实现，分别表现为理论的引领、观念的引领、方法的引领、思维的引领与价值观的引领。没有这些高位与宏观层面概念的引领，历史教学就很容易陷入单纯记忆与刷题的泥潭，而使得学到的知识不连贯不鲜活。

（三）历史学科"Lian 课堂"的具体范式

在历史学科"Lian"课堂研究过程中，教师逐渐建构了以"引入概念建连接、设置任务引探索、丰富活动促思维"为基本范式的课堂，从而促进学生的深度学习，提高他们的分析思考和批判性思维能力，帮助他们建立起扎实的历史知识框架，并能将其运用到实际问题的解决中。以下以部编版《世界历史》第一册第一课《古代埃及》为例，呈现"Lian"课堂的范式。

1. 引入概念建连接

教师在认真研读新课标后，引入多层面概念对课程内容进行整合，建构学习内容的框架，设计教学过程及环节。教师仔细研读教材文本后，根据对本课所在单元每一课内容的分析，引入了"古代大河文明"的概念。以此设计了单元主旨和本课主旨：

单元主旨：大江大河流域得天独厚的地理环境为早期人类的生产生活提供了良好的条件，亚非地区的尼罗河流域、两河流域、印度河流域和黄河流域、长江流域是人类文明的重要发祥地，她们创造的灿烂辉煌文明，为世界文明的发展作出了杰出贡献。

本课主旨：古埃及文明是世界上最早的文明之一，尼罗河是孕育古埃及文明的摇篮。金字塔是法老的陵墓，象征着统治者至高无上的权力，蕴含着古代埃及政治形态、精神信仰、建筑艺术等丰富的历史信息，是追溯古埃及文明的重要物证。

"古代大河文明"概念的引入能够帮助学生认识到，人类最早的文明是在适合农业耕作的大河流域产生的，地理环境对文明的产生起到了重要的作用。教师以此设计了本课的教学重难点和教学目标：

重点：金字塔是古埃及文明的象征；难点：地理环境对古埃及文明形成的影响。

教学目标：通过分析地图、史料，了解尼罗河对古埃及文明的产生和发展所起的重要作用，认识大河文明的产生与其地理环境的关系；通过对实物史料、文献史料的分析，了解金字塔是古埃及文明的象征，也是古埃及国王奴役人民的历史见证；理解埃及法老和金字塔之间的关系，理解法老集军、政、财、神大权于一身，具有无上权威。感受古埃及文明对人类进步作出的突出贡献，体会古代劳动人民非凡的创造力。

这些目标与教学重难点相结合，重点落实学生时空观念、史料实证素养。首先充分利用地图，认识到大河文明的时空位置以及与大河的位置关系。其次教师在备课时，适当补充课本中未提及的有关古埃及文明成果的材料，精简文字材料、适当丰富图片材料。通过这些材料的分析，理解金字塔等古埃及文明遗产对于认识、研究古埃及文明的重要意义，探讨古埃及文明与地理环境（大河）之间的关系，做到论从史出。

这一概念的引入，不仅能将世界史部分的三个亚非文明搭建起学习链，还能连接中国古代史部分的早期中华文明的学习内容，引导学生建立全球史观，更能将历史学科、地理学科的知识综合起来解决问题。

2.设置任务引导探索

教师精心设计学习单，做到任务明确清晰，培养学生自主学习的意识。教师通过引发问题、提供任务和引导讨论等方式，激发学生的兴趣，使他们积极参与探索和学习，自主获取知识，突出学生在教学中的主体地位。同时，老师要担当导师和指导者的角色，引导学生进行分析、比较、推理和评价，培养他们的批判性思维和问题解决能力。在本课的教学环节中，教师设计了以下案例所示的驱动任务。

【案例 7-13】

分析尼罗河对古代埃及文明的重要作用

请你阅读课本，结合古代埃及地图和所给材料，分析尼罗河对古代埃及文明的重要作用。

材料一

左图是尼罗河洪水冲击区农作物生长与洪水更替的过程，每年6~7月，尼罗河水位上涨，8月泛滥。洪水带来大量淤泥，并在尼罗河平原上形成大量池塘。10~11月，尼罗河进入减水期，池塘内的水又通过河床倒流，对河床上的农作物进行水利灌溉。

材料二

为了计算及保存涨水退水之记录，为了清理土地之疆界，测量学与几何学应运而生。埃及人把一年分为三季……尼罗河涨水、泛滥至水退，为第一季……把尼罗河水涨得最高的一天……定为一年的开始。

—— ［美］威尔·杜兰特《世界文明史》

图 7-6　教师提供的两则材料（截图）

问题1：分小组讨论，从农业、历法、数学等方面说说尼罗河对古埃及文明所起的具体作用。将讨论内容填入下表。

表 7-8

尼罗河	对古埃及文明所起的具体作用
农业	
历法	
数学	

问题2：综合以上分析，你认为早期文明与＿＿＿＿＿＿＿等因素有关？

学生通过小组合作完成两个问题的探究。在解决问题的过程中，学生需充分阅读课文，了解古埃及各方面的文明成果；仔细分析材料，探究古埃及文明与地理环境之间的密切联系。问题1考查了学生的归纳能力，将材料、课本知识与所匹配的视角联系起来。问题2是将问题1的思考综合起来，在史实基础上得出历史结论，从而也能培养学生综合分析问题的能力。

在教师对任务的引导过程中，也包含了对学习方法、解题方法的指导。例如，探究问题2，要求学生承接材料及问题1的分析，方能综合思考这个问题。教师注意培养学生"问题链"的分析意识，引导学生回过头分析问题1中的表格内容，从而学会从材料中提取核心观点，并在归纳、比较多个材料的观点的基础上，全面、正确地探究问题。

这一环节的教学，突破了传统教学完全由教师介绍古代区域文明成果，或教师将材料和结论一一对应呈现而忽视学生学习的主动性，鼓励学生在课堂上动起来，主动获取知识、锻炼素养、培养学法。以此突破教学重难点，落实教学目标。

3.丰富活动促思维

历史学科"Lian"课堂须改变以教师传授知识为主的教学方式，突出学生在教学中的主体地位，组织以学生为主体、以师生互动和生生互动为特征、以探究历史问题为目的的教学活动，这也是历史新课标的教学建议。在教学时，可以开展以学生为主体的多种多样的教学活动。本课可以运用历史跨学科学习项目"我是小小策展人"的活动方式，鼓励学生在课余时间查找更多古代埃及的文化成果，以策划博物馆文物展览为主要形式，以"灿烂的古埃及文明"为大主题，设计博物馆展陈方案。在进行这一任务过程中，学生需要结合课本所学知识，确定古埃及的历史分期，明确"年代尺"，再通过文献搜索的方式，找到不同时期的古埃及文物。对文物分类、归纳后，明确不同文物的展陈专题和顺序，撰写专题介绍语，设计文物介绍卡。通过这一活动，学生在自主探索中，不但对古埃及这一大河文明的形成有了具象的感知，同时也提升了分类归纳、文字表达等思维能力。

五、地理学科

（一）地理学科的特点、功能

地理学是研究地理环境以及人类活动与地理环境关系的科学，具有综合性、区域性等特点。由于地理学科兼有自然科学和社会科学的性质，因此在现代科学体系中占有重要地位。它对于解决当代人口、资源、环境和发展问题，维护生态安全，建设美丽中国具有重要作用。

（二）地理学科大概念教学的思考

地理课程要培育的核心素养主要包括人地协调观、综合思维、区域认知和地理实践力等，是中国学生发展核心素养在地理课程中的具体化，体现了地理课程大概念教学对培养有理想、有本领、有担当的少年的独特价值。

人地协调观：人地关系是地理学研究的核心内容，人地协调观是地理课程内容蕴含的最为核心的价值观①。协调人类活动与地理环境的关系，是建立人与自然生命共同体的需要。人地协调观的培育有助于学生形成尊重自然和保护自然，绿色发展等观念，滋养人文情怀，增强社会责任感。例如，在综合文科组的"逃出大英博物馆，回归我中华大地"这个大概念单元教学中，我们引导学生认识：为什么敦煌会成为"丝绸之路"上的重镇？为什么会出现世界著名的艺术宝库——敦煌莫高窟？从人地关系的视角学生可以看到，敦煌位于河西走廊西端进入新疆的交通要冲的地理位置，大量来自中亚、南亚的佛教徒来此讲经布道，让敦煌成为多元文明交融的荟萃之地。可见，地理位置这个重要的地理环境因素影响了人类活动。而在后续的分析中，学生进一步认识到人类活动也影响了地理环境，才会出现敦煌的兴盛与衰败。敦煌的兴盛告诉我们，只有人类活动和地理环境相互协调的时候，才能够有可持续的发展。

综合思维：指人们综合地认识地理环境及人地关系的思维方式和能力。人地系统是一个综合体，要从多种地理要素相互联系、时空变化的角度加以认识。综合思维的培育有助于学生形成系统、动态、辩证地看待问题的思维方式，树立求真务实、开拓创新的科学精神。一是地理综合思维强调系统地看待问题，比如引导学生从位置、地形、气候、水源等方面分析敦煌的地理特征。河西走廊位于甘肃省西部，为西北—东南走向的狭长平地，在青藏高原的东北边缘，祁连山脉脚下，地势低平有利于发展交通；这里气候干旱，但有祁连山脉的冰雪融水和山区降水，为河西走廊发展农业提供了宝贵的灌溉用水；农业的发展进一步为丝绸之路提供物资保障。所以河西走廊就兴起了武威、张掖、酒泉和敦煌四郡。二是地理综合思维强调动态地看待问题，比如引导学生分析：盛极一时的敦煌为何会走向衰败？因为隋朝时丝绸之路开辟新路线，敦煌偏离主航道，失去了商业红利，逐渐转变为一个单纯的文化城市。动态地思考问题是地理学科的核心素养之一。三是地理综合思维强调辩证地看待问题，比如引导学生认识：敦煌堪称丝绸之路上的文化明珠，然而经济的发展、文化的兴盛、人口的聚集，也带来了负面影响，

---

① 段玉山.《普通高中课程标准（2017年版）》教师指导 地理［M］.上海：上海教育出版社，2020：48.

由于人口增多、大兴土木、战争频发等原因，破坏了这里的自然环境，让风沙危害加剧，进而导致这里不再适合为丝绸之路服务，丝绸之路随之改道。在人类活动中，只注重发展不注重保护，那么地理环境则会制约人类活动。所以文综三个学科融合的"大概念"教学，有利于培养学生综合思维的能力。

区域认知：指人们从空间—区域的视角认识地理环境及人地关系的思维方式和能力。比如探讨敦煌壁画为何历经千年之久，仍能保持色彩鲜艳的原因时，引导学生从区域认知的角度分析问题。除了敦煌壁画采用的是天然矿石颜料的原因，还跟敦煌所处的空间区域有关，敦煌气候干旱，且莫高窟被风沙掩埋，所以干燥和避光保护了壁画的色彩。

地理实践力：指人们在地理实验、社会调查、野外考察等地理实践活动中所具备的行动力和意志品质。例如，我们在跨学科单元教学中设置文物分布调研、分布图绘制等活动。这些实践活动有助于提升学生的地理实践力，增强信息运用、实践操作的能力，同时养成团队合作的品质。

（三）地理学科"Lian 课堂"的具体范式

在地理"Lian 课堂"教学中要落实核心素养的培养，要做到"有图像、有真相、有生活"。

1. 有图像

地理教学离不开各种"图"的应用，包括地图、景观图和统计图表等。各种地理要素的分布，要从地图上反映；各种地理现象可以从景观图片上观察归纳和获得；各种地理规律要从统计图表中进行分析和获取。所以，在地理课堂中合适的"图"非常重要，要提升学生的综合思维的能力，必须有图。例如表7-9的教学设计，是政史地跨学科"Lian 课堂""逃出大英博物馆，回归我中华大地"单元教学中地理"Lian 课堂"的教学设计。"中国可移动文物数量分布图"就可以很直观地表达我国可移动文物的分布规律。

2. 有真相

初中地理学习的重要内容是各个地理事物的分布，比如我国水稻集中种植区，学生要能够根据分布图描述我国水稻集中种植区域的分布规律。然而这些分布规律往往比较枯燥，也没有意思。所以地理教学中很重要的就是要"有真相"，这里的真相指的是水稻分布的原因。学生要了解水稻的生长习性，再根据已经掌握的我国气温、降水、地形等分布规律，去寻找水稻的分布区域。这样既牢固地掌握了水稻产区的分布规律，且能够建立正确的人地协调观，充分理解人地关系。所以有图有真相的结合，可以让地理学习更高效。

3. 有生活

对于初中生来说，用学习的知识来解决生活中的问题是最有成就感的。学以致用也是学习很重要的一个目标。所以在地理教学中，不仅要有图有真相，还要有生活，也就是联系生活，解决生活中的问题。例如在学生学习了我国主要农作物的分布之后，教师布置了一个任务，调研家中大米、面条、油、酱油、醋、茶叶等重要生活物资的品牌、原料、产地，并分组绘制分布图或者统计图。在学生做调研、列表以及统计分析的过程中，将课堂所学运用于生活，解释生活现象，解决生活问题。

有图像、有真相、有生活的地理"Lian 课堂"，让学生不仅知其然，还要知其所以然，然后运用于生活。这样才能够落实人地协调观、综合思维、区域认知和地理实践力这四大核心素养。

表 7-9　政史地跨学科"Lian 课堂""逃出大英博物馆，回归我中华大地"
单元教学中地理"Lian 课堂"的教学设计

素养目标（地理学科）	
1. 人地协调观：认识自然环境对区域经济文化发展的影响，建立人地协调观，滋养人文情怀，增强社会责任感 2. 综合思维：人地系统是一个综合体，需要从多角度加以认识，如时空变化。帮助学生形成系统、动态、辩证地看待问题的方式 3. 区域认知：认识不同的区域，既各有特色，又互相联系。增强国家认同感，增进对世界的理解，逐步形成人类命运共同体意识 4. 地理实践力：运用适当的地理实践活动方式认识地理环境，体验和感悟人地关系，并在活动中做到知行合一，乐学善学，不畏困难	
单元大概念	具体单元目标

中国源远流长的历史、广阔的地域、复杂的自然环境，造就了灿烂的中华文化，留下了丰富的文化遗产。本单元从历史、道法、地理学科的三个角度，帮助学生认识文物的前世今生，时空变幻。让凝结着中华文明的文物回归祖国，是中学生的信念，并为之付出努力	读"中国可移动文物数量分布图"，了解我国可移动文物的分布规律，分析分布的原因 了解敦煌的地理位置、气候和地形特征，分析敦煌兴盛的原因 了解莫高窟所处的位置特征，分析莫高窟壁画得以保存千年的原因 知道我国文物的数量和特征，激发内心的自豪感。了解流失文物归国的现状，增强流失文物回国的信心

教学过程	
学生活动	设计意图
观看视频《国宝的流失与回归》	了解我国文物的流失与回归状况，为后续教学做背景铺垫
活动一 读"中国可移动文物数量分布图" 说一说我国可移动文物数量主要分布在哪些省（区），总结分布规律 议一议我国可移动文物主要分布的原因	文物的分布与地形、气候、河流等自然要素以及经济、政治、文化发展等人文要素都息息相关。初步建立文物分布与地理环境关联的观念，并对我国地大物博，文化繁盛产生深深的自豪感
活动二 读"河西走廊地区""中国地形图""中国降水量分布图""古代丝绸之路线路图"等 分析河西走廊的地形、气候等条件，说说这些自然条件对交通和农业的影响 观看视频《敦煌兴起与衰败》 说说敦煌的地理位置对敦煌兴盛的作用	通过多图研读、讨论等手段，培养学生综合思维的能力，学会多方位分析地理环境对人类活动的影响 辩证地看待敦煌的发展，建立人地协调观
活动三 读景观图片：敦煌壁画 阅读资料：《保存千年的敦煌壁画》 归纳：敦煌壁画历经千年之久，仍能保持色彩鲜艳的原因 思考：壁画流失海外是否能得到更好的保护？	从空间—区域的视角认识人地关系，并加深认识中国文物回归中华大地的重要性和紧迫性
总结	
作业 绘制"中国国宝地图"陶瓷器篇或书画篇	

第二节 "Lian 课堂"的理科学科实践

一、数学学科

（一）数学学科的特点、功能

数学是研究数量关系和空间形式的科学。[①]数学源于对现实世界的抽象，通过对数量和数量关系、图形和图形关系的抽象，获得对数学研究对象及其关系的认识；基于抽象结构，通过对研究对象的符号运算、形式推理、模型构建等，形成数学的结论和方法，帮助人们认识、理解和表达现实世界的本质、关系和规律。数学不仅是运算和推理的工具，还是表达和交流的语言。数学承载着思想和文化，是人类文明的重要组成部分。数学是自然科学的重要基础，在社会科学中发挥着越来越重要的作用，数学的应用渗透到现代社会的各个方面，可以直接为社会创造价值，推动社会生产力的发展。随着大数据分析、人工智能的发展，数学研究与应用领域不断拓展。

数学在形成人的理性思维、学科精神和促进个人智力发展中发挥着不可替代的作用。数学素养是现代社会每一个公民应当具备的基本素养。义务教育数学课程具有基础性、普及性和发展性。学生通过数学课程的学习，掌握适应现代生活及进一步学习必备的基础知识、基本技能、基本思想和基本活动经验；激发学习数学的兴趣，养成独立思考的习惯和合作交流的意愿；发展实践能力和创新精神，形成和发展核心素养，增强社会责任感，树立正确的世界观、人生观、价值观。

（二）数学学科大概念教学的思考

数学大概念教学要聚焦学生核心素养的培养。数学核心素养主要包括以下三个方面：（1）会用数学的眼光观察现实世界。在义务教育阶段，数学眼光主要表现为：抽象能力（包括数感、量感、符号意识）、几何直观、空间观念与创新意识。（2）会用数学的思维思考现实世界。在义务教育阶段，数学思维主要表现为：运算能力、推理意识或推理能力。（3）会用数学的语言表达现实世界。在义务教育

[①] 黄建吾.数学分析简明教程 上 [M].上海：同济大学出版社，2021：1.

阶段，数学语言主要表现为：数据意识或数据观念、模型意识或模型观念、应用意识。具体而言，小学阶段，核心素养主要表现为：数感、量感、符号意识、运算能力、几何直观、空间观念、推理意识、数据意识、模型意识、应用意识、创新意识。初中阶段，核心素养主要表现为：抽象能力、运算能力、几何直观、空间观念、推理能力、数据观念、模型观念、应用意识、创新意识。

数学大概念教学设计要激活学生核心素养的课堂表现。一要采用面向全体的启发式教学。启发式教学指在教学过程中，以启发学生的思维为核心，调动学生的学习主动性和积极性的一种教学方式。启发式教学，也就是在教学生获得某种概念时，教师不是把概念直接告诉学生，而是先向学生提出问题，让学生回答，如果学生回答错了，也不直接纠正，而是引导学生转换思路，改进方法，从而一步一步地得出正确的结论。二要倡导提升学习能力的互动式教学。互动式教学主要特征表现为教学中师生、生生之间围绕一个问题进行多方的沟通与对话，强调教学过程中教师与学生的多向互动性，师生围绕一个问题或者任务，共同研讨、相互启发、交流碰撞、促进问题的解决和知识的建构，强调在互动过程中，师生及生生之间关系的平等性、和谐性，强调教与学的双主体性，有利于创新能力的发展。

（三）数学学科"Lian 课堂"的具体范式

数学学科"Lian 课堂"的构建要做到"三个有"：问题有效、解决有法、练习有用。

1. 问题有效

一节课是从问题研究开始，有效的问题引入设计能够吸引学生的注意力，为本节课的其他教学环节奠定良好的基础。如七年级第二学期"14.5 等腰三角形的性质"一课中，以往的教学设计问题是"在 A4 纸上只剪一刀，会得到怎样的三角形？"，学生在具体操作过程中大多数都能想到剪出直角三角形，因此，这一问题与动手操作环节的设计是无效的。于是，教师就将这一环节改为两个问题，问题一是"在 A4 纸上剪一刀，你能不能剪出等腰三角形？"，问题二是"思考：为什么剪出的是等腰三角形？"，这样的问题设计能够直接引出本节课的课题，并体现教学目标，为本节课的教学活动做好铺垫。

2. 解决有法

问题解决是数学课堂教学的一个重要环节，问题的解决过程方法多样，从不同的角度思考同一个问题，会有不一样的理解。以往的数学课堂中，通常是教师讲解多种解题方法，"Lian 课堂"的数学课堂教学中，教师鼓励学生分享自己不同的解题方法，教师只进行适时引导与归纳总结，帮助学生进行梳理各种方法之间的优势与不足，发现不同方法的本质，对问题的本质进行思考。如九年级第二学期专题复习课"与抛物线相关的三角形面积问题"一课：

例题：如图，抛物线 $y=-x^2+2x+3$ 经过点 A（-1，0），B（3，0），C（0，3）。点 M 在抛物线上且 $S_{\triangle ABM}=S_{\triangle ABC}$，求点 M 的坐标。

生 A（解法一）：观察图形，发现两个三角形有公共边 AB，由题可知 $AB=4$，$OC=3$. 设 $\triangle ABM$ 的高为 h，可以列出算式：

$\dfrac{1}{2}\times AB\times h=\dfrac{1}{2}\times 4\times 3$，可得 $h=3$，即点 M 的纵坐标为 3 或 -3，将 $y=3$ 和 $y=-3$ 代入抛物线 $y=-x^2+2x+3$ 中，

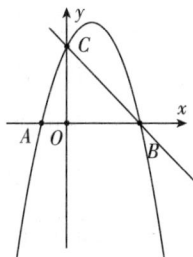

图 7-7

得 $x_1=2$，$x_2=1+\sqrt{7}$，$x_3=1-\sqrt{7}$。

所以点 M 的坐标为（2，3），（$1+\sqrt{7}$，-3），（$1-\sqrt{7}$，-3）。

生 B（解法二）：观察图形，发现两个三角形有公共边 AB，

可知点 M 到边 AB 的距离等于点 C 到边 AB 的距离，因此点 M 在平行于 x 轴且到 x 轴的距离为 3 的直线上，

可以画出两条直线分别为 $l_1：y=3$ 和 $l_2：y=-3$，抛物线分别与直线 l_1 和直线 l_2 的交点即为点 M。再次观察图形，可知点 M 的纵坐标为 3 或 -3，即可得到点 M 的坐标为（2，3），（$1+\sqrt{7}$，-3），（$1-\sqrt{7}$，-3）。

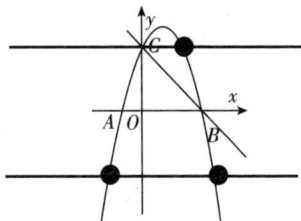

图 7-8

设计意图：对比两种不同的解法，教师适时总结，第一种方法是代数法解题，第二种方法是数形结合。通过对比，学生各抒己见，分享对两种方法的不同理解，为今后解决此类问题找到合适的解决方法。

3. 练习有用

课堂练习是数学课堂必不可少的环节，通过练习能够反馈学生对知识点的掌握情况，及时发现问题并进行讲评。以往的试卷讲评课一般是教师讲解试卷中的错题，学生写出正确的答案即可。"Lian 课堂"的数学试卷讲评课中，学生作为课堂的主体，分析出现错误的原因，并给出正确的解题过程。教师则根据学生的典型错题，设计有梯度的练习内容，提高课堂教学的效率，激发学生的思维碰撞。如八年级第二学期的"试卷讲评课"，先呈现学生出错率较高的题目，再针对错题进行反馈练习设计，通过反馈练习的情况，判断错题的讲解是否有限。如讲评试卷第 2 题：

到三角形三个顶点的距离相等的点是（　　　　）

A. 三边垂直平分线的交点　　　　B. 三内角的平分线的交点

C. 三条中线的交点　　　　　　　D. 三条高的交点

学生分享错题原因是对于角平分线的性质定理和线段垂直平分线的性质定理的逆定理的理解错误。通过作图复习知识点，同时辨别角平分线的性质定理和线段垂直平分线的性质定理的逆定理的区别。如图 7-9：

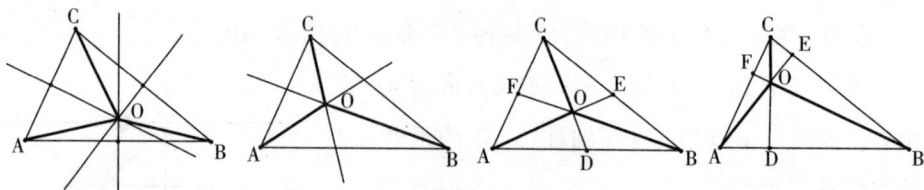

图 7-9

反馈练习：到三角形的三边距离相等的点是（　　　　）

A. 三边垂直平分线的交点　　　　B. 三内角的平分线的交点

C. 三条中线的交点　　　　　　　D. 三条高的交点

设计意图：这道练习题目考查的知识点是角平分线和线段垂直平分线的判定，练习设计是同梯度的问题，学生能够通过试卷第 2 题的解题方法，借助图形正确分析题意，及时进行课堂反馈。

再如图，BD 是∠ABC 的平分线，DE⊥AB，垂足为 E。若 S△ABC=36 平方厘米，AB=18 厘米，BC=12 厘米，则 DE 的长是 _____ 厘米。

学生分析角平分线的性质，过点 D 作 DF⊥BC，利用角平分的性质定理得到 DE=DF，将△ABC 的面积转化为△ADB 和△BDC 的面积之和，列出等式：

$\frac{1}{2}$×AB×DE+$\frac{1}{2}$×BC×DF=36，可得 DE=$\frac{12}{5}$。

练习：如图，已知△ABC 的周长是 24，OB、OC 分别平分∠ABC 和∠ACB，OD⊥BC 于点 D，且 OD=3，则△ABC 的面积是 _____。

设计意图：这道考题考查线段垂直平分线的性质，通过改变原题条件进行练习设计，激发学生思考题目之间的联系，发现题目的本质，能够很好地达到练习目标。

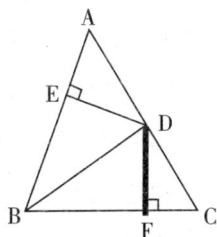
图 7-10

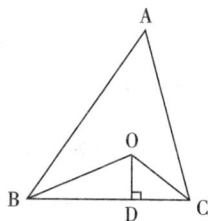
图 7-11

二、物理学科

（一）物理学科的特点、功能

知识体系严谨：初中物理学科的知识体系非常严谨，通过对物理规律和现象的研究，帮助学生建立起对自然界的基本认识。学习物理可以培养学生的逻辑思维和科学精神。

实践性强：物理学科是一门以实验为基础的科学。[①] 初中物理学科注重实践操作，通过实验、观察和测量等方式，让学生亲自参与并体验科学探究的过程。这有助于学生理解和掌握物理概念，并培养他们的实践能力和创新思维。

理论联系实际：初中物理学科注重理论与实际问题的结合，培养学生将所学知识应用到实际生活中的能力。通过解决实际问题，学生能够更好地理解和应用物理原理，提高解决问题的能力。

培养科学素养：初中物理学科旨在培养学生的科学素养，包括对科学方法的了解与运用、对科学思维的培养以及对科学发展的认识。学习物理可以帮助学生

---

① 孔永吉.物理创新性教学与高效课堂［M］.长春:吉林人民出版社,2022：14.

培养批判性思维和探究精神，提高他们的科学素养和创新能力。

通过初中物理学科的学习，学生能够建立起对自然界的基本认识，培养实践能力和创新思维，提高解决问题的能力。

（二）物理学科大概念教学的思考

物理学科要实现大概念教学，务必要围绕物理学科核心素养的培养目标。它主要包括物理观念、科学思维、实验探究和科学态度与责任等方面。大概念引领下的物理教学一般要运用以下的教学策略：

创设情境，激发兴趣：通过创设有趣的情境，激发学生的好奇心和求知欲，引导学生主动参与到物理学习中来。例如，通过演示实验、实物展示、图片和视频等多种手段，将物理现象和原理生动形象地呈现给学生，帮助学生形成对物理知识的感性认识。

注重探究，培养能力：物理学科的探究性很强，应该注重培养学生的探究能力。在教学过程中，教师可以设计一些探究性实验和问题，引导学生通过观察、实验、分析和推理等方式，探究物理规律和原理，培养学生的科学思维和实验操作能力。

联系实际，增强应用：物理学科与生活实际紧密相连，应该注重联系实际，增强物理知识的实际应用。在教学过程中，教师可以引入一些生活中的实例和问题，引导学生运用所学知识去解决实际问题，培养学生的实践能力和应用意识。

自主学习，拓宽视野：物理学科的知识点很多，需要学生具备自主学习的能力。教师应该引导学生自主学习，通过布置预习、复习任务、提供学习资源等方式，帮助学生形成良好的自主学习习惯。同时，教师还可以引入一些拓展性的学习内容，如物理学史、科技前沿等，帮助学生拓宽视野，增加对物理学科的认识和理解。

（三）物理学科"Lian 课堂"的具体范式

1. 创设情境，培养发现、提出问题的能力

在物理教学的过程中，情境的创设至关重要。一个真实、生动的学习情境，能够引导学生身临其境，从而激发其好奇心与求知欲，主动去发掘问题并提出问题。这样的能力不仅仅是对知识的探索，更是对生活、对世界的深度思考。

【案例 7-14】

课堂引入

将学生分为两人一组，尽可能保证每一位同学都能参与到实验中。

让学生拿起自己手中的手电筒对着镜子照射，并让学生观察手电筒的光是否被镜子反射回来？

学生打开手电筒，进行演示实验，并观察现象。

教师在多媒体课件中插入图片，并让学生进行自主思考：为什么光照到镜子上，有的同学反而觉得镜子比周围的墙面暗得多？有的同学觉得镜子变得更加刺眼，周围很暗呢？

由此，引出本节课的课题：光的反射。

设计意图：通过一个日常生活中具体的例子，即手电筒照镜子反射的情境，来引起学生的兴趣和好奇心。通过学生自身的经验，他们可以更容易地理解光的反射现象，并在教学开始阶段就与主题建立联系。同时，这个引入也能够激发学生的思考，让他们开始思索为什么光会在镜子上发生反射，并深入思考墙面是否也会发生反射。通过引入一个真实且直观的例子，可以为后续的教学内容打下坚实的基础，使学生更加主动地投入后续的探究过程中。

2. 注重探究，提高分析、解决问题的能力

面对问题，我们需要的不仅仅是答案，更需要的是探究的过程。通过深入的探究，学生能够更好地理解问题的本质，提高分析问题的能力。同时，在物理探究过程中积累的经验和方法，有助于他们在面对新问题时迅速找到解决之道。

【案例 7-15】

探究活动

探究光的反射规律

（1）猜想反射光线和入射光线有着怎样的空间位置关系

演示实验：利用自制实验仪器演示光的传播路径。

图 7-12

学生活动：观察反射光线和入射光线，并猜想满两条光线满足什么空间位置关系。

（2）演示实验证明

通过旋转改变入射光线的位置，观察证明：①反射光线、入射光线始终位于法线两侧；②反射光线、入射光线以及法线在同一平面内。

（3）学生探究实验

观察：改变入射角，反射角也随之变化，两角之间存在什么关系？

学生猜想并设计实验探究反射角与入射角之间是否存在关联，并得出定量关系。

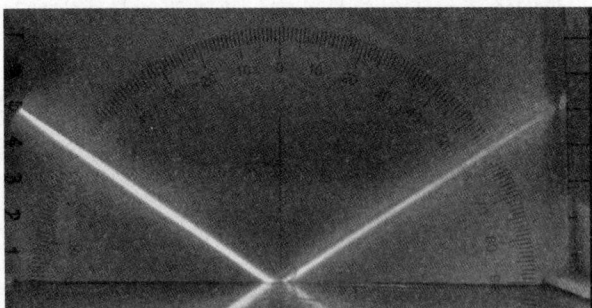

图 7-13

（4）学生总结反射定律

结论 1：反射光线、入射光线分居法线两侧。

结论 2：反射光线、入射光线和法线在同一平面。

结论 3 : 反射角等于入射角。

说明：在归纳反射规律过程中，可以提出"入射角等于反射角"的说法是否正确？光的反射定律的表述一定要清楚，语言要准确，要注意入射光线与反射光线、入射角与反射角的因果关系。

设计意图：通过这些步骤，学生不仅在实践中建立起对光的反射规律的认知，还在探究的过程中培养了科学思维和实验技能。这种深度的学习体验可以激发学生的好奇心，促使他们更深刻地理解科学现象的本质。

3. 联系实际，逐步积累基本的活动经验

理论知识固然重要，但实际的操作经验同样不可或缺。只有将所学的物理知识与实际生活紧密结合，学生才能真正理解知识的价值，并在实践中不断积累物理经验。这样的经验不仅是知识的延伸，更是个人成长的宝贵财富。

【案例 7-16】

联系生活

光路可逆的现象

提出问题：坐公交车的时候，会发现公交车里有好几面内视镜。那么这些镜子是用来干什么的？模拟一下在公交车上不同人的视线在镜子中的交汇情况。

演示实验：如果光沿着反射光的路径射向镜面，新的反射光将怎样射出呢？

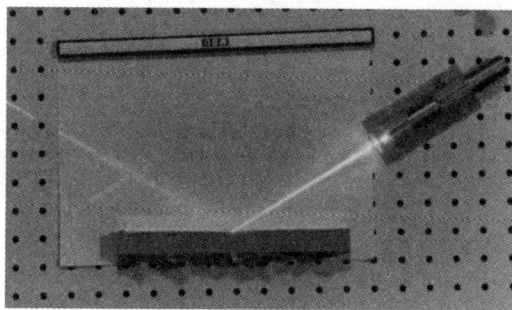

图 7-14

结论：在光的反射中，光路是可逆的。

设计意图：通过这个案例，学生将通过实验和探究，深入理解光的反射现象

及其规律，同时也培养了观察、实验和分析问题的能力。通过探究实际应用，学生还将学会将所学知识应用于实际情境中。这个案例不仅帮助学生更好地理解光的反射，还激发了他们对光学和实验的兴趣。

4. 自主学习，形成基本思想，得以应用和创新

学习的最高境界是自主学习。通过自主学习，学生不仅能够形成自己的科学基本思想，还能在不断的学习与实践中实现物理知识的应用与创新。这样的能力不仅有助于学生的个人成长，更对社会有一定的贡献。

【案例 7-17】

学以致用

人体杠杆种类的判断（画出力臂）

人体是一个非常精密的仪器，包含有一些非常精密的结构。比如人体的某些部分可以看作杠杆，当手心托起物体时，人的前臂（尺骨和桡骨组成整体）可以看作杠杆；行走时，脚掌的骨骼可以看作杠杆。请根据自己所学的杠杆知识判断杠杆的种类并画出力臂。

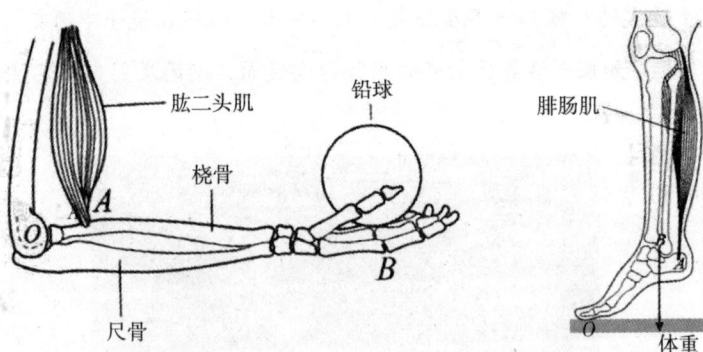

图 7-15

设计意图：利用人体力学，让学生深刻感受到物理与生活的紧密联系。一味追求与平时生活较远的高精尖科技，物理就变成空中楼阁难以接近。从生活实例出发，降低学生的认知门槛，更好地培养学生的物理科学素养，帮助学生培养批判性思维和探究精神，提高他们的科学素养和创新能力。

第三节　综合活动课程与跨学科课程"Lian 课堂"的范式建构

一、综合活动课程

（一）操作路径

伴随着义务教育课标的颁布，正逢学校"十四五"发展规划阶段，在"君莲学校'十四五'发展规划"的学校内涵发展需求中提到：努力关注学习获得感，提升课堂实效，构建学习共同体，是目前全体君莲教师共同的课堂教学目标。

为深化学校新课程方案和课程标准的实践，形成学校育人特色，旨在大概念教学背景下，开展内在逻辑清晰、体现学校办学理念的"Lian 课堂"创建与改进优化的探索。在大概念教学背景下，实现学科育人价值，无论是知识观、还是教学方式都在向"以人为本、以学生为中心"做转型。2022 学年，学校龙头课题"走向大概念教学的'Lian 课堂'建构与优化"（QZ2022233）正式立项。在开题报告中明确指出："Lian 课堂"是在大概念教学背景下进行的有效探索。

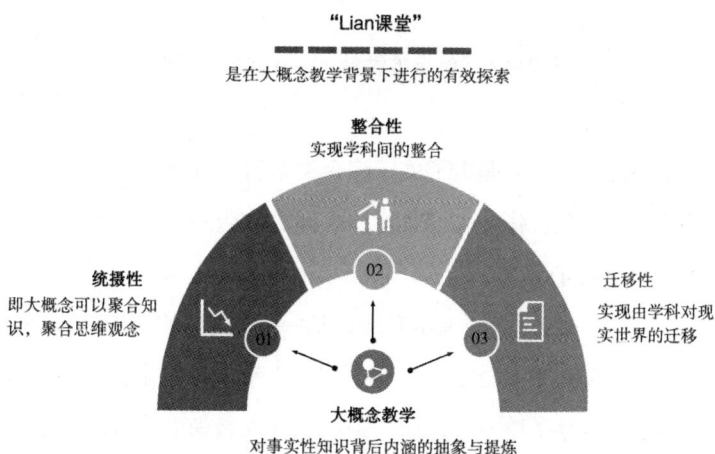

"Lian课堂"

是在大概念教学背景下进行的有效探索

整合性
实现学科间的整合

统摄性
即大概念可以聚合知识，聚合思维观念

迁移性
实现由学科对现实世界的迁移

大概念教学
对事实性知识背后内涵的抽象与提炼

图 7-16　"大概念教学"的核心概念

"大概念教学"的核心概念是对事实性知识背后内涵的抽象与提炼，是一种概括性的含义。大概念的特征概括为："统摄性""整合性"和"迁移性"，即将繁杂的学科知识结构化或组织化，为实现课程整合与跨学科融合提供方向。首先，统摄性，即大概念可以聚合知识，聚合思维观念。其次，整合性，实现学科间的整合。再者，迁移性，实现由学科对现实世界的迁移。

梳理"Lian课堂"内涵，我们认为"Lian课堂"是指体现君莲学校校本化教学特色，整合学科间知识内容，并实现知识向真实生活迁移的特色课堂教学范型。而其希望表现出来的基于大概念教学的特色课堂教学范型中所体现的统摄性、整合性、迁移性与《小学低年级主题式综合活动课程纲要（修订稿）》在课程内容选择和组织原则中所说的"生活性、综合性、实践性、生成性"不谋而合。

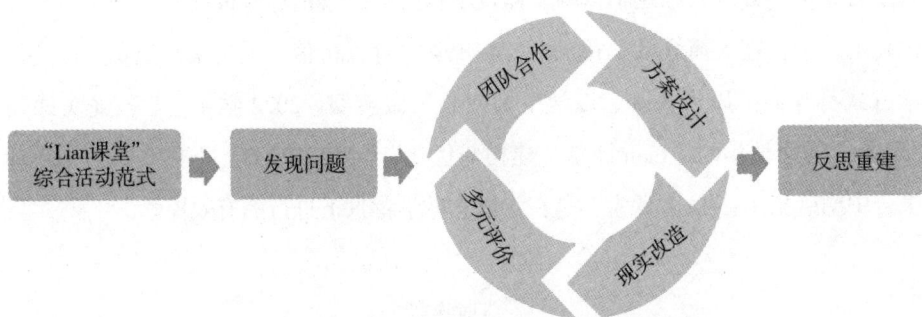

图7-17　综合类学科"Lian课堂"环节

在我校的龙头课题中也提出了关于综合类学科"Lian课堂"环节课堂模式的探索：发现问题—团队合作—方案设计—现实改造—多元评价—反思重建。

（二）如何落实核心素养

具体实践：以一年级"莲宝家的种植园地——校园植物铭牌"主题活动为例。基于《义务教育课程标准（2022版）》《上海市小学低年级主题式综合活动课程指导纲要（修订稿）》，在学校龙头课题"走向大概念教学的'Lian课堂'建构与优化"的指引下，在进行校本的小学低年级综合活动课程设计时要以主题式为架构，以项目为推手，强调问题导向，在真实情境中提升学生解决问题的能力。具体做法是：

1. 优化校本课程方案

基于《义务教育课程标准（2022版）》《上海市小学低年级主题式综合活动课程指导纲要（修订稿）》"走向大概念教学的'Lian课堂'建构与优化"的对比分析，同时结合我校实际情况，对以"谦谦'Lian'娃向君子"为主题的"闵行区君莲学校小学低年级主题式综合活动课程方案"进行优化调整。根据修订稿的要求，按领域、主题、活动三级结构来呈现课程内容，强化主题与活动、活动与活动之间的关联与递进。

在活动主题及内容上，对应"我与自己""我与自然""我与社会"三个领域分别制定了不同的"大概念"，即"大目标"。

"我与自己"：联结身心，健康自我；"我与自然"：联结自然，探索奥秘；"我与社会"：练就能力，服务社会。

对应不同的领域，细化我校的"谦谦'Lian'娃向君子"课程框架，"我与自己"领域分为"情绪管理""自我认知""身体成长"；"我与自然"领域分为"绿色环保""动植物探索""天文探索"；"我与社会"领域分为"创新创造""文化体验""实践活动"这几个板块。每个领域和板块之间相互关联、互相补充，让学生们能够在体验的过程中感知、发现问题，应用所学解决问题，能在"做"中学、"做"中探。

谦谦"Lian"娃向君子，希望莲娃们如莲、如君子一般，徜徉于"礼、乐、射、御、书、数"中，在真实的学习情境中发现问题，在合作互动中亲历问题的探索与解决过程，养成问题解决能力，提升解决问题的思维品质；关注莲娃在活动过程中表现出来的不同兴趣和能力，给予针对性的支持与指导，注重原有水平上的发展；注重在传承的基础上渗透时代精神，培育拥有与时俱进的知识涵养、人格气度、道德品性的君莲娃；以主题化、项目式学习促进莲娃的综合素养的提升。

课程主题：谦谦"LIAN"娃向君子

谦谦"LIAN"娃向君子

我与自己：
连结身心，健康自我

我与自然：
联结自然，探索奥秘

我与社会：
炼就能力，服务社会

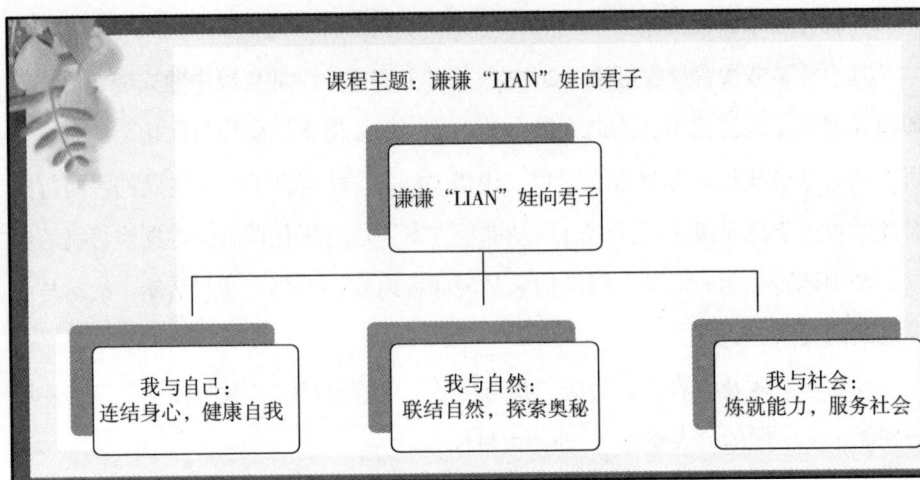

图 7-18　谦谦"Lian"娃向君子课程主题

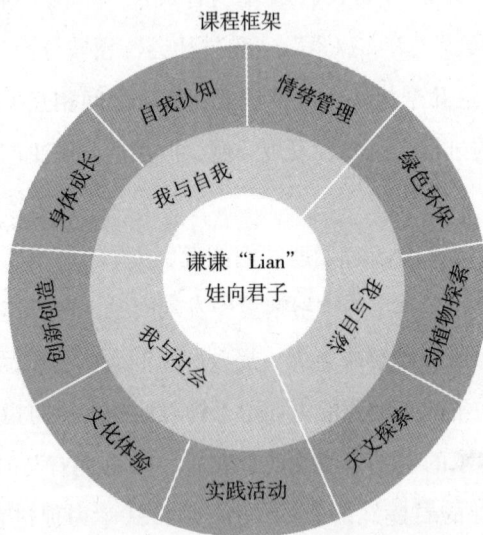

课程框架

自我认知　情绪管理

身体成长　我与自我　绿色环保

谦谦"Lian"
娃向君子

创新创造　我与社会　物相与征　动植物探索

文化体验　天文探索

实践活动

图 7-19　谦谦"Lian"娃向君子课程框架

2. 基于大概念的主题活动设计

人类是大自然之子，生命来源于自然界[①]。每个孩子对自然有着与生俱来的亲近感。围绕学校小学低年级主题式综合活动课程纲要中"我与自然"领域的"大概念"：联结自然，探索奥秘。结合我校一年级学生特点在"动植物探索"的"校园植物探索"中设计了"莲宝家的植物园地"主题活动。这一主题活动让孩子们走入校园的花园中，感受自然，在自然环境中学习与自然相处、感受自然魅力、体验大自然的神奇；让孩子们走出教室，走进自然大课堂，上课的时空不再局限于教室，而是到自然中获取真感受、参与真探究、解决真问题、实践真操作。

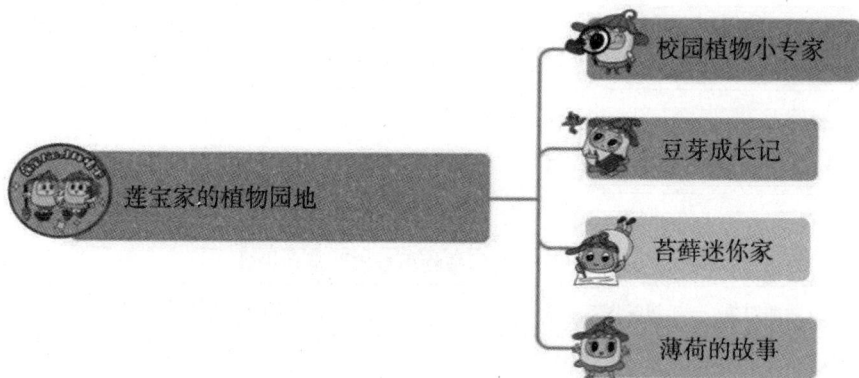

图 7-20　以"莲宝家的植物园地"为主题的四个活动框架

四个活动，以"莲宝家的植物园地"为主题，均以跨学科项目化的学习方式进行活动设计，在核心问题的引领下，同学们一起体验与感知、小组合作、制订方案、实践、解决问题，在表达与交流的过程中展示自己的成果、交流解决问题的方法，总结反思自己的活动经历，在"做做、玩玩、探探"中提升综合能力。

---

① 段开成. 旅游英语 高级［M］. 天津：南开大学出版社，1998：232.

表 7–10 "莲宝家的植物园地"为主题的四个活动的设计

领域	主题	活动	课时	具体内容
我与自然	莲宝家的植物园地	校园植物小专家	4课时	通过化身成为植物小专家，通过学习App掌握认识植物的方法，去探访校园里的植物，了解校园植物分布情况；通过学习植物铭牌的制作，小组合作为自己喜欢的植物制作植物铭牌，树立校园小主人翁意识，培养关爱自然、爱校、爱家的情怀
		豆芽成长记	4课时	通过观察绿豆芽，学习掌握辨别怎样的绿豆芽是新鲜的、好的，积累生活经验；通过小组合作探究制作绿豆芽培育箱、记录绿豆芽生长过程，锻炼学生的观察能力、创新实践能力
		苔藓迷你家	4课时	通过寻找校园中的苔藓，观察、比较发现苔藓的生长环境，总结苔藓喜欢怎样的家；通过学习苔藓微景观的制作，创意设计，用苔藓设计一个迷你微景观，培养学生的创造力和动手实践能力
		薄荷的故事	4课时	通过探寻薄荷秘密，发现薄荷的妙用，学习并尝试用薄荷自制驱蚊液。小组合作完成"薄荷的故事"翻翻书的制作，讲述小组和薄荷之间发生的故事

3. 基于主题的教学活动设计

表 7–11 "校园植物小专家"活动设计

活动对象：一年级学生		活动时长：4课时
活动目标： 1.通过学习"形色"App软件、咨询等方式，调查校园花园中的植物，对校园植物园产生兴趣 2.通过小组合作探究植物铭牌的组成要素、制作流程图，小组合作完成植物铭牌，感受植物铭牌的科学价值与意义 3.通过正确安置植物铭牌，以植物小专家的身份介绍校园植物，激发校园小主人翁意识 4.通过学习，学会应用信息技术解决问题的方法，了解植物铭牌的要求，感受劳动、知识的魅力		
活动资源： 电子书包、校园花园A简易地图、姓名贴、植物手册、彩笔、纸、各类制作铭牌的材料等		
	环节	实施要点
情境与问题	制作校园植物铭牌 观察与发现：校园植物有哪些？ 如何制作植物铭牌？	创设情境：来自小莲宝的请求：校园里的同学们总是把我们的名字叫错，希望能够为我和我的小伙伴们制作铭牌，让大家都能好好认识我们 提出任务：制作植物铭牌 引导学生提出关键问题：校园植物有哪些？如何制作植物铭牌

体验与感知	校园植物可真多	1. 实地探访、查询与 App 记录： 学习应用"形色"App 软件，识别花园 A 中的植物，并在简易校园花园 A 地图上记录植物的名字 2. 咨询校园绿化养护人员，了解花园 A 中的植物；在简易校园花园 A 地图上记录植物的名字 3. 交流分享各小组的发现，认识了什么植物、叫什么，在小花园的什么位置
合作与探究	植物铭牌我来做	1. 如何制作植物铭牌？探究植物铭牌的组成要素、规格要求等 2. 植物铭牌制作流程图 3. 小组合作制作植物铭牌 4. 我们的植物铭牌秀
表现与交流	植物铭牌我来挂	1. 植物挂牌仪式 2. 以校园植物小专家的身份介绍植物 3. 总结评价：在这次活动中有什么收获？遇到了什么困难？我们是怎么解决的
活动评价： 详见表现性评价表		

表 7-12　表现性评价单

任务	观测点	评分规则		
校园植物可真多	调查记录	能在小组长带领下参与活动，并尝试应用软件查找植物	能积极参与到活动中，尝试应用软件查找植物资料，并尝试记录植物的名字	能积极参与到活动中，尝试应用软件查找植物资料，并尝试记录植物的名字，并能在地图上找到对应的位置贴上
植物铭牌我来做	分工合作	能明白自己的任务，尝试与同伴一起合作完成植物铭牌	能明确自己的任务，积极与同伴一起合作完成植物铭牌	明确自己的任务，积极与同伴一起合作完成植物铭牌，并能适当美化
植物铭牌挂起来	交流表达	尝试介绍自己认识的校园植物	尝试以植物小专家的口吻介绍自己认识的校园植物	尝试以植物小专家的口吻介绍自己认识的校园植物，声音响亮、语言流利

（三）思考与启示

1.基于大概念的活动设计，促进学生能力融合

基于大概念、大目标的活动设计，能够引导学生在联系生活的过程中实践体验。以主题、任务为引领，提升学生的综合实践能力。在"做"中应用所学的知识解决生活中的问题，在情境中尝试应用所学的知识，促进学生的能力融合。

2.基于大项目的活动内容，提升学生综合素养

基于大项目的活动内容，能够在活动过程中帮助学生锤炼能力。在活动中，不管是阅读能力、学习能力都要在学生已有的能力基础上进行，在活动中锤炼学生已有的能力，在活动中应用所学技能给予学生锻炼的机会和平台，引导学生在活动中收获学习、成长的喜悦，提升综合素养。

3.基于项目的支持性学习环境，助力学生多元融通

在此次的活动尝试中有诸多的环节需要给予学生及时的支持，诸如铭牌的介绍、植物的信息，如何提取信息，如何制作植物铭牌等，在活动中给予足够、及时的资源让学生能够在需要的时候补充不足；以小组合作的形式组内取长补短，相互合作，助力学生多元融通，让学生有更多可能认识世界走向未来。

4.基于评价的综合活动，助力 Lian 课堂的构建与优化

根据"Lian 课堂"综合活动范式，融合与小学低年级主题式综合活动课程基本式的活动中，在活动中以多元的表现性评价贯穿始终，助力基于"Lian 课堂"的小学低年级主题式综合活动课程的校本设计与实施。在此过程中通过不断地实践积累经验，逐步凝练、优化，助力基于"Lian 课堂"的小学低年级主题式综合活动课程的构建与优化。

二、跨学科课程

（一）操作路径

1.基于大概念的单元设计的构思

为了提升学生联系生活的问题解决能力，我们研读新课标并设计了跨学科学习。如"国风创意台灯的设计与制作"课程是针对七年级开设的，以劳动学科为主，还包括了信息、物理、数学、美术等学科知识。七年级学生身体发育、知识

经验已逐渐显示少年特征，他们自主意识逐渐强烈，喜欢用批判的眼光看待其他事物，这个跨学科学习的设计能引发他们对校园文化的关注，充分调用已有知识，形成新的知识体系。

台灯的造型设计涉及信息技术与数学、物理的相关知识；台灯制作与劳技、美术中的木工、手绘上色等内容相关；台灯的电路搭建是物理知识的运用。不同的劳动知识和技能的应用能有效促进感悟和体认劳动价值、培育劳动精神；国风主题关注"文化理解与传承"素养，强调对中华民族优秀文化的认同；设计与制作关注"创新素养"，强调在科学探究后付诸实践，实现创意物化；组员之间的沟通、表达与合作，锻炼能力的同时也促进审辩思维的养成。

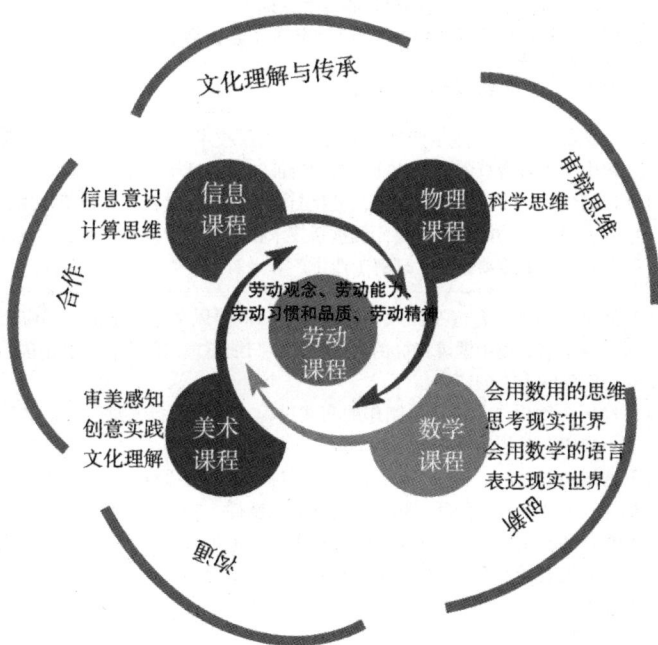

图 7–21 "国风创意台灯的设计与制作"知识结构与素养表现

2. 对单元设计中大概念的阐释

创造性劳动是新时代劳动教育中基于体力劳动与物质生产劳动在内的具有教育性和人文性的多种多样的实践活动。课程实施中我们要关注劳动与教育的互动过程，以及由互动生成的创造价值和全面教育价值，在五育融合中构建身心合一的高质量劳动教育，实现"五育并举"的互融共生。不仅要注重培养学生热爱劳动的思想感情和习惯，而且要注重开发学生潜能，集动手、动脑为一体，着重培养学生的文化理解和实践创新能力。强调适应社会经济发展及对创新劳动力的培养诉求，以全面发展性、主体能动性、以劳创新性作为三个指征，融入课程劳育理念，挖掘课程对象价值，凸显课程内容创新，建立课程文化生态，发挥创造性劳动教育的价值。

3. 单元设计

表 7-13　单元设计详表

单元名称	国风创意台灯的设计与制作	单元课时	6
所用教材	七年级《劳动技术》(上海科技教育出版社) (《国风创意台灯的设计与制作》校本教师手册、学生手册)		
所属任务群	工业生产劳动、新技术的体验与应用		
新课标 核心素养	自主选择 1~2 项工业生产项目或者 1~2 项新技术完成国风创意台灯的制作。在整个过程中，了解台灯的基本功能、造型特征，学会纸工、布艺、编织、扎染、木工、激光切割技术。将技能学习、工艺美化与国风设计相融合，实现劳动体验与技术应用的结合，提升劳动能力。本单元侧重新技术在提高生产效率、产品质量以及创造性解决问题等方面的重要影响，理解工业生产劳动对人类生活、生产的重要作用		
单元教学目标	1. 通过收集创意台灯及国风产品信息，知道国风文化在生活中的应用，在调查、记录、分享和交流中锻炼良好的合作沟通、归纳整理的能力，体会中国传统文化蕴含的独特智慧和人类创造力 2. 经历个性化作品设计与制作的实践过程，体验创新创意劳动，以劳增智、以劳育美，感悟劳动创造美好生活的道理 3. 通过功能演示、展示交流，进一步明确创意台灯质量及设计要求，在作品迭代更新的过程中体会开拓创新、精益求精的劳动精神 4. 在作品的制作过程中正确规范使用剪刀、美工刀等劳动工具，具备完成一定劳动任务所需的设计能力、操作能力，初步形成安全劳动、规范劳动、团结协作等劳动习惯和品质		
单元教学重点、难点	学习重点：学习设计与制作台灯所需要的技术，更新劳动技巧 学习难点：小组合作，通过实践操作完成国风台灯的制作		
美劳共育 教学理念	本单元以"国风"为主题进行国风台灯的实际设计与制作，鼓励学生个性化地运用激光切割、木工、纸艺、布艺、金属丝等工艺，学会镂空、折叠、弯曲等的加工方法。结合国风台灯的"温暖""美好""历史传承""民族力量"等充满正能量的美好寓意，运用色彩、光影、造型等艺术形式，进行合理布局与构建，呈现作品个性化的创作理念与视觉美感		

单元课时整体安排	课时	学习内容	学习评价
	第1课时	项目发布 1.通过实例讲解，了解生活中的国风创意产品，明确项目任务 2.进行分组，确认小组名称、口号、组员，并选出组长及其他角色 3.通过实地考察，了解家庭及市面上台灯的基本情况，包括功能、材质、造型等	1.KWL表 2.学生自评及互评表
	第2-5课时	创意设计 1.确定台灯的结构、尺寸、外形、功能等要素 2.绘制设计草图，计划制作步骤，明确分工 3.展示交流，讨论确定制作步骤 4.明确设计要求，在此基础上修改完善设计草图，合理表达设计想法 制作美化 1.展示优秀国风台灯案例，依据情境进行思维拓展 2.根据小组设计需求，听教师讲解或自主观看相关教学视频篇（木工、布艺、金属丝、激光切割机等操作基本知识） 3.展示部分作品，组间交流。鼓励创新，发现问题及时分析 4.学习电子电路知识，包括电路原理、器材的使用与连接等 5.自主实践，利用提供的器材进行电路连接，发现问题及时分析解决 6.连接台灯电路并进行测试，完成台灯电路连接 7.组装台灯，初步完成创意台灯制作，完成美化测试评估 8.综合测试，发现作品存在的问题，及时修改设计草图，对台灯进行改进	1.KWL表 2.学生自评及互评表 3.项目反思日志 4.成果评价表

	第6课时	展示反思 1. 进行创意台灯分享,包括设计思路、设计亮点 2. 展示创意台灯,对照成果评价表中的评价标准开展自评活动 3. 展示分享作品,开展互评活动 4. 交流分享制作过程中的心得体会,提炼劳动实践的方法	1.KWL 表 2. 学生自评及互评表 3. 项目反思日志 4. 成果评价表
单元学习活动设计	活动类型	活动流程	
	●创设情境 ●认识材料 ●使用工具 ●设计表达 ●加工制作 ●评价交流		
美劳共育学习活动设计与评价	【第6课时】优化与测评—国风创意台灯		
	学生活动	评价	
	交流、研讨在前期活动中的经验和困难,给出建议,相互学习和借鉴	评价主体:教师"闵智作业"平台评价 评价途径:专业语言 评价反馈形式:工作过程评价、作品评价、口头评价(智慧笔)平台	
	在技术指导教师的指导下,进行优化、修改	评价主体:互评、自评、教师评价 评价途径:作品鉴赏、制作呈现 评价反馈形式:作品评价、口头评价	
	1. 对作品进行展示,说明哪些地方进行了修改优化 2. 利用评价表对作品进行测评	评价主体:互评、自评、教师评价 评价途径:作品鉴赏、制作呈现 评价反馈形式:作品评价、口头评价、评价单评价	

(二)如何落实核心素养

下面,以"国风创意台灯的设计与制作"的其中一课及单元评价为例来看看,课程是如何通过教学活动实施与评价来体现学生核心素养培养的。

1. 教学设计

表 7-14 "测试与美化"一课的活动设计

课题	优化与测评	班级	七（3）班
教学目标	1. 根据交流研讨的建议与思考，小组合作协商优化方案 2. 正确使用工具，运用木工、激光切割、超轻粘土等技术，对产品进行改造优化 3. 通过展示交流，阐述产品的设计理念与制作经验，凸显质量意识和创新能力		

教学重点：根据作品的寓意和设计理念，结合改进建议进行优化
教学难点：完成台灯制作及优化，并进行展示交流

教学资源：电脑、多媒体课件，激光切割机、金属丝、布料、亚克力板等材料，任务单

教学环节	教师活动	学生活动	活动意图
导入	1. 播放视频，回顾设计、修改前期制作的情况	1. 观看、回顾	总结回顾，对劳动好习惯进行褒扬
活动一：说一说（交流研讨）	1. 组织学生进行交流，适时对劳动安全、劳动习惯、劳动品质进行引导、点评 2. 安排学生在不同区域对作品进行加工、优化	1. 交流作品的设计理念和遇到的困难 2. 互动研讨，相互学习和借鉴	充分调动主观主体性，通过互动交流，分享各组的经验，解决在设计、制作过程中出现的困难，在互助学习中促进劳动效率
活动二：动一动（实践制作）	巡视指导，提醒学生注意劳动规范和安全及时点评	1. 在技术指导教师辅助下，对台灯各部位进行美化、修改。	自主完成制作，培养分析、解决问题的能力；通过榜样示范、积极表扬等方式，形成安全规范操作的劳动习惯
活动三：秀一秀（展示评价）	1. 引导学生对作品进行评价，提出改进建议 2. 总结评价活动	1. 对作品进行展示，简介本节课的任务完成情况 2. 根据评价量表对作品进行评价	在展示与评价中，强调精益求精、追求卓越的劳动精神
课后作业	小组合作撰写台灯展示小卡片（可以是台灯主题、设计理念和使用说明等，150 字左右）		

板书设计：

国风创意台灯

小结：光影　测量

（课堂生成）

2. 教学评价

表 7-15 "国风创意台灯的设计与制作"自评与互评表

评价内容	自评（5分）	组评（5分）
小组名称：　　　　　　　　　　　　　　姓名：		
1. 我很乐意参加创意台灯的设计与制作任务，这让我对台灯的种类、结构、材质、设计有了深入的了解		
2. 在活动中，我灵活运用了三门以上的学科知识（如劳动中的木工、布艺、金属丝、激光切割、纸艺，数学中的测量、计算，信息技术中的建模，物理学科的电子电路，美术中的彩绘……）并取得了良好的效果		
3. 我对传统文化的内涵与传承有了更多了解		
4. 我对创造性劳动、创意设计充满了热情和兴趣		
5. 我喜欢跟同伴们一起交流讨论，他们的观点可以帮助我更好的思考		
6. 当小组成员有意见分歧时，我会通过深入思考、辨析，再进行沟通协调		
7. 我的加入使我们小组的活动更有效率		
8. 在活动中我发挥了自己的长处		
9. 我从小组成员身上学到了一些优点		
10. 如果再有类似的活动，我还想加入同一个小组		
我最大的长处是 ＿＿＿＿＿＿＿＿（热情、爱劳动、团结、动手能力强、善于表达、思维活跃、有毅力、有责任心、机灵、果断、勇敢或其他） 我学到的优点是 ＿＿＿＿＿＿＿＿（热情、爱劳动、团结、动手能力强、善于表达、思维活跃、有毅力、有责任心、机灵、果断、勇敢或其他）		
我主要承担了 ＿＿＿＿＿＿＿＿工作，最擅长（发现问题、搜集资料、整理资料、组内讨论、创意设计、动手实践、时间管理或其他）		
组员或组长的话：		

表 7-16 "国风创意台灯的设计与制作"反思日志

姓名：		班级：		组名：
问题 1：在这个项目中，运用到了哪些学科的知识？学到了什么新知识？提升了哪些能力？				
问题 2：参与本项目对你的学习和生活有哪些影响？（从利、弊两个方面来阐述）				
问题 3：你认为这个学习项目中最有趣的活动是什么？				
问题 4：如果你再参加类似的学习项目，你会在哪些方面（学习态度、探究方法、展示方式等）做出改进？你希望老师在项目的安排上做出哪些改进？				

（三）思考与启示

1. 学科融合深入化

关联劳动、物理、信息、数学、美术等学科，不仅注重培养热爱劳动的思想感情和习惯，且注重开发潜能，集动手、动脑为一体，培养文化理解、实践创新、合作沟通等能力。每位老师都会有专业限制，但是通过发布招募令，我们招募到了志同道合的伙伴一起加入课程研发的队伍。因为各不相同的学科优势，我们可以扬长补短，依靠团队的力量共同攻克难关。同学们在跟着不同专业、不同特长的教师们学习时，也得到了更多的体验与收获。

2. 创造劳动个性化

从真实情境出发，亲手操作、亲身体验，经历完整的实践过程。因为每组的设计不同，通过实践检验和习得不同学科的知识和技能，实现创造性劳动教育，强化劳动创意，凸显美劳共育。在将近半年的课程开发和实施过程中，我们平均两周召开一次例会，通过互动交流来集聚团队的创造力。我们常用头脑风暴的方式来进行灵感征集，比如说运用智慧笔记录学生思维、比对学生评价的创意，比如使用激光切割机这种新技术方法，就是研讨出来的创意。

3. 五育并举彰显化

以劳育"敏事"为中心，贯穿六个培养指标的劳动跨学科课程，彰显学校"以劳树德（明德）、以劳增智（崇文、善思）、以劳育美（尚美）、以劳健体（健体）"的五育并举特色，有效地避免了劳动教育中的随意化、碎片化、形式化倾向。在课程的实施过程中，如果某一两位老师是项目指导老师，带领学生进行创意设计，其他老师则作为技术辅助，从美化、光学、结构、激光切割、木工等各方面对学生的制作进行技术支持，很好地诠释了"Lian 课堂"的无限魅力。

第八章 结 语

第一节 经验与成绩

回顾君莲学校"Lian 课堂"创生的过程，我们始终以学生为中心，以他们的学习和发展为导向。一路走来，虽然面临过困惑、彷徨和苦涩，但是看着课堂教学的点滴变化，学生学习热情的不断激活，课题组教师一同学习讨论的热烈场面，切磋磨课的坚韧过程，以及豁然开朗的欢乐时刻，所有的辛苦都是有价值的。

通过不断摸索与实践，我们积累了丰富的经验，也从中吸取了不少教训，值得总结。展望未来，我们将继续以学生为中心，不断优化"Lian 课堂"的教学范式和策略，为学生的成长提供更加有力的支持。我们相信，在师生的共同努力下，"Lian 课堂"一定会成为学生学习成长的乐园。

一、打造一张闪亮名片

教育改革，从来都是系统工程。高考改革，必然影响基础教育的发展走向。2016 年 9 月，《中国学生发展核心素养》发布，2017 年新高考改革影响日趋增强，随后高中新课标与义务教育课标颁布，鞭策教育人不能懈怠、不能自满。2018 年 9 月，习近平总书记在全国教育大会上作出重要讲话，指明了义务教育高质量发展的方向。基础教育，启动新一轮改革势在必行。学校发展从课改抓起，对君莲学校而言，是刻不容缓的挑战，更是适逢其时的机遇。君莲的课改，需要突破口。

　　2021 年 8 月，学校经过酝酿提出要打造"Lian 课堂"这张名片。得益于学校全体师生对君莲文化的认同、各级专家领导的支持、君莲教师对学校办学及改革的热情，在这之后的很长一段时间里，直到今天，老师们兢兢业业，齐心协力，从"'Lian 课堂'的目标维度"到"'Lian 课堂'的教学元素"，从"走向大单元教学"到"君莲学子的素养培育"啃起了一块又一块的"硬骨头"。尤其是自 2022 年区级重点课题"走向大概念教学的'Lian 课堂'建构与优化"立项以来，学校从营造君莲文化的高度出发，从解决学生"如何学得有趣、有法、有效"着眼，把"Lian 课堂"的范式构建及操作实践作为研究抓手，依托学校基础课程与拓展课程作为重要载体，以教科研联动模式为引擎，持续开展学校、年级部、教研组层面的课堂展示交流活动。围绕着"Lian 课堂"这张名片的打造，学校扎扎实实地推进研究工作，针对教师存在的对"大概念"的迷茫，结合实际进行理论学习，深入理解大概念的内涵，帮助大家认识大概念是学科的内核与精髓，具有思想性、引领性、指导性与长效性。没有大概念引领，知识就容易碎片化、肤浅化，核心素养的培养会失去方向。在认识提高的基础上，各个学科都开始尝试提炼与梳理本学科的大概念，努力做到在单元设计中凸显大概念的宏观引领与上位指导。经过深入研究，连、联、敛、炼的内涵与功能已经被大家所认同。这四个维度已经成为"Lian 课堂"基本范式的设计框架，而"L（习悉知识）–I（激活兴趣）–A（行动经历）–N（相异新生）"也逐渐成为被大家熟知的"Lian 课堂"基本范式的运作环节。各个教研组相继推出具有学科特点的"Lian 课堂"示范课。同时，多次区级层面的阶段性成果展示，在区域内也形成了一定的专业影响。可以说，"Lian 课堂"已经成为一张亮丽的名片。这张名片不仅打上了君莲课堂的标志性印记，而且也是君莲文化与师生精神面貌的彰显。

二、锻炼一批优秀教师

　　一次次的台前幕后，一篇篇的案例论文，一场场的课堂展示，没有什么比教师团队一次又一次超越自我的成长更令人欣慰的了。用一项课堂范式建构引发的深度研修，凝聚起了一群富有朝气、充满智慧的教师的集体成长，托起了君莲学校的这朵"莲花"。在"不一般的课堂"实践中找到教育的最大价值，在君莲这片"不起眼"的土壤里，孕育产生属于自己的"不一般的教师"，意义非凡！

格兰特·威金斯和杰伊·麦克泰两位教授，在深入研究科学学习理论、课程与教学理论的基础上，提出了注重理解力培养，以概念为本"通过教学设计，让更多的学生真正理解所学的知识"，提出了"大概念单元设计"的框架。与传统教学设计不同，它首先要想到单元或者课时的目标的背后是什么，要求教师站位更高、思考更深、立意更明，这样的教学设计可以确保目标、过程与结果的连贯性与教、学、评的一致性。正是在"Lian课堂"的实践氛围中，学校培养与涌现了一批设计教学的能手，高质量的教案、学历案、任务单不断推出，得到了大家的好评。

"课堂要摆脱浅表学习，走向深度学习"，"Lian课堂"的主旨就是要为学生的深度学习创造条件。而学生的深度学习有赖于教师的深度学习。只有教师爱学习、肯钻研，才能深入领会教学理论、夯实专业知识，才能转化为课堂里的深度学习。"学生达成理解，是深度学习的关键。理解是什么？课堂上如何达成？"从翻阅教育理论的书籍，感觉生涩难懂，到慢慢能够读下来，结合课例逐渐消化，到能吃透基本理念，最终让君莲的老师们真正在课堂里落地，成为一种自觉的教学行为。但君莲毕竟是一所年轻的学校，它所拥有的是一支非常年轻、缺乏经验、以新教师为主的教师团队，一路走来诸多不易！我们的"Lian课堂"研究启动以来，从校级领导的身先士卒到中层骨干的全力以赴，从热爱教育教学的胜任型教师的认同参与到敢于创新实践的研究型教师的艰辛探索，从语数英学科的重点突破到各个学科的积极尝试，从"Lian课堂"如何入手到"Lian课堂"如何优化，君莲的教学正在进行着一场伟大革命。今天，在君莲学校，你会领略到老师们在课堂中大概念赋予教学的魅力所在，观察到教学中知识纵向链接、横向关联、内敛认知、外练能力的种种策略，还可以看到教师在引导学生概念习悉、兴趣激发、行动参与以及相异新生中体现的教学智慧。仅以2023年为例，教师在区级获奖34人次，市级10余人次，国家级奖项近10人次。

三、形成一种良好学风

"Lian课堂"的建构与优化始终以学生为中心，对学生形成良好学风起到了明显的促进作用。主要表现在以下五个方面。

（一）增趣显活力

"Lian 课堂"上，教师采取情境设置、问题导向、任务驱动、活动组织等策略，广泛激发了学生的学习兴趣。学生以往存在的厌学情绪正在逐渐减退，爱学、乐学、善学的精神明显增强。无论是语文课课本剧的编排，还是数学课生活化应用题的解析；无论是英语课的职业描述，还是物理课上光反射的演示实验；无论是史地课上对地理环境与人类文明的探寻，还是综合课国风创意台灯的制作，无不显示学生的浓浓兴趣与满满活力。

（二）深学促思考

在"Lian 课堂"上，教师们以开放的心态与学生们建立良好的互信、支持关系，学生们发自内心愿意把问题、困惑、思路和盘托出，寻求师生的共同学习与深度学习。学生在"冲突、碰撞"与"对话、互动"的认知场域中，联系新旧知识，认真理解概念，积极思考问题，将习题操练的浅层思维上升为解决问题的高阶思维。在师生的共同努力下，教学场正在变为研究场，思维碰撞、灵感生发，逐渐成为君莲的课堂常态。

（三）关联拓视野

为了某个主题的学习与研究的需要，学生将不同学科、多个学科的知识关联起来，通过信息收集、合作学习、课题讨论、方案设计、成果展示，完成项目化学习的任务。为了探寻文物保护的问题，道法、历史、地理等学科走到一起，拧成一股绳。在学习过程中，学生灵活运用相关学科的知识，将它们有机结合起来，既开拓了知识面与眼界，也提高了解决问题的能力。

（四）力行长才干

"Lian 课堂"不仅要引导学生学，而且更强调学生自己的行动经历。让学生自己学习、自己尝试、自己实践，其意义更加深远。它关乎学生的终身学习与人生发展。在教师的鼓励下，学生积极参与学习过程，在过程中促进认知，获取元认知，掌握科学学习方法，增长多元智能与才干。

（五）创新获成果

"Lian 课堂"是实践的课堂，也是创新的课堂。它要为培养学生的创造与创新精神搭建平台、提供条件与拓展时空。近几年来，君莲学子在各科学习中思想活跃，敢于质疑，通过相异构想的争论让大家获得新的生成性成果。学习培养了创新精神，而创新精神又助推学科学习取得累累硕果。仅以 2023 年为例，君莲学子就在各个学科的竞赛与有关活动中获得各级各类奖项共 283 项，其中一等奖（含特等奖、金奖、第一名）49 项。

第二节　存在的问题

一、"穿新鞋走老路"的倾向时有发生

"Lian 课堂"推行仍然存在一定阻力，"穿新鞋走老路"的倾向时有发生。究其原因，有的教师对新的课堂教学范式不够理解，只了解一些皮毛与形式上的东西；有的教师在新课堂范式操作实施过程中遇到诸多困难，就会有畏难情绪；有的教师口头上喊课堂转型，而实质上仍然围着考试升学这根指挥棒转。有些现象，应当引起我们的重视，如有的人感到投入大量的研究，不如平时多刷题考试提分来得快；关键时刻写几篇文章，比课例打磨更有用。如果没有坚守与坚持的精神，课堂转型就会半途而废，"Lian 课堂"的建构就会前功尽弃。因此，课堂转型与变革，需要学校保持持续发展的定力，需要着眼于学生和教师健康成长的胸怀，需要放下短视眼与功利心，锲而不舍地研究内功。

二、"顶层设计不够"的问题需要改进

学校需要进一步将"Lian 课堂"置于办学愿景、学校管理、课程建设、教师队伍、学生培养的大背景下进行整体思考与系统设计。而对于基层学校，尤其是九年一贯制学校，顶层设计的能力较弱，还有很大的提升空间。任重而道远，我们要进一步从办学愿景、理念目标出发，对"Lian 课堂"进行进一步完善与优化，使得"Lian 课堂"的实践探索更加行稳致远，让"Lian 课堂"这项来自草根的实

践真正成为"不一般的课堂",让一批热爱教育、沉浸于课堂的教育实践者成为君莲这片土壤上培育起来的名师与大家。

三、"教师素养与课改需求不相适应"的矛盾依然突出

尽管建校以来学校一直致力于教师队伍建设,并提出研究型教师培养的目标规划,但教师的素养仍然不能适应课改与"Lian 课堂"的要求。必须看到,教师成长需要文化的熏陶与实践的磨砺,教育理论性知识与学科教学论知识的增长要靠长期累积。教师,有其成长的规律。这个世界上,大部分都是普通人。现代管理学之父彼得·德鲁克告诉我们"组织的使命,就是让平凡的人做出不平凡的事。高质量教育,主要依靠一大群'平凡的人',通过不懈努力,做出不平凡的事"[①]。因此,学校,不仅要有"培土"的意识,还要有"育种"的本领,土壤、空气、养分,缺一不可,种子才能自由生长、苗壮成长。

第三节 今后的展望

展望学校今后"Lian 课堂"的完善与优化之路,要做到"六个抓好"。这是需要师生齐心协力去落实的重要事项。

一、抓好学校对课堂转型的规划与指导

(一)制定详细规划,明确转型目标

认真做好课堂转型的规划,制定课堂转型的具体目标、工作内容、推进步骤与评价考核等。为此,学校要成立课堂转型领导小组,加强对这项工作的指导、干预与管理的力度;要关注课堂转型过程中的各种问题,发现问题及时研究及时解决;要总结教研组、备课组以及个人在课堂转型中的经验,表扬与奖励先进,

---

① 张会强.从一无所知开始 一个企业主创业 20 年的感悟[M].北京:企业管理出版社,2021 : 23.

弘扬课堂研究的攻坚精神。

（二）深化理论学习，推进课题研究

课堂转型不是事务性工作的过程，而是研究性项目推进的过程。唯有研究才能切实推动课堂教学的改进。学校要动员教研组、备课组以及教师个人，结合课堂问题，继续扎扎实实地完成"走向大概念教学的'Lian 课堂'建构与优化"这一课题研究，认真学习各种先进教育理论，研究转型中的新问题，摸索转型中的新方法。

二、抓好教学范式的创新与推广

（一）结合学科特点，优化教学范式

"Lian 课堂"教学范式已经对学校课堂转型起到了很大的示范与引领作用，今后要继续抓好"Lian 课堂"教学范式的研究推广工作。各个学科不仅对以往的"Lian 课堂"要进行提升与完善，还可以结合本学科特点对"Lian 课堂"教学范式进行改进与创新。

（二）预设兼顾生成，提升教学效益

课堂结构与教学环节的优化，是课堂转型的"重头戏"。教师要善于根据不同的课型与不同的课堂任务灵活设计课堂结构，避免统一化、刻板化的倾向。要把握课堂预设与课堂生成的关系，既要注意合理的课堂掌控，又要能够根据情况随机应变。同时，教师要注重各个教学环节的处理，甚至是细节的处理。对"Lian 课堂"的情境创设、问题导向、任务驱动、活动开展、思维激活、成果分享、反思总结等环节都要精益求精，不能随心所欲、粗枝大叶。

三、抓好教师队伍的建设与发展

（一）加强校本研修，培养专业素养

教师队伍的专业素养的培养直接关系到课堂转型的成效。学校要持续抓好对教师的培训与经常性的校本研修活动，不断提升教育理论与学科教学理论的水平，增强问题意识，提高研究能力与教学艺术。为此，要做好对教师的评价与考核工作，为他们的专业发展创造条件。

（二）研究认知规律，增强教学能力

知己知彼，才能掌握主动权。为此，教师要学习一些诸如教育心理、行为心理、认知心理、情感心理和社会心理等心理学知识，学会对学情的分析，了解学生的学习需求、兴趣与想法，并研究他们的认知特点与规律，采取多种方式诱导他们能动学习、协同学习与深度学习，促进他们的认知、元认知以及社会性情感能力等都得到长足的发展。对这方面的研究，教师还比较薄弱。学校可以开设讲座与沙龙展开学习与交流，倡导运用叙事与案例的方法，解剖典型、提炼经验，提高教师运用心理学知识解决教育教学问题的能力。

四、抓好学生素养本位的教学设计

（一）提高备课质量，精细教学设计

教学设计是实现课堂转型的必要前提，也是教师的一项基本功与教学技艺。学校要组织教师学习教学设计的理论与方法，从而使教学设计从"经验"走向"规范"，进而走向"科学"。要建立"学期备课""单元备课""课时备课"三级备课制度与合作备课范式。当前，尤其要加大单元备课的力度，倡导大概念引领下的单元设计与素养本位的教学设计等先进做法。

（二）关注素养培养，促进学生发展

教学设计中，要坚持学科育人、立德树人的根本方向，聚焦核心素养培养的目标，深入研究并优选学科德育渗透的策略和方法，激发学生积极向上，培养良好道德，促进全面发展。

五、抓好教学资源的开发与利用

（一）丰富教学资源，共享智慧成果

教学资源的开发与建设是实现课堂转型的重要保障。学校要动员教师在三年时间内，依照课程标准梳理与提炼所有教学内容之上的大概念，编制出所有学科的全部单元设计案、教案与导学案，让教师都能分享集体创造的智慧成果。要精心打造优质校本课堂练习以及课后作业，以改变习题量多质差、学生盲目刷题的倾向，实现作业科学合理同时又能减负的效果。

（二）运用人工智能，技术融入学科

在信息化时代高度发展的背景下，课堂转型的推进有赖于信息技术的支持。学校要推动教师主动适应信息化、人工智能等新技术变革，构建以校为本、基于课堂、应用驱动、注重创新、精准测评的教师信息素养发展新机制，全面促进信息技术与"Lian 课堂"的融合创新发展。学校为更好地实现线上线下融合教学，要推动建设数字化教室，轻松实现录课和直播，同时也能够实现自由手写识别、视频播放、动态的超链接，视频的链接可直接导入课件，还可利用实时在线的资源库，扩大学生交流和互动的范围，便捷地将学生代入体验式的学习中，从而极大地增强教学的交互性、有效性。

六、抓好课堂教学评价与反馈的机制

（一）教学评一体化，建立评价体系

为达成学生的学业质量要求与素养水平目标，课堂务必强调教学评一体化。在教学评三者中，教师相对薄弱的是教学评价。因此，教师要强化评价意识，要根据课程标准的要求，将目标的达成、教学的实施、量标的检测有机整合起来，缺一不可，不能分割。同时，教师还要掌握多种评价方式与手段，调动学生参与评价，注重过程性评价与表现性评价，并在评价的基础上自觉反思教学、认真改进课堂。这样才能真正起到教学评价的作用。

（二）及时反馈结果，形成良性循环

及时反馈评价结果对于教学质量的持续改进和提升至关重要。它不仅能帮助教师了解学生学习状况，优化教学策略，还能激发学生动力，促进师生沟通。同时，评价结果的分析与反思有助于形成持续改进课堂教学的良性循环，为教学质量的提升提供有力保障。因此，教师在进行"Lian 课堂"的教学实践时，应高度重视并及时反馈评价结果。

后 记

　　本书是君莲学校近年来课堂改革心路历程与实践成果的精彩汇集，更是一部展现君莲教师群体专业成长、充满朝气与活力的生动写照。老师们在君莲这片热土上默默耕耘、彼此守望，用他们的心血、汗水与智慧为教育事业添砖加瓦。也是君莲学校在闵行区颛桥镇学区化建设进程中共研的成果。书稿中的每一个带着墨香的文字、符号，甚至每一张图片，无不倾注着我们的心血、汗水与智慧。

　　特别值得一提的是，区级重点课题"走向大概念教学的'Lian 课堂'建构与优化"的课题组全体成员团结协作，共同参与了本书的编写工作。让人感动的是，随着课堂实践的深入，一些非课题组成员的教师也积极投身其中，主动请缨，要求加入"Lian 课堂"的实践及成果提炼与编撰工作，这为我们注入了强大的信心和动力。从查阅文献资料，到投身"Lian 课堂"实践，大家面对压力，克服困难，甚至废寝忘食。在经历了一次又一次的怀疑、崩溃后，从起初的头脑一片空白，无从下手，到今天的如释重负，如约完稿，完成了一次蜕变。这正是我们"君莲人"团队精神的生动体现！

　　虽然我们在总结经验方面尚显稚嫩，文字表达也还有待进一步锤炼，但是，看到多年来的课堂改革实践通过努力变成了一个个鲜活的案例，变成了一页页的文字，一切辛苦付出都是值得的。

　　书中引用的大量教学案例，由君莲学校参与本书编辑的老师们提供。因为涉及人数多，可能在案例的注明上会有遗漏，在此，向案例提供者表示由衷感谢！正是由于你们的无私奉献，才使得书稿内容变得更加详实、丰厚。

注：参与本书编辑及课题组的同志名单（不分先后）如下：丁淑燕、范红、潘文娟、韩冰、何红红、陶文雯、虞开磊、赵玉东、尹信茂、魏芳芳、史璐琼、徐欢、李艳华、丁菊菊、丁思婷、范倩、沈晶、孟祥阁、陆晓蕾、顾敏婕、郭美翻、蔡凌燕、张玉、朱碧珺、曹岚、沈清纯、陈艳。

同时，我们要衷心感谢指导学校课程成果锤炼的各位专家。自课题启动以来，各位专家不辞辛劳，多次给予悉心指导，与君莲团队面对面深入交流。专家们深厚的学术造诣和严谨的治学态度令我们倍感敬佩，深受启发。感谢关心君莲成长的领导，他们给予了君莲蓬勃发展的正确引领。感谢闵行区颛桥镇教委在学区化建设中，给予君莲学校的支持，也正是学区化的共研共享建设，君莲学校才取得了一些阶段性成果。感谢配合学校工作的学生家长的理解与支持。本书的责任编辑新华出版社的祁艺老师，在内容审定、文本规范，以及装帧设计等方面一丝不苟、精益求精。在此，一并表示感谢。

因为水平有限、时间仓促，书中难免有不少疏漏之处，恳请领导、专家、同仁批评指正！

2024 年 6 月 10 日